LE DIALOGUE PHILOSOPHIQUE
DANS LA
LITTÉRATURE FRANÇAISE
DU SEIZIÈME SIÈCLE

par

MUSTAPHA KEMAL BÉNOUIS

Université d'Hawaii

1976

MOUTON

THE HAGUE · PARIS

ISBN 90 279 3201 8

CC

Printed in The Netherlands

AVANT-PROPOS

Le nombre des dialogues français au XVIᵉ siècle est trop grand pour ne pas attirer l'attention. La renommée de ceux qui s'y sont essayés n'est pas moins grande. Cependant, le genre et les auteurs qui l'ont pratiqué ont été, jusqu'ici, négligés ou étudiés accessoirement. Une étude, qui établisse l'existence du dialogue en tant que genre autonome et qui fasse justice aux œuvres et à leurs auteurs, restait à faire. Des questions se posaient, auxquelles il fallait répondre: quelles sont les attaches entre le dialogue du XVIᵉ siècle et ses prédécesseurs de l'Antiquité? Le renouveau néo-platonicien est-il seul responsable de la vogue du genre, ou bien existe-t-il une tradition française?

Les réponses partielles à ces questions permirent au sujet ici traité de se dessiner. J'ai dû me pencher alors sur la question des rapports entre la conversation et le dialogue, ce qui entraîna l'étude des salons, de la Cour et des académies. Dans le domaine des influences, il a fallu déterminer l'apport des colloques scolaires, du colloque érasmien, et des nouvelles tendances pédagogiques. L'usage que Rabelais fait du procédé stylistique et le cheminement de la pensée de Montaigne m'amenèrent à chercher si les œuvres de ces grands auteurs n'étaient pas des dialogues déguisés.

Avant d'étudier les structures internes du genre, une présentation des œuvres principales m'a paru nécessaire. Beaucoup de mes auteurs avaient été mentionnés sans avoir été lus. Chacun d'eux a droit à l'originalité. Je voulais donner une idée de leurs sujets et de leur façon de les aborder ainsi que de l'orientation générale de leurs œuvres, et ce, sans trop empiéter sur la partie qui devait traiter des structures. Les divisions plus ou moins systématiques des œuvres tiennent compte des buts et du ton de l'auteur. La quasi inexistence de bibliographie sur Palissy, Le Caron et Brués confirme la nécessité de les aborder fraîchement sous l'angle stylistique du dialogue et pas seulement sous celui des idées comme on l'a fait jusqu'ici.

Mes remerciements vont au Professeur Barbara Bowen qui m'a non seulement suggéré ce sujet, mais aussi accepté de diriger mes recherches, et dont les avis ont toujours été bénéfiques, à M. Charles A. Knudson qui, à la lecture de brouillons pas toujours lisibles, a pu utilement me conseiller sur la forme de mon travail. Je voudrais également exprimer ma reconnaissance aux membres de la section française de l'Université de l'Illinois, et notamment à son chef M. Bruce Mainous. Leurs encouragements ont été des plus appréciés.

Enfin, je voudrais exprimer toute ma gratitude à Jane Ann Wade Bénouis, mon épouse, qui m'a patiemment soutenu et aidé en dactylographiant mon manuscript et qui m'a également conseillé sur certains aspects techniques.

TABLE DES MATIÈRES

INTRODUCTION

Des recherches ayant pour objet le dialogue en général ou un aspect du dialogue ont été entreprises par le passé. Les perspectives sous lesquelles ces études ont été faites ont été limitées ou peu satisfaisantes. On s'est concentré sur des périodes anciennes ou sur des auteurs importants au détriment de périodes plus modernes et d'auteurs moins en vue.

Le dialogue antique a souvent monopolisé l'attention des critiques. L'ouvrage imposant et classique de Rudolf Hirzel,[1] tout en étant une mine de renseignements inépuisables sur le plan de l'histoire littéraire, s'attarde complaisamment sur les maîtres de l'Antiquité et ne réserve que quelques pages au dialogue de la Renaissance. D'autres auteurs plus récents ont fait de Platon ou de Lucien l'unique objet de leurs études. Dans le cas de Platon, les sources, les métaphores, la méthode dialectique ont été minutieusement passées en revue. Des méthodes plus ou moins similaires ont été appliquées à Lucien. Le mérite de ces travaux n'exclut pas des lacunes. On a, dans l'ensemble, porté son attention sur le contenu philosophique ou satirique de leurs dialogues et négligé l'aspect stylistique. Les études purement littéraires sont plus rares sur ces auteurs dits philosophiques. Quand elles ont été entreprises sur un plan littéraire, ces enquêtes ont traité d'un aspect du dialogue ou d'un type de dialogue. Prenant Lucien comme point de départ, Johann Egilsrud a, par exemple, étudié le type du dialogue des morts dans un contexte comparatif.[2] Des esquisses ont été faites à titre accessoire en ce qui concerne les grands auteurs qui se servent de ce mode d'expression: le dialogue chez Rabelais, Érasme et les colloques, etc. Si Fontenelle a inspiré un ouvrage sur son

---

[1] Rudolf Hirzel, *Der Dialog, ein literarhistorischer Versuch*, 2 tomes (Leipzig: Verlag von S. Hirzel, 1895).

[2] Johann S. Egilsrud, *Le « Dialogue des morts » dans les littératures française et anglaise (1644-1789)* (Paris: L'Entente Linotypiste, 1934).

Je ne cite pas tous les ouvrages auxquels je fais allusion. Des références y seront faites en temps utile dans le corps de cette étude.

art du dialogue,[3] Diderot, à l'exception d'une thèse d'université se limitant au *Neveu de Rameau*,[4] attend toujours son champion. Il en est de
même pour La Mothe Le Vayer.

Ce n'est que récemment et particulièrement dans la littérature d'expression anglaise qu'on a commencé à se pencher sur le dialogue comme
genre littéraire. Elizabeth Merrill a publié une étude digne d'intérêt
qui n'a pas encore, que je sache, d'équivalent en littérature française.[5]
Une thèse a été soutenue sur le dialogue anglais de la période des Tudor.[6]
Même si elles ne répondent pas à toutes les questions que la critique est
en droit de se poser, ces études ont levé le voile qui couvrait cette partie
de la production littéraire. Les jalons qu'elles ont posés me serviront
de points de départ.

En ce qui concerne le XVIe siècle français l'absence d'études sur le
dialogue est flagrante. Des pionniers comme Massebieau [7] et Woodward[8]
ont eu le mérite de relever les rapports entre les colloques et l'éducation.
La vogue du genre n'est pas passée inaperçue. Henri Busson remarque
que « du *Cymbalum* à l'*Heptaplomères*, c'est la forme préférée des philosophes ».[9] L'importance du genre dans le domaine de la philosophie
morale n'a pas échappé à la perspicacité de Lucien Febvre ou de Paul
Oskar Kristeller.

Des constatations de ce genre existent éparses dans les ouvrages critiques se rapportant au XVIe siècle. Qu'elles aient été le point de départ
de quelques études sur certains auteurs de dialogues, le fait n'est pas
douteux. Des ouvrages récents ont paru sur Pontus de Tyard, Guy de
Brués, Bernard Palissy. Bonaventure Des Périers par ses attaches avec
le cercle de Marguerite de Navarre et l'importance de son *Cymbalum*

---

[3]   John W. Cosentini, *Fontenelle's Art of Dialogue* (New York: King's Crown Press,
1952).
[4]   Beverly Branch, « Diderot's *Le Neveu de Rameau* and the Dialogue Tradition »,
Thèse de l'Université d'Illinois, 1966.
[5]   Elizabeth Merrill, *The Dialogue in English Literature* (New York: Henry Holt,
1911).
[6]   Roger Lee Deakins, « The Tudor Dialogue as a Literary Form », Thèse de l'Université de Harvard, 1964.
   Cette enquête menée selon l'optique traditionnelle de l'histoire littéraire constitue
un inventaire et présente un intérêt limité par le fait qu'elle subordonne le dialogue à
la technique dramatique. C'est plus une classification qu'une étude de structures.
[7]   L. Massebieau, *Les colloques scolaires du seizième siècle et leurs auteurs (1480-1570)*
(Paris: Bonhoure & Cie, 1878).
[8]   W. H. Woodward, *Studies in Education during the Age of the Renaissance*, 2e éd.
(Cambridge, 1906; rééd. New York: Russel and Russel, 1965).
[9]   Henri Busson, *Le Rationalisme dans la littérature française de la Renaissance
(1533-1601)* (Paris: Vrin, 1957), 26.

dans la polémique religieuse n'a, à vraiment parler, jamais quitté l'avant-scène de la critique littéraire. Par contre des auteurs comme Tyard, Palissy, Tahureau, Peletier du Mans n'ont dû leur renommée qu'à des travaux qui n'avaient rien à voir avec le dialogue. Tyard et Peletier du Mans la doivent à leur rôle dans la Pléiade. Quant à Palissy, l'image d'Épinal de l'artisan consciencieux brûlant ses meubles a éclipsé son rôle d'écrivain. En dehors des spécialistes, qui a entendu parler d'un Louis Le Caron ou de Guy de Brués? Le nom même de Tahureau ne figure pas dans certains dictionnaires encyclopédiques usuels français. Beaucoup de ces auteurs sont des noms qu'on cite, qu'on catalogue arbitrairement dans telle ou telle catégorie, mais qu'on connaît très imparfaitement. Leur renom souffre de celui des géants du siècle, Rabelais et Montaigne, et de l'importance du mouvement de la Pléiade. De même que tout le XVIIᵉ siècle n'est pas classique, tout le XVIᵉ n'est pas la Pléiade. Il y a une injustice à corriger, un voile à lever sur des auteurs dont l'influence est loin d'être négligeable. Vis-à-vis de Montaigne, Guy de Brués est un précurseur; sur le plan de la tradition lucianique, l'importance de Des Périers est aussi grande que celle de Rabelais.

Parmi les auteurs de dialogues que je viens de citer quelques-uns comme Des Périers, Tahureau et Tyard ont suscité l'intérêt de certains chercheurs. L'optique adoptée n'a pas cependant toujours été satisfaisante. Le *Cymbalum*, une des œuvres les plus fouillées de l'époque, l'a été pour le contenu philosophico-religieux. Son étude a été subordonnée à celle d'Érasme, de Calvin et de Rabelais. Des considérations d'ordre idéologique et onomastique ont prévalu sur les mérites de l'expression. Tahureau voisine avec Nicolas de Cholières comme conteur ou avec Béroalde de Verville comme continuateur de Rabelais. Tyard et Brués ont mérité une mention comme précurseurs du rationalisme ou comme propagateurs du mouvement néo-platonicien. Ce qu'ils ont en commun, la forme, a toujours été passé sous silence. Les rapports de l'expression et du contenu, si importants dans le cas du dialogue, ont été négligés. À une époque où se dessine une esthétique littéraire, où l'idée de la manière gagne sur la matière, où le concept du genre gagne droit de cité en France, cette négligence est à réparer.

Cette réparation suppose l'existence d'un genre autonome appelé *dialogue*. Certains ont admis implicitement cette autonomie quand ils ont étudié le dialogue dans le cadre de la dialectique (W. J. Ong), ou de la pédagogie (Massebieau). Mais dans le cadre de la littérature, l'existence du genre est plus ou moins contestée. On préfère y voir un procédé stylistique plutôt qu'un genre. Cela nous vaut des études du type « Le dialogue chez Rabelais ». On qualifie *La Célestine* de roman dialogué sans avoir défini la différence d'écriture. Contre ceux qui croient à l'existence du genre, on argue l'absence d'esthétique. L'absence de règles ne signifie nullement l'inexistence du genre. Que des auteurs aussi nombreux, de régions et de formation différentes, aient choisi d'écrire sous cette forme, le fait est trop évident pour ne pas mériter des éclaircissements. La concentration des dialogues dans les années 1550 et 1560, suppose aussi plus qu'une coïncidence. La présente étude se propose donc d'établir que, malgré l'absence de règles explicitement définies, le dialogue existe au XVIe siècle comme genre autonome. Trouver ses caractéristiques particulières, rechercher les sources et les influences communes est un moyen de soutenir un tel postulat. Si les théoriciens du genre brillent par leur absence, pourquoi ne pas chercher une réponse chez les auteurs mêmes, dans leurs dialogues? Disséminés dans leurs œuvres, il existe peut-être des éléments d'une technique implicite du genre. Les auteurs que je me propose d'étudier ne sont pas nécessairement des MM. Jourdain du dialogue.

Avant d'approfondir la question de la technique et d'étudier séparement les structures des dialogues, une présentation de ces auteurs m'a semblé nécessaire. On connaît si peu la *Recepte véritable* de Palissy ou le *Dialogue de l'Ortografe* de Peletier du Mans qu'une étude générale tendant à montrer les mérites propres de chaque dialogue s'impose. On s'attachera principalement à montrer les similitudes et les divergences qui existent entre les auteurs sans entrer dans les détails des structures internes. Celles-ci seront étudiées dans une deuxième partie.

Pour l'étude générale des dialogues une classification basée sur leur contenu et leur orientation m'a semblé commode. Le but recherché et le contenu idéologique déterminent la majeure partie des structures internes. La classification traditionnelle en dialogues dramatiques, semi-dramatiques ou narratifs subordonne le dialogue au genre dramatique. Je la refuse implicitement puisque je crois à l'autonomie du genre dialogique. Je ne suis pas le seul ni le premier à y avoir pensé. J. Andrieu dans son étude sur le dialogue antique écrivait déjà: « Différences de destinataires, de technique d'écriture, de formes littéraires, ce ne sont là que les aspects multiformes d'une réalité plus intérieure: le fait théâtral est un acte vivant et concret, une représentation; le dialogue dramatique est lié à la vie de l'esprit... »[10]

---

[10]   J. Andrieu, *Le dialogue antique. Structure et présentation* (Paris: Société d'Édition les Belles Lettres, 1954), 315.

L'influence d'Érasme alliée à la continuité de la tradition scolaire ne me permet pas d'aborder les différentes sortes de dialogues sans dire un mot sur les colloques, ni d'éviter de rechercher les rapports qui existent entre eux et les dialogues du XVIe siècle.

Le choix des auteurs a été dicté par le souci d'éviter la répétition et de ne garder que les dialogues les plus représentatifs. Aucun dialogue ne peut disputer la place de dialogue de vulgarisation à la *Recepte véritable* de Palissy, même si les autres dialogues contiennent des éléments de vulgarisation. Si, chez ce même Palissy, le choix de la *Recepte* a prévalu sur celui des *Discours Admirables*, c'est parce qu'elle est son premier dialogue et que par sa date de publication (1564) il se situe à la même époque que celle des autres dialogues considérés. La similitude des intentions et des procédés incline à considérer ces *Discours* comme une récidive plutôt que comme une tentative originale.

Dans la catégorie du dialogue polémique, un auteur « idéologique » tel Henri Estienne a dû s'effacer devant un Peletier du Mans plus « littéraire » et plus intéressé aux phénomènes linguistiques qu'à leurs influences sociales. Nous verrons d'ailleurs que l'originalité du *Dialogue de l'Ortografe* justifie cette préférence. L'élimination des *Deux Dialogues du Nouveau Langage François Italianizé* ne diminue en rien les mérites de cette œuvre, ni n'exclut une étude éventuelle entreprise sous la même optique du dialogue. À mérite égal, la date de parution de l'œuvre d'Estienne (1578) le place en dehors de la période fertile des dialogues. Les mêmes considérations chronologiques, ajoutées à d'autres littéraires, ont conduit à l'élimination de l'*Heptaploméres* de Bodin et du *Traité de la Constance* de Guillaume du Vair. Le premier, écrit d'abord en latin, en fin de siècle, ne visait pas le même public, ni ne tendait à des buts qu'on peut généralement attribuer au dialogue. Les mêmes remarques peuvent s'appliquer au second. Ces deux ouvrages sont des traités où l'idéologie domine la forme. Non seulement le dialogue semble y être accessoire mais aussi passé de mode. Ce sont des essais publiés après une période où d'autres essais attirent une attention plus soutenue: ceux de Montaigne.

Bien que certains passages des *Dialogues* de Tahureau aient des accents polémiques, ils sont peu nombreux et trop généraux pour que l'ouvrage soit classé dans cette catégorie. Tahureau se complaît à critiquer et à tourner en dérision plutôt qu'à exposer des points de vue déterminés sur des questions données; l'étiquette de satirique lui convient mieux. Cependant le contenu et la forme de la satire étant bien différencié de ceux du *Cymbalum*, je les classe dans la même catégorie sous des rubriques différentes. L'inclusion du *Cymbalum* dans cette étude s'explique par des raisons qui relèvent non seulement des qualités artistiques mêmes de l'œuvre, mais aussi de la place qu'elle occupe dans la continuité de la tradition lucianique à laquelle Tahureau n'est pas étranger non plus. Tous deux en illustrent des tendances différentes. Par ailleurs, parmi les grands dialogues français de l'époque, ceux de Des Périers sont les premiers en date.

La dernière catégorie, celle du dialogue encyclopédique, est la plus riche et la plus dominante. Elle est au cœur de la période d'or du dialogue au XVIᵉ siècle: les années cinquante. Elle illustre les préoccupations littéraires et philosophiques des poètes et des savants de la Renaissance française. C'est dans le dialogue encyclopédique qu'on trouvera des échos de la bataille anti-scolastique de Pierre de La Ramée, la vulgarisation ou l'exégèse de la philosophie néo-platonicienne. C'est le dialogue qui par sa commodité pour l'opposition d'idées contradictoires permettra à l'esprit critique de succéder à l'enthousiasme de la Renaissance à ses débuts. À partir de ce moment-là, grâce à des auteurs de dialogues tels que Tyard et Brués, le rationalisme prend forme. Ce sont leur dialogues qui nous donnent une idée de la tentative syncrétique de la religion chrétienne et de la philosophie platonicienne. Leurs dialogues méritent donc l'attention en raison du contenu. Ils le méritent aussi en raison de la forme; car, avec Le Caron, Tyard et Brués sont les auteurs qui se recommandent le plus de Platon et le citent le plus fréquemment. Leurs dialogues marquent l'aboutissement de la pensée humaniste d'expression française tant sur le plan des idées que sur celui du style de l'écrit philosophique. Si la philosophie morale domine la pensée du XVIᵉ siècle, le dialogue encyclopédique en est une des meilleures illustrations. Par leurs attaches avec la Pléiade, par l'envergure de leurs entreprises et la variété de leurs sujets, ces auteurs assurent la liaison des mouvements littéraires et philosophiques. Ils sont typiques du XVIᵉ siècle en tant qu'auteurs sérieux et érudits. Une étude de leurs dialogues peut aider à déterminer la part de la dette qu'a le dialogue du XVIᵉ siècle envers l'Antiquité en général et envers Platon en particulier.

Sans refaire le travail déjà fait, il est donc bon d'isoler les caractéristiques essentielles du dialogue platonicien et du dialogue lucianique pour pouvoir établir les points de contact entre eux et celui du XVIᵉ siècle. Ce retour en arrière vers les sources connues et avouées ne doit pas nous empêcher de supposer la persistance de la tradition du dialogue dans la littérature médiévale ni masquer l'influence de la renaissance néo-platonicienne italienne. J'incline vers la solution de la continuité plutôt que vers celle de la génération spontanée. À l'influence de la tradition indigène et à celle de l'Italie, on est en droit d'ajouter celle des cénacles et des salons. On ne peut négliger les rapports entre ces centres de culture et un genre aussi éminemment intellectuel que le dialogue.

La vie intellectuelle de la période et le dialogue étant liés, une étude du genre ne peut être complète si elle n'inclut pas les esprits les plus marquants du siècle, Rabelais et Montaigne. Le dialogue n'est pas étranger à l'auteur du *Gargantua*. Les affinités avec Lucien et Érasme, les nombreux passages dialogués de son œuvre, montrent sa familiarité avec la technique du dialogue. Quant à Montaigne, ses remarques sur Platon ainsi que sur l'art du dialogue méritent mention. Le dialogue étant autant une façon de penser que d'écrire, un penseur comme Montaigne doit être pris en considération même s'il n'a pas écrit de dialogues. Plus qu'une technique, le dialogue peut être entrevu comme un élément révélateur d'un certain climat psychologique.

Si des auteurs comme Rabelais et Montaigne ont été retenus, alors que d'autres comme Pasquier ou Viret ont été écartés, la raison est simple. Souvent leurs œuvres, du point de vue du dialogue sont hybrides; elles se rattachent beaucoup plus à des genres poétiques (les *Colloques* de Pasquier tiennent de la pastorale et du débat amoureux de la tradition médiévale) qu'aux dialogues philosophiques. Le cadre étroit de cette étude exige la sélection; aussi n'ai-je gardé que les dialogues les plus significatifs. Ces omissions ont été opérées *a posteriori*; une fois qu'il a été établi que les résultats tirés de l'étude de telles œuvres étaient de portée négligeable pour l'ensemble du genre. Néanmoins elles n'ont pas été omises du tableau chronologique dont le but est d'inventorier la totalité des œuvres dialogiques.

Ce tableau ne comporte aucun jugement esthétique et n'a nullement la prétention d'être complet. Les sources bibliographiques, étant aussi nombreuses que variées – et parfois contradictoires en ce qui concerne les dates – ont été omises pour les besoins de la clarté mais non sans avoir été soumises à des vérifications par recoupements. Pour de futurs étudiants de ce genre intéressant qu'est le dialogue, ce tableau pourrait servir de modeste point de départ. Ils seraient constamment surpris au cours de leurs lectures – comme je l'ai été – de découvrir une mention de dialogue là où ils étaient loin d'y penser.

Pour ce qui est de la deuxième partie de mon étude, j'ai inversé le processus d'investigation. Alors que dans la première partie je prends des auteurs pour point de départ et m'accorde le plaisir d'émettre des jugements littéraires, dans la deuxième je pars de structures stylistiques que je considère caractéristiques du dialogue et cherche ensuite des illustrations là où elles sont les plus significatives. Non seulement cela m'évite l'ennui de la répétition et de l'accumulation, mais cela coïncide aussi avec le point de vue que je soutiens : à savoir que s'il existe un genre du dialogue, des structures propres doivent pouvoir être isolées et étudiées en tant que technique indépendamment des différences entre auteurs. Si les résultats obtenus sont valables, ils pourront utilement servir de critères d'évaluation stylistique de n'importe quel dialogue. On pourrait faire ce que la richesse et l'étendue du sujet ne me permet pas de faire ici, c'est-à-dire rendre justice à chacun des auteurs considérés en envisageant la totalité de son œuvre à la lumière des conclusions atteintes.

1. DÉFINITIONS

Le dialogue en tant que procédé stylistique – succession de réparties –
a toujours existé. Selon la définition de Mallarmé des deux états de la
parole (l'état brut servant à la communication et l'état essentiel étant
au service d'une esthétique),[1] le dialogue paraît être la forme la plus
ancienne de la communication. Déjà les littératures anciennes en font
usage pour les besoins de la religion: les *Upanishads* qui servent de
commentaires philosophiques aux Védas sacrés des Hindous (VIIIe-Ve s.
av. J.-C.) en sont un exemple; Le Cantique des cantiques en est un
autre. L'enseignement de la religion à un niveau plus immédiat met à
contribution le procédé de la question et de la réponse: le catéchisme.
La pédagogie médiévale en use pour l'enseignement du latin et de la
logique scolastique. Le XVIe siècle continue cette tradition. Plus près
de nous et sur un plan plus pragmatique, l'enseignement et le monde
des affaires en font un usage fréquent: manuels et enregistrements pour
l'apprentissage des langues vivantes, saynètes et films publicitaires,
bandes dessinées.

En tant que procédé stylistique, la forme dialoguée est présente aussi
bien en prose qu'en poésie, tant dans le genre dramatique que dans
le genre romanesque. La poésie médiévale fourmille de genres délibératifs
dans lesquels s'instaure un débat, comique ou lyrique, entre deux personnages: le seigneur et le manant, le clerc et le chevalier, l'amant et sa
belle, le pastoureau et la pastoure. Les ressources limitées du monologue
dramatique conduisent certains poètes du Moyen Age à y introduire un
second personnage: le *Sermon joyeux de bien boire, à deux personnages* [2]
illustre cette évolution. Ces dialogues d'origine dramatique étaient « des
morceaux qui ne devaient contenir qu'un échange d'idées rapide et
brillant. Il leur fallait du trait, de la concision, des phrases coupées, que

[1] Cité par Gustave Lanson, *L'art de la prose* (Paris: Librairie des Annales, 1909), 16.
[2] Cité par E. Picot et C. Nyrop, *Nouveau recueil de farces françaises des XVe et XVIe siècles* (Paris: Morgand et Fatout, 1880), xl, n. 3.

les acteurs pussent lancer avec verve ».[3] La difficulté du genre explique
la rareté des œuvres. Marot s'y essaiera dans le *Dialogue Nouveau, fort
joyeux*, publié en 1541,[4] qui, tout en étant un divertissement, comporte
un but moral (supériorité de l'amour chaste sur l'amour profane).
Dans le genre romanesque, *La Celestina* de l'Espagnol Fernando de
Rojas, considérée comme l'une des premières tragi-comédies et connue
de beaucoup d'auteurs du XVIe siècle français, est encore entrevue comme
un roman dialogué. La multitude des cadres dans lesquels le dialogue
arrive à s'insérer m'entraîne à considérer ses diverses conceptions.
Avant d'aborder le dialogue philosophique [5] proprement dit, il semble
logique d'en préciser la nature afin de pouvoir écarter ceux qui, pour une
raison ou une autre, ne s'y rattachent pas.

Un critique moderne a défini la poésie comme un « mode qualitatif
de signification » et la prose narrative et la prose d'idées comme un
« mode indicatif ou déclaratif ».[6] Fondamentalement le dialogue le plus
simple se ramène à un échange d'idées entre deux personnages; il relève
donc du mode indicatif. Les poèmes dialogués peuvent être écartés
puisque:

en poésie pure, nul personngae. Dans un roman en revanche, comme dans une
pièce, on trouve des personnages et l'on peut trouver des dialogues et des monologues qui exploitent les ressources gestuelles de la langue.[7]

Restent les romans dialogués et les pièces.

Un roman est conçu dans un contexte narratif et descriptif. Il comporte
des événements. « Il est destiné à être lu et imaginé ».[8] Il en est de même
pour le dialogue, la différence étant que le dialogue est à base d'idées
développées dans un contexte discursif, les éventuels passages narratifs
ou descriptifs n'étant qu'accessoires et non essentiels. Le dialogue est
un procédé dynamique; la narration ou la description, quand elle intervient, interrompt le mouvement; on s'éloigne du dialogue. Ces périodes
statiques ne peuvent être intégrées au dialogue qu'en tant que pauses,
utiles peut-être mais nullement nécessaires. Non seulement un dialogue
peut être lu et imaginé, il peut aussi être représenté. Il s'apparente à
l'œuvre dramatique, mais y appartient-il?

[3] Picot et Nyrop, xl.
[4] Picot et Nyrop, 71-95.
[5] J'entends le terme dans son acception la plus large, que lui confère le XVIe. Le
dialogue philosophique voudra donc dire dialogue d'idées ne se limitant pas à la
philosophie pure et simple.
[6] Robert Champigny, *Le genre dramatique* (Monte-Carlo: Éditions Regain, 1965), 84.
[7] Champigny, 180.
[8] *Ibid.*

Les analogies entre le dialogue et la pièce de théâtre existent à plusieurs titres; la distinction entre ces deux modes d'écriture n'en demeure pas moins. Certaines œuvres de la littérature contemporaine engagée ou du théâtre moderne de langage foisonnent d'affrontements idéologiques ou philosophiques. Les pièces de Sartre, Camus, Beckett et même Ionesco en sont des exemples. On n'assimile pas pour autant les *Séquestrés d'Altona* ou *Les Justes* à des dialogues philosophiques. « Le mode dramatique de signification est gestuel » [8] (dans le sens le plus large, qui inclut le geste verbal). À la limite, il peut même se passer de mots et aboutit par exemple au mime. Entrevu sous cet angle, le décor apparaît comme le prolongement du geste. Qu'elle soit tragique ou comique, une pièce est un conflit de situations, « une totalité fermée ».[9] La pièce traditionnelle comporte une intrigue sur laquelle est basée le mouvement événementiel. À l'inverse, le mode de signification du dialogue est dialectique, discursif; il peut se passer d'intrigue, de décor, mais non de mots, le verbe et l'idée étant intimement liés dans le contexte indicatif de la communication. Dans un dialogue, il existe une marche à deux, une tentative de résolution ou de synthèse; alors qu'une pièce est et ne résout nécessairement rien. La pièce, étant un moment de vie recréée ou imaginée, trouve son autonomie et sa justification dans sa propre action: elle est son propre contexte dans le monde de l'illusion dramatique; le dialogue, étant une discussion recréée ou rapportée, fonde son existence sur le langage des idées. Ce langage requiert un prétexte et un contexte. Ces contextes, qui peuvent être « réalistes » (banquets, rencontres, colloques, débats officiels ou contestations organisées) ou fictifs (songes, visions, voyages fabuleux), ne lui confèrent pas pour cela la qualité de représentation. Le lien entre le dialogue et la pièce est apparemment un lien tout superficiel, un lien de forme: présence de personnages et échange verbal.

Il va de soi que la conversation seule ne fait pas une pièce. Peut-elle faire un dialogue? Si l'on ne se contente que de rapporter fidèlement un quelconque entretien réel, non. Un bon sténographe n'est pas nécessairement un écrivain. Une conversation improvisée, intellectuelle ou autre, telle qu'elle a lieu dans la réalité est hétérogène. Elle est faite d'idées inégales qui ne se suivent pas toujours, de phrases qui n'en finissent pas ou qui se terminent en queue de poisson, de pauses gênantes et d'hésitations maladroites.[10] D'autres facteurs d'ordre social et non

---

[9] Champigny, 16.
[10] Charles Morgan, *Dialogue in Novels and Plays*, Hermon Ould Memorial Lecture (Ashford, Kent: The Hand and Flower Press, 1954), écrit p. 6: « Conversation in

intellectuel entrent en jeu: politesse, souci de ménager les opinions au détriment des idées justes, manque de sincérité. Montaigne était déjà sensible à ce divorce entre la discussion sérieuse et la conversation mondaine où la vérité est sacrifiée aux courbettes verbales:

> Elle n'est pas assez vigoureuse et genereuse, si elle n'est querelleuse, si elle est civilisée et artiste, si elle craint le hurt et a ses allures contreintes.
> *Neque enim disputari sine reprehensione potest.*
>
>   (De l'art de conférer) [11]

La distance qui sépare une conversation réelle d'une conversation fictive est comparable à celle qui sépare une photographie d'un tableau. Parlant du déphasage entre le matériau événementiel et la culture, un académicien contemporain touche cette question du doigt quand il écrit:

> ...la pensée, pas plus que l'art n'est jamais le désordre de la vie: la pensée, l'art et la culture qui en est le fruit sont de la vie, mais pensée par l'esprit qui lui a composé son ordre. Car l'important n'est pas ... d'enregistrer passivement le réel, mais le reconstruire dans une forme intelligible.[12]

Tout auteur qui se propose d'écrire un dialogue doit, même si son point de départ est une conversation rapportée, même si ses idées sont empruntées, devenir un artiste. Il assure le lien qui unit, dans ce genre particulier, la dialectique (art de raisonner) et la rhétorique (art de bien dire); c'est-à-dire, puisqu'on ne peut raisonner sans matière, le lien entre la matière et la manière. Il fournit l'ordre et la discipline, ajoute l'ironie là où il n'y en avait pas et, comme un bon joueur d'échecs qui organise des parties imaginaires, prévoit la répartie à une éventuelle contradiction.[13] Sans dissocier arbitrairement le fond de la forme et si l'on excuse la sécheresse du langage mathématique, on pourra écrire que le rapport de ces deux composantes détermine la nature du dialogue. Ce rapport prend la valeur 1 dans le dialogue philosophique

---

which you and I improvise upon a vocabulary of a few hundred words, is only a clumsy use of a clumsy code ».

[11]   Michel Eyquem de Montaigne, *Essais*, éd. Maurice Rat, 3 tomes (Paris: Garnier, 1958), III, 154.

[12]   Pierre-Henri Simon, « De l'information comme culture », *Le Monde*, Sélection hebdomadaire du 31 octobre au 6 novembre 1968, 12.

[13]   Morgan, 7: « It is not the purpose of dialogue to reproduce conversation naturalistically but rather, in the guide of conversation's deficiencies – to be amusing where conversation is wasteful, to be articulate and lucid where conversation is mumbling or obscure. The method is, of course, the method of all art: intensification by selective discipline and order ».

Quoique cette vue soit moderne et pas nécessairement applicable aux auteurs du XVIᵉ siècle, elle nous permet de ne déceler qu'un prétexte dans l'intension déclarée d'un auteur qui dit « rapporter » une conversation à laquelle il a assisté.

antique de type platonicien; il prend d'autres valeurs selon que la matière est subordonnée à la manière (dialogues de conception artistique, ludique ou dialogue-divertissement) ou la manière à la matière (dialogues didactiques, de polémique ou de vulgarisation). Cette classification ne tient compte que de la tendance générale d'un type de dialogue, car en réalité les distinctions ne sont pas toujours aussi franches: on peut trouver des tendances ludiques dans un dialogue didactique et vice-versa. Une classification est néanmoins nécessaire pour la commodité de l'étude; elle ne doit pas omettre de mentionner les différences d'orientation ni leur amalgame, qui sont l'expression d'influences et de traditions diverses dans le temps et dans l'espace. Le dialogue du XVIe siècle n'est pas exclusivement philosophique ou exclusivement mondain. Son sérieux n'est pas exempt de satire. À l'intérieur d'une même catégorie se révèlent des différences de style. En l'absence d'une codification écrite du genre, la vogue du dialogue à cette époque et les formes que cette époque lui donne ne peuvent être comprises que par une étude des sources dont les auteurs prétendent s'inspirer (les Anciens), des influences qu'ils subissent consciemment ou non (Italie, Érasme), et des mouvements sociaux à portée littéraire (salons, cénacles, réforme pédagogique, traductions et éditions). Ce travail de déblaiement préliminaire semble nécessaire à l'étude individuelle des divers auteurs.

2. COURANTS ET INFLUENCES. LES SALONS. L'ITALIE

Le dialogue dans sa forme élémentaire procède du mode indicatif. C'est avant tout le produit d'une pensée qui se penche sur elle-même et se dédouble ou se multiplie. C'est une méthode. Ses buts peuvent varier: enseigner une leçon morale ou religieuse, propager une doctrine philosophique ou attaquer un système adverse, critiquer des abus ou vulgariser une science; il n'en demeure pas moins que son objectif principal est de communiquer les résultats d'une recherche qui se veut objective parce que non univoque. La réalisation de cet objectif s'accompagne de séduction; l'art se greffe au sérieux et, s'il y a leçon, la camoufle sous les appâts du divertissement littéraire. Il se présente comme un instrument d'investigation et, comme tout instrument, il connaît des usages qui ne sont pas toujours conformes à l'usage initial.

À l'aube du XVIe siècle, nous nous trouvons en présence de plusieurs de ces formes, quelques-unes indigènes, quelques autres étrangères d'origine ou resurgies à la faveur d'une Renaissance engouée de l'Antiquité. Ainsi peut-on en systématisant distinguer trois principaux courants d'influence dans le dialogue français de l'époque: le courant traditionnel français, le courant antique et le courant italien, courants qui ne restent pas sans s'entrecouper ou s'amalgamer.

Il n'y a pas eu en effet apparition soudaine du genre au XVIe siècle. Les formes dialoguées étaient fréquentes au Moyen Age. La pastourelle en est une dans le domaine lyrique. C'est l'éternel débat entre le chevalier et la « pastorele », où la satire n'est pas toujours exclue.[1] Cette tradition du débat poétique amoureux, florissante dans les cours d'amour provençales, se continuera jusque chez Christine de Pisan, par exemple dans ses « Jeux à Vendre »[2], et Alain Chartier dans « La Belle Dame sans

---

[1] Voir A. Pauphilet, *Poètes et romanciers du Moyen Age* (Paris: La Pléiade, 1952), 830-831.
[2] Pauphilet, 1001-1005.

Mercy ».[3] Le débat pouvait, d'un autre côté, avoir lieu entre un chevalier et un clerc se disputant le cœur d'une damoiselle. Ce débat, qui reflète le conflit d'influence entre le clergé et la noblesse, se caractérise par un cadre souvent féérique, une dispute *ex professo* et une idée de jugement; il fait souvent figure d'exercice d'école.[4] On devine qui est souvent le vainqueur de ces joutes oratoires bourrées de satire quand on se rappelle que ces débats sont presque toujours écrits par des clercs. Ils se continuent jusqu'au XVIᵉ siècle: une plaquette parue en 1509, *Le Procès des deux amans plaidoyant en la court de Cupidon*,[5] et la *Farce nouvelle contenant le débat d'un jeune moine et d'un vieil gendarme par devant le dieu Cupidon pour une fille, fort plaisante et récréative*[6] en sont des exemples. Les jeux-partis et les tensons sont d'autres forme du dialogue en vers. Ces formes où domine l'idée de procès – question posée, jugement rendu – finissent par devenir conventionnelles. Les Rhétoriqueurs les perpétuent encore: Guillaume Crétin par exemple avec le « Débat entre les deux Dames » et le « Plaidoyé de l'Amant Doloreux » entre autres.[7]

Un dialogue, qui sert de maillon entre ces créations académiques commodes mais artificielles qu'on appelle en littérature « siècles » ou « périodes », est de la plume d'une dame de lettres et de qualité: Marguerite de Navarre. Son « Dialogue en forme de vision nocturne » est conçu dans un esprit autant moral que divertissant.[8] Composé entre 1524 et 1527, c'est une des premières productions en français à porter le nom de dialogue au XVIᵉ siècle. C'est une composition simple à deux personnages: l'auteur et « l'âme saincte de défuncte madame Charlote de France », sa nièce. Le procédé de la « vision » comme celui du « songe » est assez conventionnel; le thème est celui de la mort. Le style, quoiqu'alerte et direct, est à la mesure du sujet: sérieux. En tout cas ce n'est pas la Marguerite de l'*Heptaméron*. Ce dernier pourrait être, à plusieurs titres, considéré comme une série de dialogues: beaucoup de personnages représentant des points de vue différents sur l'amour,

---

3 Pauphilet, 1009-1031.
4 Charles Oulmont, *Les débats du clerc et du chevalier* (Paris: H. Champion, 1911), 43.
5 Cité par Oulmont, 142.
6 Oulmont, 47.
7 Voir dans Kathleen Chesney, *Oeuvres poétiques de Guillaume Crétin* (Paris: Firmin Didot, 1932).
8 Pierre Jourda, « Marguerite de Navarre, Dialogue en forme de vision nocturne », *Revue du Seizième Siècle*, XIII (1926), 8: « Le *Dialogue* est une synthèse des idées que l'on voit apparaître une à une dans les lettres échangées avec Briçonnet… Et qui sait s'il n'a pas été composé pour être lu par le roi ? »

nombreux passages en style direct. Mais comme le suggère le titre, le contexte de l'œuvre est avant tout narratif. On se raconte des histoires pour passer le temps. Il faut bien sûr remarquer chez elle « ici et là le souci de développer sous une forme dramatique un certain nombre d'idées touchant l'art d'aimer »,[9] mais ces préoccupations ne la conduisent pas jusqu'à l'élaboration d'une méthode dialectique. Son but est le divertissement plutôt que la défense ou l'exposé d'une doctrine structurée. La multitude des personnages, l'existence de péripéties, la multiplicité des passages descriptifs et narratifs et la présence de la chronologie font que cette œuvre relève du genre romanesque. L'usage fréquent du procédé du dialogue, le caractère idéologique de son contenu s'allient à ses caractéristiques narratives pour en faire une œuvre riche et complexe que plusieurs genres peuvent revendiquer.

Une autre œuvre qui semble assurer la liaison entre les tendances médiévales et celles du XVIe siècle est la composition vivante et amusante de Louise Labé, le *Débat de Folie et d'Amour*.[10] Son caractère de procès le relie à la tradition du Moyen Age, mais d'autres éléments de la composition, du style, et le traitement du thème le situent bien au XVIe siècle. Divisé en cinq discours qu'on pourrait assimiler à des actes, ce dialogue comporte une intrigue qui renforce son caractère dramatique: Cupidon se plaint à l'instance suprême des Dieux, de Folie qui lui a arraché les yeux. L'emploi de la fable et de la mythologie s'accompagne d'une langue simple et charmante. Le mélange de mythe et de réalité et l'ironie primesautière évoquent Lucien et ses *Dialogues des Dieux*, plus précisément les dialogues douze et dix-neuf entre Vénus et Amour, que Jean-Antoine de Baïf traduira après 1572.[11] Le thème nous fait penser à Érasme: en effet le débat se termine par un renvoi à huitaine à l'avantage de Folie; la Belle Cordière fait à sa manière, par le truchement de Mercure, un vrai « encomium moriae », ne manquant pas d'étriller au passage, comme Bonaventure Des Périers dans le *Cymbalum mundi*, les philosophes et les astrologues. Un autre aspect fait de ce débat un produit du XVIe siècle; à savoir le traitement du thème de l'amour. Si ce traitement a été qualifié d'intellectuel par certains, en raison, peut-être, d'un long passage qui sonne comme un « Manuel des parfaits amants »[12]

---

[9]   Jourda, « Marguerite de Navarre, Épîtres et comédies inédites », *Revue du Seizième Siècle*, XIII (1926), 184.

[10]   Louise Labé, *Élégies, Sonnets, Débat de la Folie et de l'Amour*, préface et notes de Bernard Jourdan (Paris: Delmas, 1953).

[11]   Mathieu Augé-Chiquet, *La vie, les idées et l'œuvre de Jean-Antoine de Baïf* (Paris: Hachette, 1909), 201.

[12]   B. Jourdan, 100-102.

c'est peut-être parce qu'il se rattache aux thèmes de la tradition néo-platonicienne venue d'Italie. L'aisance de l'expression et la perfection du style tendent à faire oublier au lecteur moderne les caractéristiques traditionnelles du sujet. Les personnifications d'abstractions sentent encore *Le Roman de la Rose*. Le débat est un procès allégorique au cours duquel Jupiter tente de mettre fin à la querelle qui oppose Amour et Folie. Les parties en présence ont des avocats ou « champions »; on fait des appels à témoins; on parle de « plaidoirie » de « harangue » et de « défense ». Cette composition est cependant plus qu'un débat, c'est une petite pièce dramatique qui ne manque pas d'esprit.[13] Parler de qualités dramatiques à propos de ce débat ne doit pas nous faire oublier qu'il s'agit ici d'un débat où des idées sont opposées: la raison ne s'accorde pas toujours avec l'amour, l'amour est aveugle, l'amour est fait de folie. Il y a une synthèse des points de vue en présence.

Bénéficiaires de la tradition courtoise provençale, les Italiens vont briller par leurs mœurs polies et séduire les Français au lendemain des Guerres d'Italie. Le résultat en sera une littérature à préoccupations mondaines et sociales qui aura pour centre la cour et les salons.

Comme dans le cas du néo-platonisme, l'influence italienne semble toute trouvée pour expliquer la naissance des groupes littéraires et des salons en France. L'écarter serait aussi présomptueux que de tout lui attribuer. Cette influence n'est ni négligeable ni exclusive. Il existait dans le domaine des idées une atmosphère favorable que les campagnes de Charles VIII, Louis XII et Francois Ier ont permis de raviver. On veut bien imiter en France les cours des Sforza de Milan, des Este de Ferrare, mais le souvenir d'Aliénor d'Aquitaine, des cours provençales et des puys, de Charles d'Orléans, des Jeux Floraux toulousains, n'est pas vraiment éteint. À côté de l'influence étrangère, la tradition nationale se continue. La vogue de Pétrarque et de l'Arioste ne fait que retrouver un terrain propice. Les critiques qui se paient de généralités ont la détestable manie de présenter un XVIe siècle en opposition au Moyen Age, comme un fils ingrat ou honteux de son ascendance: ils oublient que les gens de la Renaissance en ont été nourris et que s'ils regardent moins derrière eux que devant eux, ils ne sont pas, pour cela, exempts

---

[13] Prosper Blanchemain, *Oeuvres de Louise Labé* (Paris: Librairie des Bibliophiles, 1875), XXII-XXIII: « Le *Débat de Folie et d'Amour* est malgré quelques longueurs, un petit drame aussi bien conçu que bien conduit, un chef-d'œuvre de finesse naïve et de grâce malicieuse. Il est possible que Maurice [Scève], familiarisé, en sa qualité d'avocat, avec la langue du droit, l'ait aidée pour le judicieux emploi qu'elle fait des termes juridiques dans son dialogue».

d'influences inconscientes. Le réveil des idées chevaleresques et l'en-
goûment pour l'*Amadis de Gaule* [14] en sont la preuve.

Bien avant les guerres d'Italie, l'Ouest français (Anjou, Maine,
Poitou, Touraine) avait hérité des traditions littéraires des cours princières telles que celle de Charles d'Orléans à Blois. C'est à Blois, après
Nantes, qu'Anne de Bretagne installe sa cour et ses poètes. C'est de
cette pépinière de l'Ouest que nous viennent Du Bellay, Rabelais,
Ronsard, Peletier du Mans, Tahureau et d'autres. La célèbre faculté de
droit de Poitiers devient le point de rencontre de nombre de lettrés du
XVIe siècle. Ce ne sera pas un hasard si l'un des premiers salons y voit
le jour dans la deuxième moitié du siècle: celui de Mesdames des Roches. [15]

Mais avant d'aborder le rôle de la Cour et des salons sur le plan
littéraire, rôle qui ne sera apparent que plus tard, il faut mentionner
l'éclosion, un peu partout, de cercles d'humanistes dépendant moins
désormais des largesses d'un mécène ou d'un roi: ils sont avocats,
médecins, juristes, professeurs. Profitant, par le biais, de l'accession de
la bourgeoisie au numéraire, ils sont plus libres de circuler et de s'associer
selon leurs affinités intellectuelles, ou parfois religieuses. L'écrivain du
XVIe siècle n'est plus anonyme; il est mobile et autonome. Voyez
Érasme, Rabelais, voyageant à travers l'Europe et rencontrant leurs amis.
Essayez de suivre les pérégrinations d'un Rabelais ou d'un Bonaventure
Des Périers: Paris, Poitiers, Montpellier, Lyon etc., autant d'étapes que
de lieux de rendez-vous. Des cénacles se forment. Voici, par exemple,
celui de Fontenay-le-Comte, au début de siècle, que Rabelais fréquenta. [16]
Le même Rabelais assiste, en 1536, à Lyon, à un banquet en l'honneur
de Dolet, en compagnie de Marot et de Des Périers, entre autres. [17]
L'Europe pensante est en mouvement. Paris, Louvain, Padoue, autant
de carrefours. Beaucoup d'humanistes célèbres passent par cette université tant prise à partie mais toujours debout: l'Université de Paris.
Ce sont: Agricola, Reuchlin, Érasme, Vivès, Calvin, Dolet, Sturm.
Que de rencontres dont nous n'avons pas toujours les documents! Les
Allemands viennent à Paris, les Français vont à Padoue. C'est dans les
dialogues de Bruès qu'on pourrait trouver une idée idéalisée et approxi-

[14] Voir E. Bourciez, *Les mœurs polies et la littérature de cour sous Henri II* (Paris:
Hachette, 1886), 18 et 78.
[15] Voir G. E. Diller, *Les Dames des Roches, étude sur la vie littéraire à Poitiers dans
la 2e moitié du XVIe siècle* (Paris: E. Droz, 1936) ou L. Clark Keating, *Studies in the
Literary Salon in France, 1550-1615* (Cambridge: Harvard University Press, 1941).
[16] Jacques Bréjon, *André Tiraqueau* (Paris: Librairie du Recueil de Sirey, 1937), 13.
[17] Lazare Sainéan, *L'influence et la réputation de Rabelais* (Paris: Librairie Universitaire J. Gamber, 1930), 132, note 4.

mative d'une de ces rencontres vers les années cinquante. Brués met en scène deux poètes, Ronsard et Baïf, et deux savants, Nicot et Aubert, et les fait « disputer » de questions philosophiques. Beaucoup de dialogues mineurs rapportent, prétendûment, de pareilles rencontres.

Après 1560, ce mouvement va se restreindre et les rangs des humanistes vont être désertés par les poètes qui préfèrent, soit se grouper entre eux pour des raisons communes, soit rechercher l'atmosphère plus mondaine d'un salon ou la sécurité matérielle d'une sinécure d'académie.[18] Les rencontres entre penseurs ne disparaissent pas pour cela. Elles s'opèrent selon d'autres lignes de séparation; la croyance religieuse, par exemple. Ou bien ce sont des « retraites » en groupe. Témoin la description d'une de ces réunions par Christophe de Thou:

> Ils avoient étudié aux lois à Toulouse, M. du Puy, Le Fèvre et lui [Jacques Houllier] … Ils s'assembloient tous les dimanches et festes aux Cordeliers, dans le cloître, depuis huict heures jusqu'à onze, M. M. Pithou, du Puy, Le Fèvre, de Thou, Houllier, Hotman, quelquefois Servin, qui servoit pour rire. M. Houllier se mocquoit de lui et lui faisoit accroire de grandes absurdités. Là, ils communiquoient des Lettres et il falloit estre bien fondé pour estre de leur compagnie et pour moi je ne faisois qu'écouter. Cette compagnie se trouvoit chez moi les festes après disner, où M. Scaliger estoit souvent. J'ai appris tout ce que je sçais en leur compagnie.[19]

Pareillement, Guillaume du Vair, dans son *Traité de la constance et consolation ès calamitez publiques*, prétend rapporter les « discours » de ses amis sur la question du stoïcisme. Dans une mise en scène imitée, selon Henri Busson, du *Phédon*,[20] Du Vair fait discourir, à tour de rôle, ses amis Henri de Monantheuil, Jacques Houllier et Nicolas Le Fèvre sous les noms d'emprunt respectifs de Musée, Orphée et Linus.[21] Christophe de Thou, sous son propre nom, fait aussi partie de ces échanges de vues philosophiques. Mis à part ces quelques dialogues rapportés, il n'existe pas toujours de documents traitant de la matière de ces réunions intellectuelles. Un travail fructueux à faire consisterait à déterminer les circonstances, les lieux, les dates et la nature de ces rencontres entre humanistes dont L. Clark Keating ne donne qu'une esquisse.[22]

---

[18] Keating, 49: « After 1560 the society of the humanists was to be all but abandoned by the poets, who were to turn to a more worldly society for encouragement, inspiration, and financial backing ».
[19] *Scaligerana, Thuana*, etc. (Amsterdam: 1740), II, 11-13, cité par Jacques Flach et F. Funck-Brentano dans *Guillaume du Vair, Traité de la Constance et Consolation ès calamitez publiques* (Paris: Recueil de Sirey, 1915), 26.
[20] Henri Busson, *Le rationalisme*, 504.
[21] Flach et Funck-Bretano, *Guillaume du Vair*, 28.
[22] Keating, 20-69.

Les documents concernant des réunions moins philosophiques et plus mondaines nous sont restés, par exemple *Le Monophile* de Pasquier ou ses lettres, ou les *Oeuvres* de Mesdames des Roches de Poitiers.[23] Rien d'étonnant à ce que ces productions soient des dialogues ou contiennent des dialogues. Et ici le dialogue descend d'un cran, du niveau du débat intellectuel à celui de la causerie ou de la conversation, que Montaigne dédaignait. Dire que la conversation est un fait d'ordre social, cela va de soi. Mais le dire, c'est aussi sous-entendre l'existence de groupes, de cercles centrés autour de cette activité sociale. Rien de nouveau en cela. Mettez une femme à la tête de l'un de ces cercles et vous aurez du nouveau. Nouveauté dans l'atmosphère des réunions, dans le ton de la conversation, dans la personnalité des habitués et dans le style des productions littéraires inspirées de ces milieux. « Jamais la conversation n'a fleuri que là où dominaient et régnaient les femmes ».[24] Le rôle actif de la femme tant sur le plan purement social que sur le plan littéraire se dessine clairement et annonce les mouvements féministes du siècle suivant. Ce rôle n'est nullement négligeable; mais il s'en faut de beaucoup qu'il soit primordial. Dire avec Michelet que ce « siècle est le règne des femmes, spécialement en France... [et que] non seulement l'art, la littérature, les modes et toutes les choses de forme changent par elles, mais le fonds de la vie »,[25] c'est oublier les échos antiféministes dans les œuvres d'Érasme, de Rabelais, c'est faire fi du « contraste entre l'idéalisme des salons et la brutalité des mœurs »;[26] ce serait en un mot, reconstruire l'histoire de l'époque à travers *La Princesse de Clèves*. Dire que les femmes influencent les lettres, c'est, à mon avis, mettre la charrue avant les bœufs. De même que, de nos jours, nous voyons les moyens d'expression modernes tels que le cinéma et la télévision influencer nos habitudes et nos mœurs, nous pouvons émettre l'opinion que ce sont les événements sociaux de l'époque – découvertes dans le temps et l'espace, progrès de l'imprimerie, renaissance des études classiques, guerres, renforcement de la monarchie, enrichissement de la bourgeoisie – qui vont amener des changements dans la société. Il s'opère une prise de conscience sociale qu'accompagne

---

[23] Étienne Pasquier, *Le Monophile*, éd. E. H. Balmas (Milan: Cisalpino, 1957); *Les œuvres de Mesdames des Roches de Poetiers mère et fille* (Paris: L'Angelier, 1579); *Les Secondes Oeuvres de Mesdames des Roches de Poictiers* (Poictiers: Courtoys, 1583).
[24] Paul Porteau, *Montaigne et la vie pédagogique de son temps* (Paris: Droz, 1935), 272.
[25] Cité par Marcel Françon, *Autour de la lettre de Gargantua à son fils (Pantagruel, 8)* 2e éd. (Cambridge: Harvard University Press, 1964), 4, note 11.
[26] Françon, 26, note 53.

une nouvelle échelle des valeurs; la femme ne fait que bénéficier de ces changements.[27] La « tradition du nouveau » remonte à cette période-là. Le temps des trouvères et des clercs, des hagiographes et des « écrivains de service » est désormais révolu. La Cour devient un centre littéraire dès François Ier. Avec Henri II elle devient, en plus, la source des vogues et des modes, l'exemple à suivre. *Le Courtisan* ne pouvait rencontrer terrain plus propice. Une société se développe où l'art de causer et la politesse sont un idéal. Teintée de savoir, habillée de théories néo-platoniciennes, la « littérature courtoise » resurgit en quelque sorte. Ce sont les idées nouvelles sur l'amour, la vie, les lettres et la société, qui entraînent la naissance de groupes de discussion et non pas néces-sairement une réaction contre un Moyen Age que beaucoup ne connais-sent pas. A côté des réunions d'humanistes, et souvent en conjonction avec elles, émergent les salons.

Leur naissance est favorisée par un manque de modestie presque total de la part de la gent littéraire. Ce manque de modestie s'accompagne d'un esprit de parade. Le baroque est déjà là. On vante réciproquement ses mérites, on parle de renommée. On cause, on rime, on badine, on rai-sonne; et on publie le tout. Les habitués de ces salons causent « pour le plaisir de causer, moins pour se convaincre les uns les autres que pour faire parade de leur esprit et montrer avec quelle vivacité ils rétorquent les arguments de leurs interlocuteurs ».[28]

Les premiers salons en date sont celui de Jean de Morel à Paris, « le premier salon littéraire de Paris », selon Pierre de Nolhac,[29] et son homologue provincial à Poitiers: celui de Mesdames des Roches. La maison des Morel servit d'abord comme lieu de réunion pour les humanistes. L'épouse de Morel, Antoinette de Loynes (dont le père

---

[27] Peter Burke développe la même idée dans la section intitulée: « Humanists, Reformers and French Culture » dans *French Literature and its Background, I, The Sixteenth Century*, éd. John Cruikshank (Oxford: Oxford University Press, 1968), 45: « In the sixteenth century, the reading public and the narrower circle of writers, both predominantly clerical in the past, widened to include gentlemen, ladies, and even members of the third estate. As methods of warfare changed and their military use-fulness declined, the French nobility began to define themselves more in terms of their manners and education, to change from *chevaliers* into *gentilshommes* (a word that first came into general use in the sixteenth century). Some of them even wrote books: most of the Pléiade are gentlemen, so is Montaigne. Ladies, too, began to take more interest in literature. Marguerite de Navarre, Pernette du Guillet, Louise Labé, and others wrote and even published... Behind the rise of modern French literature lies a movement of social change ».

[28] Bourciez, *Les mœurs polies*, 418.

[29] Pierre de Nolhac, « Le premier salon littéraire de Paris », *Revue universelle*, V (1921), 341.

était un ami d'Érasme) échangea, à l'occasion, des poèmes avec Ronsard ; mais dans l'ensemble elle ne domine pas ce salon. C'est encore un salon d'hommes : Dorat, du Bellay, Ronsard, Mellin de Saint-Gelais, L'Hospital en sont les habitués. L'atmosphère se fait plus mondaine avec l'entrée en scène des filles de Morel, Camille, Lucrèce et Diane. Les activités d'un pareil salon nous intéressent au plus haut point, car l'atmosphère est littéraire, le ton celui de la conversation et les travaux poétiques censés reproduire ce qui s'y disait.[30] Camille, l'aînée des Morel, est l'interlocutrice de Du Bellay dans un dialogue poétique en latin.[31] Cette « musarum decima » parle le latin, le grec et l'hébreu et compose des vers. Étienne Pasquier envoie deux épigrammes latines au père atteint de cécité sur ses vieux jours. L'atmosphère s'assombrit vers les années soixante ; Antoinette meurt (1568) et Jean de Morel se plaint de sa situation financière ; mais son hospitalité n'en tarit pas pour autant. Si du Bellay ne hante plus les lieux, une nouvelle recrue fait son entrée : Scévole de Sainte-Marthe. Le cercle des Morel s'honore de la présence de Nicolas Rapin, Guillaume du Vair, Jean Antoine de Baïf et bien d'autres. Ce n'est que la mort de Jean de Morel en 1581 qui mettra un terme aux activités de ce salon.[32]

À Poitiers, l'atmosphère est plus mondaine chez Mesdames des Roches. Non que les sujets sérieux y aient été proscrits, loin de là. « Vers le milieu du XVIe siècle fleurit une génération de femmes un peu sévères et prudes, presque pédantes, demandant aux sentiments assez de délicatesse et de discrétion ».[33] Madeleine et Catherine des Roches semblent appartenir à cette génération. La mère écrit des sonnets sur des thèmes bibliques (de l'Ecclésiaste, par exemple), et la fille traduit

[30]   Keating, 27 : « We do know that poetic games and improvisations were a favorite pastime with the Morels and their friends, as witness the prevalence of poems and dialogues labeled by their authors as extemporaneous ».
[31]   Joachimi Bellaii et Camillae Morellae Dialogismus extemporalis
B. Vesibus alternis certimus, Dîa Camilla,
      Tu mihi, tu Pallas, tu Calliopea Camilla.
C. At tu musarum princeps, tu solus Apollo.
B. Omnes exuperas hominesque, Deosque, puella,
C. Exuperare queam si tibi sim similis
B. Iamque, Camilla, vale. C. Charitum decus ipse valeto.
B. Musarum decima es. C. tu pater Aonidum.
Dans : E. Dupré-Lasale, *Michel de l'Hospital avant son élévation au poste de Chancelier de France*, 2 tomes (Paris : Thorin, 1875-1899), II, 67.
[32]   Pour le détail de ces activités et la qualité des habitués de ce salon, voir : Keating, 32-38, Pierre de Nolhac, (see note 29) et Samuel F. Will, « Camille de Morel : a Prodigy of the Renaissance », *PMLA*, LI, 1 (March 1936), 83-119.
[33]   Bourciez, *Les mœurs polies*, 123.

des vers de Pythagore.[34] En se fondant sur les écrits qui nous sont restés, on constate la prédominance des sujets sérieux et le caractère foncièrement moral des soirées chez les des Roches. Les témoignages laissés par deux invités de marque, Étienne Pasquier et Scévole de Sainte-Marthe, concordent à tel point là-dessus qu'ils semblent avoir été écrits de la même plume.[35]

À l'inverse de celui des Morel, ce salon est dominé par des femmes, Madame des Roches et sa fille aînée Catherine, qui ne se cantonnent pas dans leur rôle d'hôtesses. Le maître du lieu et époux, François Éboissard, avocat influent, reste dans l'ombre, tandis que sa femme et sa fille se lancent dans des activités littéraires variées. Leurs œuvres, publiées, jettent la lumière sur le détail des soirées de cette bonne société, ainsi que sur les idéaux féministes de l'époque.[36] Sur ces derniers, selon L. C. Keating, l'influence de l'Italie semble peser lourdement.[37] J'émets quelques réserves sur l'influence de l'Italie dont beaucoup exagèrent l'importance. Nous sommes, de nos jours, témoins de nombreuses adaptations à l'écran d'œuvres sanctifiées par le temps, telles *Les liaisons dangereuses* de Choderlos de Laclos ou le *Satiricon* de Pétrone; sans leur ôter la part d'influence qui leur revient dans le domaine de la littérature, aller jusqu'à dire que nos conceptions de l'amour ou nos mœurs sociales en ont subi une influence marquante, serait pure exagé-

---

[34] *Les œuvres de Mesdames des Roches* (1579). Le sonnet I, p. 41, traite du thème de la vanité. Voir p. 163 pour la traduction de Pythagore.

[35] Pasquier: « Les après-disnés et soupées, la porte est ouverte à tout honneste homme. Là l'on traite divers discours ores de Philosophie, ores d'histoire, ou bien du temps, ou bien quelque propos gaillard. Et nul n'y entre qui n'en sorte, ou plus sçavant, ou mieux édifié ». Dans: Étienne Pasquier, *Les Oeuvres*, 2 tomes (Amsterdam: Libraires associez, 1723), II, 165-166: Lettre « A Monsieur Pithou, Seigneur de Savoye ».

Scévole de Ste-Marthe: « Et l'on peut dire en vérité, que pas un n'y estoit introduict, pour docte et pour poly qu'il fust, qu'il n'en sortit avec plus de doctrine et plus de politesse ». Dans: Scévole de Sainte-Marthe, *Éloges des hommes illustres*, mis en français par Guillaume Colletet (Paris: Sommaville, Courbé, Langlois, 1644), 339.

[36] Keating, 59: « In their published works, Catherine and Madeleine des Roches reveal themselves rather fully, giving an account of their political and social ideals, and writing down for posterity some of the poems and dialogues which were written or improvised during evenings in the company of their many guests ». Pour la bibliographie de ces œuvres, voir Keating, 152.

[37] Keating, 14: « The Platonistic doctrines upon which the Italian social order was based penetrated into France and gave Frenchmen a new conception of love, and French women a new place in society. The appearance in 1537 of a translation of *Il Cortegiano* furnished the first detailed account of Italian salons... The absorption of the new literary and social ideals was a slow process, lasting throughout the entire century, but by the end of Francis I, the new ideals were already forces to be reckoned with ».

ration. Jusqu'à preuve du contraire, c'est la réalité qui a produit la littérature et non l'inverse. Comme il a été déjà suggéré, c'est par un retour des choses que certaines affinités entre le passé et le présent se font jour et remettent à la mode les vues et les idées latentes en nous. Dans la chimie des manifestations sociales et littéraires, les influences externes ne font que jouer le rôle de catalyseurs. Les conceptions de l'amour en France, à l'époque, ne sont que le produit prévisible d'une évolution interne de la société. Il y a peut-être rencontre mais jamais copie conforme. Marcel Françon voit la question d'une façon pragmatique qui concorde avec mon point de vue:

> L'influence de Ficin se fait surtout sentir dans les milieux mondains et paraît offrir un sujet de conversation, plus qu'un moyen de rénovation religieuse, sauf pour certains écrivains, comme Marguerite d'Angoulême ... Les théories ficiniennes ont eu peu d'influence sur les actions des hommes.[38]

L'influence italienne se limite à de petits groupes littéraires. Que l'œuvre platonicienne de Ficin ait été connue des dames des Roches, il n'y a pas de doute. Que Catherine se soit révoltée dans ses dialogues contre l'asservissement de la femme, cela aussi est incontestable. Mais qu'elle ait eu une attitude féministe révolutionnaire, cela reste à démontrer. Son premier dialogue est à ce sujet révélateur. L'un des principaux personnages est un critique acharné des femmes savantes. Pour Sévère – le nom en dit déjà assez – l'éducation des femmes doit avoir pour but de les préparer aux soins du ménage et à leurs devoirs d'épouses.[39] Molière dira la même chose dans *Les Femmes Savantes*. Comment expliquer les vues contradictoires sur la femme des dialogues de Catherine? Si l'on suppose que ses dialogues sont des comptes-rendus de conversations réelles, la contradiction peut être mise sur le compte des divergences d'opinions des participants. Ce qui semble plus plausible est que les dialogues aient été composés avec les réunions de salons en tête. C'est cette exposition de vues contradictoires qui est un des caractères essentiels du dialogue et c'est à l'honneur de Catherine d'y avoir pensé. Elle se cantonne à la littérature de divertissement plutôt qu'à la polémique: quoique contraire à ses vues personnelles, le point de vue anti-

---

[38]   Françon, *La lettre de Gargantua*, 27, note 53.
[39]   Keating, 65: « And as the doctrines were not pleasing to many of the humanists, lively discussions may have taken place with the Dames des Roches and other champions of women, on one side, and the conservative, or anti-feminist, element on the other. Perhaps it is not too much to imagine that Catherine's dialogues were a summary of the arguments on both sides ».

féministe qu'elle couche sur le papier est fréquent à l'époque. La nature des autres dialogues tend à confirmer qu'il s'agit de divertissements littéraires plutôt que de pamphlets: « Dialogue de Vieillesse et Jeunesse », « Dialogue de Vertu et Fortune », « Dialogue de la Main et du Pié et de la Bouche », « Dialogue de la Pauvreté et la Faim » et le « Dialogue d'Amour, de Beauté et de Physis ».[40] Ce sont des dialogues allégoriques à la manière des débats du Moyen Age, comparables au *Débat de Folie et d'Amour* de Louise Labé, à la différence que ce dernier est très poétique.

On retrouve beaucoup de ces thèmes traités dans d'autres réunions de salons. Le XVIe siècle a une prédilection pour la forme dialogique; mais tout ce qui porte le titre de dialogue n'en est pas nécessairement un dans le sens où je l'ai défini plus haut. Ce que les des Roches nomment dialogue n'est autre qu'un exercice, un jeu de société au même titre que les autres compositions contenues dans leurs ouvrages: épitaphes, épigrammes, « propos légers », anagrammes et jeux de mots. Malgré leurs thèmes traditionnels, ces dialogues-divertissements ne manquent pas de qualités: ils sont animés, vivants et plus concentrés dans leur développement que beaucoup de dialogues considérés comme sérieux. Le nombre de personnages dépasse rarement celui de trois, ce qui renforce l'hypothèse que ce ne sont pas des conversations rapportées (dans un salon, où suppose qu'elles ont lieu entre plusieurs personnes), même si les thèmes développés comportent des similitudes avec les sujets abordés au cours de ces conversations.

Entre mil cinq cent soixante et mil cinq cent quatre-vingt-dix, un salon connaît la célébrité: celui d'un dignitaire de l'État, Nicolas de Neufville et de sa femme Madeleine de Laubespine. Ce salon parisien est connu sous le nom de salon de Monsieur et Madame de Villeroy. Essentiellement dominé par des poètes, comme Baïf, Desportes, Jamyn, Passerat, Ronsard et d'autres, ce salon n'entre pas dans le cadre de cette enquête, étant donné qu'aucun dialogue n'en est issu. Les œuvres inspirées par ce milieu sont mineures pour la plupart (exemple: une épitaphe pour le « tombeau » du chien de Mme de Villeroy). Ce cas nous fournit un argument supplémentaire en faveur de l'hypothèse selon laquelle les réunions de salon ne sont pas nécessairement génératrices de dialogues, même si la conversation y bat son plein. C'est l'atmosphère ambiante qui détermine la nature des productions qui en sont issues. Elle peut être badine, précieuse, collet monté ou sérieuse. Les salons,

---

[40] Tous ces dialogues se trouvent dans *Les oeuvres de Mesdames des Roches de Poetiers mère et fille* (Paris: L'Angelier, 1579), respectivement aux pages 55-63, 63-74, 74-79, 80-87 et 87-92. Pour leur thème, voir Keating, 65.

comme plus tard les cafés, ont chacun leur ambiance propre. De plus, ce qui distingue un cénacle d'une volière, c'est la présence d'une personnalité dominante, d'un meneur de jeu chargé de faire respecter le programme et les conventions, souvent tacites, qui sont le prétexte fécond de la réunion. Chez les Villeroy se retrouvaient trop de personnalités du même bord et sans chef de file. La caractéristique d'une conversation à bâtons rompus est de n'avoir ni but préétabli, ni lignes directrices. Elle diffère, en cela, d'une quête. Or c'est la quête qui se trouve à la base d'un vrai dialogue.

Un salon reste à passer en revue: celui de Mme de Retz, que Pasquier, entre autres, fréquentait. Une de ses lettres est un témoignage précieux sur la nature des réunions qui s'y tenaient vers 1591:

> Toute la serée se passa en une infinité de bons et beaux propos, concernant la calamité de ce temps, et sur les espoirs et desespoirs, que chacun de nous apprehendoit selon la diversité de ses opinions. Et comme c'est le privilège des banquets de sauter de propos à autres, qui n'ont aucune liaison, sans sçavoir pourquoi ny comment, aussi fismes-nous le semblable, sans y penser, et discourusmes, tantost de nos ménages particuliers, tantost du fait de la Justice, puis de la commodité du labour. Jamais je ne vy pièces plus descousuës que celle-là, ny de meilleure estoffe. Un habile homme en eust fait un livre tel qu'Athénée, ou Macrobe, dans ses Saturnales. Enfin comme le discours de l'amour est l'assaisonnement des beaux esprits, aussi ne le peusmes oublier.[41]

Ce qui se dégage de ce témoignage, c'est le caractère mondain de ces rencontres. Bien que les sujets sérieux n'en soient pas absents et que le thème de l'amour y apparaisse comme un corollaire, le manque de cadre exclut les discussions suivies et fertiles, dignes d'être couchées par écrit. Les habitués se réunissaient pour le plaisir de se voir et d'être vus, un peu comme on va à l'église, et la conversation allait son petit bonhomme de chemin. Comme le suggère Pasquier, le caractère décousu de la conversation était l'un des agréments de ces réunions. Le dialogue socratique prend souvent les allures d'une conversation; mais c'est une conversation dirigée. Celle dont parle Pasquier est à l'opposé. Les discussions d'humanistes paraissent être du domaine du passé.[42] Nous sommes à l'aube d'un siècle de parade.

Un habitué des salons, ami de poètes et d'humanistes, poète lui-même,

---

[41] Pasquier, *Oeuvres*, II, 897-898.
[42] Keating, 81: « By the time of Charles IX and Henry III, society had taken on a new character. *Salons* like that of Morel and the Dames des Roches continued to exist, but in the entourage of the court many new groups were being formed. In these the humanistic tradition of the *salons* was weakened, and the trivial elements in literature and society were magnified ».

Jean Antoine de Baïf, traducteur de Lucien, a dû éprouver la nécessité de se soustraire à l'influence mondaine des salons; il organise autour de lui, avec l'assentiment du roi Charles IX, un cercle qu'il baptise académie (1567). Les réunions se tiennent d'abord chez lui et de temps en temps au Collège de Boncourt, dont le jardin se trouvait en face de chez lui. En 1570 cette académie s'intitule officiellement Académie de poésie et de musique. Qu'on ne se fasse pas illusion sur cette appellation; c'est une académie sérieuse et non mondaine, aux ambitions encyclopédiques. Poésie et musique sont considérées sous l'angle de la connaissance et non du divertissement.[43] En 1572, cette académie se transporte chez Françoise de la Beaune, Dame de Carnavalet, à l'Hôtel de Meudon. Alors que la cour était devenue un centre littéraire sous Henri II, avec Henri III l'accent est mis sur les questions morales. « Les sciences linguistiques, morales et philosophiques offraient au prince plus d'attrait que les lettres: un érudit avait succédé à un poète [Charles IX] sur le trône de France ».[44] Sans en modifier les statuts, ni supprimer les postes de *musiciens (Chanteurs* et *Joueurs)*, Henri III prend l'académie de de Baïf sous sa tutelle, avec le titre de *Protecteur*, la rebaptise Académie du Palais et l'installe au Louvre, en 1576. Pibrac, fervent lecteur et commentateur de Platon et de Sénèque, est nommé au poste d'*Entrepreneur*, c'est-à-dire de directeur de la Compagnie. Parmi les doctes, savants et beaux esprits qui s'y réunissaient, on comptait des noms illustres: Baïf, d'Aubigné, Desportes, le futur cardinal du Perron, Jamyn, Ronsard et Pontus de Tyard. Le beau sexe n'en était pas exclu: parmi de nombreuses « académiciennes », on peut retenir le nom de la fameuse Pasithée de Pontus de Tyard, Mme de Retz.

Selon Frances A. Yates, les débats de l'Académie étaient de nature scolastique.[45] Ce jugement est à nuancer. Les travaux de l'Académie nous sont restés sous formes de comptes-rendus intitulés « discours ». Pour un lecteur moderne, curieux et intrépide, qui ne se laissera pas rebuter par le style lourd et diffus de certains de ces discours, il sera loisible de remarquer qu'il s'agit de conférences ou exposés récités à tour de rôle par des « académiciens » différents, sur un sujet proposé par le Roi, considéré comme arbitre. Que Ronsard, sur la question « Quelles

---

[43]   Frances A. Yates, *The French Academies of the Sixteenth Century* (London: The Wartburg Institute, 1947), 130: « According to Renaissance theory which was, in this respect as in so many others, in accordance with medieval theory, the fables of the poets contain within them truths of both natural and moral philosophy ».
[44]   Édouard Frémy, *L'Académie des Derniers Valois: Académie de Poésie et de Musique, 1570-1576, Académie du Palais, 1576-1585* (Paris: E. Leroux, 1887), 91.
[45]   Yates, 111.

vertus sont plus excellentes, les morales ou intellectuelles », émette un point de vue dont Desportes prendra le contre-pied, c'est un fait entendu; mais que l'on parle de débat, d'affrontement simultané, donc de discussion ou de dialogue, c'est un pas que les discours eux-mêmes et le manque de documents nous empêchent de franchir. On est en droit de supposer que les exposés officiels étaient peut-être suivis de discussions impromptues dans un cadre moins solennel; mais l'absence de comptes-rendus officieux nous empêche de confirmer cette hypothèse. L'atmosphère des séances, telle qu'elle ressort des exposés, semble avoir été des plus cordiales: point de prises de bec ni d'attaques personnelles. Nous avons affaire à une assemblée de doctes et non d'écoliers. Le ton est souvent celui de la dispute traditionnelle assaisonnée de définitions et d'*exempla*; l'introduction du premier discours sur les vertus en témoigne:

> En toute dispute bien ordonnée, l'on doibt, en premier lieu, donner la diffinition de la chose de laquelle l'on veult traicter, puis venir à la division.[46]

Le premier discours sur le sujet « Des passions humaines de la joye et de la tristesse et quelle est la plus véhémente », dont on n'a pas déterminé l'auteur, n'est qu'une suite de définitions. Cependant tous ces discours ne se ressemblent pas. Ceux de Jamyn et de Pibrac se distinguent par un style agréable et un ton assez élevé; l'un d'eux, probablement celui d'un des médecins du Roi, est même spirituel.[47] Si le principe des « autorités » est encore dominant, il faut signaler à la décharge des « académiques » que l'autorité la plus mise à contribution est celle de Platon, suivie de celles d'Aristote et des philosophes de l'Antiquité. La nature antithétique des questions mises sur le tapis (« des vertus morales et intellectuelles, de la joie et de la tristesse, de l'ire et des moyens de la modérer, de l'honneur et de l'ambition, de l'envie et des mœurs contraires à icelle »), et leur caractère spéculatif permettent de dégager la tournure morale et philosophique donnée aux travaux de l'Académie. Un souci de synthèse perce sous le caractère contradictoire des divers exposés.

---

[46]   Frémy, 220.

[47]   Frémy, 252: Deuxième discours, sur la joie et la tristesse: « Ceste docte Compaignie, qu'il vous plaist honorer de vostre présence, ressemble un festin garny de toutes sortes de viandes exquises et bien aprestées.

Moy qui viens le dernier, sur la fin du banquet, je ne vous puis aporter rien de nouveau sinon ung peu de dragée, que je vous présente pour le dessert.

Vous avez les oreilles pleines, saoulles et rassasiées de tant de viandes spirituelles que vous en aprester davantage ce seroit vous ennuyer et fascher. Pource, en peu de parolles, je diray ce qu'il m'en semble sans rechercher autre chose que la vérité.

Les philosophes ne s'accordent, touchant les passions n'y d'où elles procèdent, si c'est du corps ou de l'âme ».

La tentative syncrétique de réconciliation d'Aristote avec Platon, qui était une constante au Moyen Age et que les néo-platoniciens florentins avaient remis à l'ordre du jour, est une des lignes directrices des séances de l'Académie du Palais. Et l'on sait que Pibrac, en prenant la tête de la Compagnie, avait à cœur d'orienter les travaux vers la voie des traditions philosophiques de l'Académie néo-platonicienne de Florence considérée comme la dépositaire des doctrines de Platon. Les académiciens essaient également de concilier la religion et la philosophie et de rapprocher les philosophes de l'Antiquité des pères de l'Église (dans la tradition de saint-Ambroise selon laquelle le *Nosce teipsum* de l'oracle delphique avait été pris à Moïse). Un exemple, parmi tant d'autres, qui illustre cette tendance, peut être pris dans le premier discours sur « l'ire et comme il la faut modérer » par Pibrac lui-même. Après avoir emprunté une définition de la colère au *Philèbe* de Platon et un exemple à la *Rhétorique* d'Aristote, il continue dans la même veine :

> *Platon, au second (livre) de sa République, veut que le gouverneur d'une cité soit doux et colère : doux envers les siens, colère envers les ennemys, pource que l'Ire,* comme il dict, *est inexpugnable et invincible et l'âme qui est en est esmeue mesprise les dangers.* Il loue aussi, au *Timée,* ceste Ire...
> ....
> Aristote, aux *Éthiques,* dict que c'est un très-puissant aiguillon qui nous faict exposer aux périls.
> ....
> Moïse retournant de la montagne et voyant les enfans d'Israël dancer à l'entour du Vau d'or, rompit les tables de la Loy. Le mesme courroux le poussa jusques à tuer un Égyptien qui poursuivoit trop outrageusement les Hébreux.[48]

Comme l'indiquent les titres des discours, l'objet des travaux se limite au domaine de la philosophie morale, aux « pertubations de l'âme et des affections humaines », pour être plus précis. Le contexte philosophique des réunions est rappelé par la plupart des conférenciers :

> Pource que nous discourons, Sire, pour aprendre et desveloper la vérité qui nous semble cachée en une confusion, il m'est advis que l'ordre, d'aultant que c'est luy qui dispose toutes choses avecq ornement, doibt estre observé en nos (discours) *philosophiques.*[49]

La paternité de certains discours n'a pas été établie ; aussi s'est-on permis d'en attribuer quelques-uns à Pontus de Tyard, dont le nom n'apparaît au bas d'aucun discours, en alléguant le style lourd et diffus de cet illustre académicien qui était fait pour être le théoricien indiscutable de cette

---

[48] Frémy, *L'Académie des Derniers Valois*, 276, 277, 278.
[49] Frémy, 268. C'est le début du 4e discours sur la joie et la tristesse, par A. Jamyn.

académie. Poète, savant, et ecclésiastique, il était un choix tout trouvé. Ses dialogues en sont la preuve. À la base de ses *Discours philosophiques* point le désir d'embrasser l'ensemble des connaissances humaines.[50] Dans l'introduction du *Solitaire premier*, il fait état de son intention d'aider les lecteurs à comprendre la poésie contemporaine.

Il sera question, plus tard, en détail, de Pontus de Tyard et de son apport au domaine du dialogue encyclopédique. Il a paru bon, néanmoins, de faire mention de son importance dans le cadre de cette académie, afin d'illustrer en passant les rapports entre les écrits philosophiques de Pontus et l'atmosphère des débats officiels de l'Académie du Palais. C'est dans l'enceinte de celle-ci que la philosophie et la littérature se rencontrent délibérément et harmonieusement. Ce que les salons ont pu susciter, l'Académie l'a consacré et entretenu. Les salons et l'Académie se rejoignent pour confirmer la vogue du dialogue.

De cet aperçu sur la nature et le rôle des groupes intellectuels de la Renaissance, plusieurs conclusions peuvent être tirées. Tout d'abord, il serait vain de passer sous silence les salons, sous prétexte qu'ils n'ont rien à voir avec le dialogue. Le fait que les habitués ou les animateurs de beaucoup de ces salons aient écrit des dialogues n'est pas une pure coïncidence. La plupart des académiciens ont fréquenté les salons. On peut aisément les imaginer continuant leur « discours », sous forme de discussions cette fois-ci, dans le cadre plus détendu du salon de l'une de leurs collègues: celui de Mme de Retz. Que ce soit dans l'entourage de Marguerite de France ou de Charles IX, ou dans les salons de Morel et de Mme des Roches, l'occasion était donnée aux humanistes et aux poètes de se rencontrer et d'engager des discussions d'ordre littéraire ou philosophique, dans une ambiance amicale et agréable, rehaussée d'une note mondaine que la présence des dames ne manquait pas d'y apporter. Il faut également noter que la différence entre ces groupes est d'une importance déterminante pour le type de dialogue qu'ils inspirent: les cénacles d'humanistes étaient propices au dialogue de tendance philosophiques, les salons au dialogue-divertissement, et la Cour (ou plutôt les cours, puisque celle de Marguerite de Navarre est bien différente de celles d'Henri II et de Charles IX) et les académies au dialogue de tendance encyclopédique. Les cours princières et les académies ont permis un travail en profondeur: traduction des œuvres de Platon et de Lucien, discussion de leurs idées et élaboration d'œuvres dialogiques d'inspiration plus philosophique que mondaine. Ce sont elles, selon

[50] Yates, 133: « The encyclopoedia which Ryard is expounding in his dialogue is also being concealed in the great encyclopaedic symbol of Apollo and the Muses ».

moi, et non les salons, qui continuent la tradition italienne du siècle précédent. Les salons semblent avoir été des centres de liaison, de propagation des idées déjà en cours, des lieux de détente et de travail intellectuel. C'est dans le cadre du salon que la distinction entre la conversation libre et le vrai dialogue se dégage le plus nettement; mais c'est aussi dans ce cadre que l'idée du dialogue comme forme d'expression avait le plus de chance de se cristalliser et de susciter des adeptes.

L'INFLUENCE ITALIENNE

L'influence sociale de l'Italie s'accompagne d'effets d'ordre littéraire. Une bouffée méditerranéenne pénètre en France par les livres : l'art du paraître est mis à l'honneur. Et quoi de plus représentatif du « paraître » que l'art de la parole :

> The characteristic art, after all, of the Italian Renaissance was the art of speech. 'Il bel parlare, il parlar gentil' was the necessary qualification of distinction in society.[51]

Les manuels sur les bonnes manières et le bien dire foisonnent. Le dialogue étant le meilleur instrument pour reproduire la conversation, il n'est pas étonnant de le voir occuper la place de choix dans la littérature de la bonne société :

> While the monologue type sought merely to instruct the reader in morals, the dialogues were written to teach manners not by way of mere exposition but by way of conversation.[52]

Déjà Matteo Palmieri (1406-1475) se préoccupait de l'homme en tant qu'être social et sociable dans les quatre livres de son dialogue *Della Vita Civile* :

> In the fourth [book] the interaction of the 'useful' and the 'virtuous' i.e., of the motives to social well-doing and the individual is set out.[53]

Mais une œuvre dont le retentissement sera grand en Europe au début du XVIe siècle est *Il Cortegiano* de Baldassare Castiglione. Écrit sur l'invitation de François Ier, paru à Venise en 1528, il sera traduit en français dès 1537 par Colin d'Auxerre, connaîtra d'autres traductions et six éditions entre cette date et 1592. Il connaît le même succès en

---

[51] W. H. Woodward, *Studies in Education*, 251.
[52] W. I. Schreiber, « The Social Elements of the Humanistic School-Dialogues of the 15th and 16th Centuries ». Thèse de l'Université d'Illinois, 1933, p. 12.
[53] Selon Woodward, 68, en circulation vers 1440 mais édité en 1529.

Angleterre. « 'Savoir le Courtisan', nous dit [M. F.] Gohier, était devenu une expression proverbiale ».[54] Le titre de l'une des traductions est significatif: « Le Courtisan ou l'art de plaîre à la cour ». Est-il nécessaire d'ajouter que Le Courtisan est un dialogue qui est censé reproduire des conversations entre des personnalités contemporaines bien en vue? « Pareil en ce point aux Azolains de Bembo, Le Courtisan leur ressemble encore par son caractère de livre mondain, écrit par un noble (Castiglione était comte) pour servir à la société de son temps de bréviaire du savoir-vivre ».[55] Peletier du Mans se flatte dans son Dialogue de l'Ortografe e prononciacion françoese « d'avoer lu le Courtisan écrit an la langue ».[56]

Castiglione fait une grande part à l'art de la conversation. Il recommande le recours à la plaisanterie, au jeu de mots (bisticcio) et aux citations considérées comme les apanages d'une haute culture personnelle.[57] Son dialogue ne manque pas de qualités formelles ni de profondeur malgré la légèreté apparente du sujet:

> With Palmieri and Alberti the dialogue was nothing more than a matter of form, the thesis of the chief character is just punctuated by notes of assent. Castiglione however, by shaping his argument by the way of dialogue, presents a genuine discussion in which divergent views are left unreconciled, and thus implies actual debate and long pondering upon the conclusions he sustains...[58]

Dans cette floraison de dialogues italiens à préoccupations sociales et mondaines, on peut déceler une rencontre entre la tradition courtoise dérivée de Pétrarque et le courant platonicien. En Italie, Platon est à l'honneur et ce qu'on en retient surtout, c'est tout ce qui traite de l'amour et de la beauté. Si Platon est le Dieu de la société polie, Marsile Ficin est son prophète. Traducteur et commentateur du divin Platon, lui-même auteur de dialogues, Ficin connaît la renommée par son commentaire du Banquet qui, selon A. Lefranc, devient « le manifeste par excellence du platonisme de la Renaissance ».[59] Il imite lui-même son maître:

---

[54] Jean Festugière, La philosophie de l'amour de Marsile Ficin et son influence sur la littérature française au XVIe siècle (Paris: Vrin, 1941), 45.
[55] Festugière, 44.
[56] Jacques Peletier du Mans, Dialogue de l'Ortografe e prononciacion françoese, éd. Lambert C. Porter (Genève: Droz, 1966), 32.
[57] John White, Renaissance Cavalier (New York: The Philosophical Library, 1959), 9: « The civilized and rational man will look for pleasure stemming from intellectual sources. He will seek his enjoyment in conversation and witticism; he will find an outlet for his energies in activities without immediate vital importance and this explains his predilection for plays and games ».
[58] Woodward, 251-252.
[59] Cité par Raymond Marcel dans Marsile Ficin; commentaire sur le Banquet de Platon (Paris: Sté d'Éd. Les Belles Lettres, 1956), 9.

...le banquet qui eut lieu à Careggi chez les Medicis le 7 novembre 1468, à l'occasion de l'anniversaire de Platon, fut pour lui un heureux prétexte pour présenter ce *De Amore* en faisant intervenir dans le débat d'une manière fictive les invités ou les familiers de Laurent.[60]

L'édition princeps de la traduction des *Dialogues* de Platon fut publiée à Florence en 1484. Ficin donne une traduction italienne de son *Commentaire* pour le mettre à la portée du grand public. L'exemple de Ficin va susciter des émulations; les débats sur l'amour et la beauté et la femme sont à l'ordre du jour et leurs auteurs italiens connaissent les honneurs de la traduction. Retenons les noms de ceux qui usent du dialogue et qui auront une influence en France: Francesco Colonna, auteur de l'*Hypnérotomachie* ou *Songe de Poliphile* (1496), traduit par Jehan Martin en 1567, et qui selon L. Thuasne [61] a été un des modèles favoris de Rabelais, Pietro Bembo auteur des *Azolains*, conversation mondaine entre trois gentilshommes et trois nobles demoiselles. Ce dialogue tourne aux discours et aux dissertations, ce qui ne l'a pas empêché d'être aussi souvent réédité que *Le Courtisan*; on note G. Caviceo: *Il libro del Perigrino*, traduit en 1527, sous le titre évocateur de *Dialogue très élégant intitulé le Pérégrin*, par François Dassy et qui, lui aussi, connaît la renommée, soit huit éditions de 1528 à 1540. Claude de Cuzzi dans son *Philologue d'Honneur* s'inspire de Ficin à travers Bembo. Son dialogue est un traité où cinq dames donnent la réplique à cinq hommes. Viennent encore N. Franco avec son *Dialogo dove si ragiona delle Bellezze* (1542), Sperone Speroni avec le *Dialogo d'Amore* (1542), L. Salviati avec ses *Dialogi d'Amicizia* (1564), A. Piccilomini avec le *Dialogo dove si ragiona della bella creanza delle donne* (1574), et enfin N. Vitto de Gozze de Raguse et ses *Dialoghi della belleza et dell'Amore secondo la mente di Platone* (1579). Un autre néo-platonicien auteur de dialogues qui se taillera une réputation est Léon Hébreu, disciple de Pic de la Mirandole plutôt que de Ficin. Ses *Dialoghi di Amore* publiés en 1535 sont traduits en 1551 par un poète philosophe qui s'illustrera lui aussi par une série de dialogues: Pontus de Tyard.

Parmi les adeptes français de Ficin, une figure se détache de bonne heure, celle de Symphorien Champier. Ce médecin et philosophe sert de maillon entre l'Italie et la France dans le domaine du néo-platonisme. Son *Janua logice et physice*, publié en 1498 chez Balsarin, s'inspire de Ficin; de même, dans *La Nef des dames vertueuses* (1503) il mettait à la portée du public le *Commentaire* de M. Ficin. Ces œuvres ne nous

---

[60] Marcel, *Marsile Ficin*, 47.
[61] L. Thuasne, *Études sur Rabelais* (Paris: Bouillon, 1904), 267-314.

intéressent pas ici, car ce ne sont pas des dialogues; quant à l'originalité, elle laisse à désirer, car Champier « n'imite plus seulement: il traduit. Et puisqu'il ne nomme pas Ficin, il pille, au vrai ».[62] Champier n'est pas le seul propagateur du néo-platonisme. À côté de lui, il faut noter cette cohorte de traducteurs, souvent restés obscurs, qui se sont attelés à la tâche plus ardue de nous ramener aux textes originaux du grand maître sans passer par le latin ou l'italien. Bonaventure Des Périers (lui-même auteur des quatre dialogues du *Cymbalum mundi*) et Symon Sylvius, « valet de chambre » de Marguerite de Navarre, sont chargés par celle-ci de traduire des dialogues de Platon. Il y a, également, Étienne Dolet, Loys Le Roy, etc. On voit ce que le genre du dialogue a pu gagner de ce renouveau d'intérêt porté au maître du dialogue.

Dans la propagation du dialogue italien en France, Lyon tient la place de choix. *Il Cortegiano* y connaît plusieurs rééditions, en italien, dans la seconde moitié du XVIe siècle. Des imprimeurs lyonnais, tel Guillaume Roville (ou Rouille), se spécialisent dans la publication d'ouvrages italiens parmi lesquels on compte de nombreux dialogues: le *Ragionamento* attribué au Français Claude de Herberay, *Aretefilia Dialogo* d'Antonio Ridolfi, *Dialogo dell'Impressi militari et amorose* de Lodovico Domenichi.[63] C'est aussi en Italie, toujours dans la seconde moitié du siècle, que l'on prend conscience du dialogue en tant que genre et que paraissent des ouvrages théoriques sur le sujet, les premiers que l'on connaisse depuis l'Antiquité. Le premier en date est le traité d'un professeur à la faculté des arts de Bologne, Carlo Sigonio: *De dialogo liber*.[64] L'auteur y traite exclusivement du dialogue classique, de Platon, Xénophon et Cicéron; son argumentation est basée, du point de vue de la théorie, essentiellement sur les idées d'Aristote; mais il est utile de noter qu'il analyse les composantes mêmes du dialogue, chose que l'on n'avait pas entreprise jusqu'alors. Une vue rapide de la table des matières nous en donne un aperçu révélateur: « De decoro... De genere personarum... De loce & tempore colloquiis... De moribus in dialogo feruandis... De risú faceiis in dialogis quaerendo, etc.» .

Après Sigonio, l'illustre poète et dramaturge à qui nous devons la *Gerusalemme liberata*, Torquato Tasso, lui-même auteur de *Dialoghi*, définit, dans le bref « discours » *Dell'Arte del Dialogo* (vers 1579), le dialogue comme étant une « imitazione di ragionamento, fatto in prosa

---

[62] Festugière, 67-68.
[63] Emile Picot, *Les Français italianisants au XVIe siècle* (Paris: H. Champion, 1906), I, 183.
[64] Caroli Sigonii, *De Dialogo liber* (Venetiis: Jordanum Ziletum, M.D. LXII).

per giovamento degli uomini civili e speculavi ».[65] Lui aussi réserve la place de choix au dialogue philosophique classique, c'est-à-dire à Platon : « Ai dialoghi piú propriamente filosofici spetta (com'è giusto) luogo d'onore ».[66]

Si l'influence directe de cette littérature d'expression italienne n'avait fait que se limiter aux cercles restreints de la Cour et de quelques salons d'initiés où l'italien était à l'honneur, on aurait été en droit de la ramener aux proportions d'un entichement sans lendemain et d'approuver, sans réserves, la saine réaction qu'elle a suscitée chez un Pasquier, un Régnier, et un Henri Estienne; mais parmi les privilégiés qui lisaient l'italien dans le texte, nous comptons dans la gent lettrée, en plus des poètes de la Pléiade, deux géants de la pensée humaniste du XVIe siècle français, qui ont leur place dans le développement du dialogue: Rabelais et Montaigne.

[65]   Torquato Tasso, *Dialoghi*, éd. Alessandro Tortero (Milano: Bompiani, 1947), 8.
[66]   Tasso, 9.

3. LES SOURCES ET LES MODÈLES: PLATON, LUCIEN, ÉRASME. LES COLLOQUES SCOLAIRES

La renaissance du dialogue au XVIᵉ siècle, dont le moins qu'on puisse dire est qu'elle se traduit plus par la quantité que par la qualité, peut être liée à l'expansion du néo-platonisme. Que ce soit en poésie, en politique, en droit ou en philosophie, un nom revient sous toutes les plumes: Platon. L'imitation la plus simple et la plus évidente du maître grec, est l'emploi de la forme du dialogue; les coups d'encensoir sont là pour permettre d'en juger. Souvent ceux qui se réclament de lui ne témoignent que d'une connaissance superficielle ou de seconde main de son œuvre. À côté des rares auteurs qui ont « sucé la substantificque moëlle » combien plus nombreux sont ceux qui n'ont que sacrifié au culte du « divin grec » par souci de suivre la mode. Mais la redécouverte de Platon n'est pas la seule explication. Malgré les progrès du grec, le latin est encore la langue véhiculaire des lettrés. Cicéron avait encore des défenseurs, témoin la « querelle des Cicéroniens ». Les *De Oratore*, *De Senectute*, et *De Amicitia* avaient eu la faveur des latinistes médiévaux. Mais il est à noter que le contenu, bien plus que la forme dialogique, les intéressait. Ce sont des traités en forme de dialogues plutôt que des discours dialectiques. Cicéron est ainsi pris comme exemple de puriste de la langue latine. La renommée de Platon va éclipser celles d'Aristote et de Cicéron.

Avec lui s'opère un retour en arrière vers les sources du dialogue antique dont il n'est pas l'unique représentant. C'est un auteur typique parmi les héritiers de la tradition dite socratique représentée par Xénophon, Antisthène et d'autres. La connaissance de ces derniers, de même que celle d'autres auteurs de dialogues, comme Plutarque et Lucien, est liée à une solide connaissance du grec donc plus limitée. Les auteurs taxés de « lucianisme » n'étaient pas des experts de Lucien. La vulgarisation de ces auteurs se limite donc à des cercles restreints et dépend en grande partie des traducteurs. Un Amyot fera la fortune de Plutarque – l'inverse est même plus vrai – mais ses traducteurs se concentrent sur les *Vies parallèles*. Les dialogues sont à peine mentionnés. D'ailleurs ils sont très conventionnels, d'un ton sérieux et manquent souvent de charme. Rares sont ceux qui, comme le *Dialogue sur l'Amour*, contiennent quelques traits humoristiques.

Platon a le bonheur d'allier les connaissances d'un philosophe érudit au style d'un écrivain accompli. L'humour discret fait bon ménage avec la gravité intellectuelle et la légèreté de la satire arrive à côtoyer le sérieux des doctrines philosophiques. Alors que les dialogues de Lucien sont dits dramatiques parce qu'on y entre de plain-pied, ceux de Platon peuvent être qualifiés de théâtraux; il prend soin de bien introduire les circonstances qui entourent ses dialogues: les personnages sont présentés avec détails; le lieu et la raison de la discussion sont fournis. Le décor est signalé au fur et à mesure, ainsi que les gestes révélateurs qui accompagnent les reparties. Chaque personnage est dépeint dans son individualité, avec le langage approprié à son caractère et à son rôle dans la discussion. On a rarement l'impression d'avoir affaire à un porte-parole commode. Ce souci de la vraisemblance s'applique aux personnages qui sont tirés de la réalité: Socrate, Aristophane, Alcibiade, Phèdre, etc., pour ne citer que quelques-uns des participants du *Banquet*. Ces personnages restent, par ailleurs, fidèles à eux-mêmes tout au long du dialogue. Tout ceci est loin des personnages fictifs de Lucien, du peu d'importance qu'il prête au décor, à l'introduction. On a rarement accusé Lucien de longueurs: il est direct; l'accessoire est négligé au profit de l'essentiel. Comparés à ceux du disciple, les dialogues du maître semblent parfois traîner en longueur. Sans revenir sur les multiples études qui ont été faites sur les idées et le style de Platon, il semble utile de rappeler les principales caractéristiques de ce type de dialogue afin d'être à même de déterminer la nature et l'étendue des emprunts qu'on ait pu lui faire au XVIe siècle.

Aristote lui-même reconnaît au dialogue socratique en général, et au dialogue platonicien en particulier, un caractère littéraire, puisque l'objet de ce dialogue est d'imiter la réalité en s'efforçant de la reproduire. L'expression et la pensée sont intimement liées pour la simple raison que bien penser, pour Platon, c'est bien s'exprimer.[1] Si l'art de l'exposition, la beauté de l'expression, la nature des images et des métaphores

---

[1] « Il n'y a point de technique toute formelle de science du discours indépendante de l'objet dont le discours traite; pour bien parler il est nécessaire et il suffit de connaître ce dont on parle; le fond entraîne l'excellence de la forme et la belle forme implique la connaissance du fond ». C'est la thèse d'Hippias d'Elis dans les *Dossoi Logoi*. Cité par Eugène Dupréel, *La légende socratique et les sources de Platon* (Bruxelles: Robert Sand, 1922), 68.

sont du domaine littéraire, la clarté du développement et l'enchaînement des idées tiennent aussi bien de la philosophie que de la littérature. Platon était pleinement conscient des rapports de la rhétorique et de la dialectique; la preuve en est qu'il aborde la question dans le *Gorgias* et le *Phèdre*. Pour lui la rhétorique est un art d'illusion et de parade ayant pour but de persuader avant tout, tandis que la dialectique est l'art de poser des questions et d'y répondre (voir dans le *Cratyle*).[2] C'est une méthode qui se propose non de persuader, mais d'appréhender la vérité. Le dialogue devient sur le plan littéraire « la projection d'une opération psychique, d'une investigation destinée à exprimer le *oui* et le *non*, la question et la réponse que suggèrent les choses et les idées. Aussi la forme essentielle du dialogue philosophique, c'est l'entretien socratique à deux voix ».[3] Cette dualité de la démarche intellectuelle est à la base de la méthode platonicienne. La rhétorique peut se permettre les longs discours (macrologie); la dialectique sera plutôt tournée vers les discours brefs qui vont au but (brachylogie); Socrate est en faveur des derniers *(Protagoras)*. La démarche formelle n'est ainsi que le reflet du cheminement de la pensée qui se doit de résoudre toutes les objections possibles à une proposition donnée. Proposition et contradiction sont les deux facettes de cette démarche; la dialectique devient ainsi « l'art de chercher à deux, c'est-à-dire de penser à deux ».[4] Un exemple typique de ceci est le *Phèdre*. En l'absence d'un interlocuteur soutenant le contre, la pensée se dédouble et l'on aboutit au dialogue intérieur. Platon est explicite à ce sujet, puisqu'il déclare par son porte-parole Socrate:

> J'appelle de ce nom [penser] une conversation que l'âme tient tout au long avec elle-même sur les objets qu'elle examine. C'est ainsi, en effet, que je me représente l'âme en son acte de penser: ce n'est autre chose, pour elle, que dialogues, s'adresser à elle-même questions et réponses, en passant de l'affirmation à la négation.[5]

(Théétète)

---

[2]   « ... 'the greatest skill in asking and answering questions... – Dialectic, then, as you will agree, is the coping stone of the sciences, and is set over them; no other science can be placed higher – the nature of knowledge can no further go?
  – I agree, 'he said' » (Plato, *Five Great Dialogues*, trans. B. Jowett, ed. Louise R. Loomis [Roslyn, N. Y.: W. J. Black, 1942], Republic VII, 420).
[3]   J. Andrieu, *Le dialogue antique*; *structure et présentation* (Paris: Belles Lettres, 1954), 315.
[4]   Pierre Louis, *Les métaphores de Platon* (Paris: Belles Lettres, 1945), 42.
[5]   Louis, 42-43. Plus loin: « D'ailleurs Platon ne met jamais en scène un personnage unique, mais il fait toujours parler plusieurs interlocuteurs. Et lorsque Socrate se voit réduit à réfléchir seul, il va même jusqu'a imaginer un interlocuteur fictif avec lequel l'entretien se poursuit » (43).

Le nombre des interlocuteurs peut aller au-delà de deux, la dualité de la méthode n'en demeure pas moins, basée sur deux rôles essentiels: celui du questionneur et celui du répondant. La pluralité des interlocuteurs n'est alors que l'expression de la pluralité des objections à la thèse discutée. Ils peuvent changer de rôles ou jouer un faux rôle: Socrate, qui pose les questions, est en vérité, le vrai répondant.

On est en droit de supposer que, si l'on a affaire à deux interlocuteurs seulement (les deux *Hippias*, *Criton*, *Phèdre*), on a deux camps ou deux opinions adverses, le dialogue en question est un débat ou une dispute. Tel n'est pas le cas. La dialectique platonicienne centrée autour du personnage de Socrate n'est pas une dispute dans le sens que ce mot prendra au Moyen Age; elle « n'oppose pas les interlocuteurs mais les unit dans l'examen du problème ».[6] Au départ, l'objet du dialogue socratique est une question philosophique et son but la recherche d'une vérité au moyen de l'instrument dialectique. On part d'une opinion juste qu'on élève au niveau de la connaissance après examen et maintes éliminations. Du monde de la connaissance sensitive individuelle (δόξα), on parvient à celui de la connaissance de l'universel, soit de la vérité relative à la vérité positive. La vérité n'est donc l'exclusivité de personne, mais existe d'elle-même. Elle se découvre par le raisonnement, le *logos*. Ainsi toute discussion chez Platon fait figure de marche en commun. La réfutation n'est pas une fin en soi, comme ce sera le cas dans les disputations médiévales, mais un moyen d'atteindre une affirmation qui permette d'aller plus loin. Cela entre dans le cadre général du système platonicien: on va du particulier au général, du réel à l'idéal, du monde des choses à celui des idées. D'une proposition donnée et acceptée pour telle, on passe à une autre plus compréhensive, et ainsi de suite, jusqu'à ce qu'on isole l'idée principale qui englobera tous les cas passés au crible de l'objection. Il est bon donc, comme le soulignera Lucien trois siècles plus tard, de partir de données précises, de bien définir les notions primaires. C'est ici qu'entre l'art de la définition qui fait partie de la méthode platonicienne. Critiquant la manière rhétorique de Lysias dans le *Phèdre*, Socrate définit sommairement sa méthode:

Il a commencé par où il aurait dû finir et jeté ses arguments dans un pêle-mêle dérisoire. Qu'avons-nous fait nous-même? Nous avons mis en œuvre deux procédés: la définition et la division du sujet. J'appelle dialecticiens ceux qui appliquent ces deux procédés.[7]

---

[6]   Louis, 47.
[7]   Platon, *Oeuvres: Ion, Lysis, Protagoras, Phèdre, Le Banquet*, traduction et notes d'E. Chambry (Paris: Garnier, 1919), 200.

La division s'opère selon un processus dichotomique (A est divisé en B et C, B en D et E, etc.) jusqu'à ce que l'on parvienne à l'atome, soit l'indivisible; il est alors procédé au rassemblement des éléments vérifiés (voir le *Sophiste*). La méthode dialectique platonicienne comprend ainsi deux aspects: la dialectique mineure faite de division et de dénombrement et la dialectique majeure ou ascendante faite de rassemblement et « qui remonte d'hypothèses en hypothèses vers un être premier ».[8] Dans ce travail de division ou de rassemblement, chaque interlocuteur est amené à contribuer, à ajouter sa brique à l'édifice commun.

Ceux qui ont étudié le style de Platon n'ont pas manqué de relever la prédominance des images relatives à la marche et au voyage. Le dialogue zététique (orienté vers la recherche) peut donc prendre, et prend souvent, chez Platon un caractère gymnique. C'est alors une promenade où les interlocuteurs s'arrêtent pour souffler ou plaisanter, reviennent en arrière en cas d'omission. Outre le dialogue-promenade, on peut trouver d'autres types de dialogues.[9] Le dialogue peut être assimilé à une chasse où la solution fait office de gibier *(Sophiste)*; il peut aussi prendre l'allure d'un banquet où les convives sont les interlocuteurs, la nourriture comparable à celle de l'âme. Quand la discussion est animée, le dialogue prend un caractère agonistique. C'est un combat, mais fraternel, d'où tout le monde sort vainqueur, où le *logos* est maîtrisé. C'est un pugilat intellectuel. Il peut y avoir des contestations, des oppositions, mais elles ont lieu dans un esprit de bonne volonté. Le dialogue ainsi conçu dénote une conception ludique de la connaissance: on prend part au dialogue comme à une partie de pancrace, de trictrac, ou à une course. Le plaisir des rencontres importe plus que leur issue. A ce propos, il faut remarquer que plusieurs dialogues sont sans conclusion. Par exemple, les problèmes posés dans le *Théètète* sont résolus dans le *Sophiste*. Le but du dialogue n'est pas tant de persuader un objecteur que de rétablir une harmonie entre l'interlocuteur et lui.

La maïeutique socratique est un jeu. Socrate « simule perpétuellement l'ignorance et affecte de considérer le dialogue comme un jeu, même s'il est laborieux »,[10] abondant dans le sens de l'interlocuteur qu'il sait dans l'erreur, sachant pertinemment la conclusion vers laquelle il le conduit. Il adopte, selon le cas, un ton railleur, enjoué, sérieux ou

---

[8] Maurice Vanhoutte, *La méthode ontologique de Platon* (Paris: Éditions Béatrice Nauwelaerts, 1956), 19.

[9] Cette classification est en partie basée sur celle de Louis, 53, et sur la terminologie d'E. Chambry dans *Platon*, trad. et notes par E. Chambry (Paris: Garnier-Flammarion, 1967), introduction.

[10] Louis, *Les métaphores de Platon*, 86-87.

badin, et passe de la conversation familière à la poésie. Montaigne trouvera ces accouchements traînants, la méthode sinueuse.[11] Un esprit intelligent rapide et cultivé qui devine où Socrate veut en venir, peut refuser le jeu. C'est peut-être à cause de cela qu'on a parlé de faux dialogue. Fallait-il aller si loin, s'aventurer dans des impasses alors que le point d'arrivée était d'avance connu de Socrate? Fallait-il introduire sous forme de dialogue un raisonnement qui aurait pu se faire en monologue, puisque, dans le fond, ce n'est que la même personne qui parle: Platon? Si l'on s'intéresse autant à l'appréhension d'une vérité qu'à la méthode qui y conduit, on ne peut qu'être redevable à Platon de s'être servi de cette forme d'expression vivante et intelligible. Lire d'un trait ses trente-cinq dialogues (sans compter les six dialogues apocryphes) et lui reprocher un manque de renouvellement est aussi injuste que de lire tout Simenon et se dire lassé des mêmes conventions, du personnage de Maigret et regretter le manque de suspense. Comme un roman policier, le dialogue platonicien est bâti, à quelques variations près, sur les mêmes constantes, autour d'un personnage central, Socrate. C'est un jeu qu'il faut accepter au départ. Le lecteur qui joue ce jeu essaie de devancer les objections de Socrate, comme il essaie de déchiffrer l'énigme policière avant l'inspecteur. Ce qui importe, c'est le chemin parcouru ensemble par l'auteur et le lecteur, plutôt que la conclusion. L'accent est ainsi mis autant sur la manière que sur le fond. Cette optique justifie une étude littéraire de dialogues qu'on qualifie toujours de philosophiques:

> Pour Platon et pour sa génération peu importait la thèse adoptée, l'intérêt était dans la façon de s'y prendre pour défendre les deux thèses alternativement. Il faut bien reconnaître que les dialogues de cette période sont, au sens moderne du mot, œuvres de pure rhétorique, non oratoire mais dialectique.[12]

Le fait que Platon fait parler des personnages historiques, qu'il reprend des matériaux philosophiques du siècle précédent, ne diminue en rien son travail de composition littéraire. Les thèses développées par Socrate ne sont pas toujours celles de Platon. Platon est l'héritier, parmi d'autres, d'une tradition qui remonte aux Sophistes grecs. Il puise avec d'autres auteurs « socratiques » dans un fonds commun accumulé par les débats philosophiques. A ce fonds commun vient se greffer l'influence de la littérature contemporaine, surtout comique; celle d'Aristophane entre autres. La minutie de la composition peut faire oublier le caractère

---

[11] Cf. n. 16, chapitre V de cette étude.
[12] Dupréel, *La légende socratique*, 61.

imaginaire d'une reconstitution plus littéraire qu'historique. Par ses mythes, sa langue, son style, par l'unité de son œuvre, Platon mérite le titre d'écrivain et non de chroniqueur philosophique. Si l'on se trompe dans l'appréciation littéraire de Platon, c'est parce qu'on omet de prendre en considération sa conception du travail littéraire, fondée sur la découverte de la vérité et non sur les artifices de la rhétorique, pour n'insister que sur la valeur philosophique de ses idées. C'est, en grande partie, ce que fera le XVIe siècle.

LUCIEN

Lucien connaît un sort littéraire meilleur que celui de Platon. Sa popularité profite par le biais de celle de Platon. De même que le syncrétisme philosophico-religieux remet Platon à l'ordre du jour, les attaques contre les philosophes et le fanatisme religieux contribuent à sortir de l'ombre le Syrien de Samosate. Le revers de la médaille, en quelque sorte. Lucien est avant tout un rhétoricien et un satirique. Après s'être essayé au dialogue platonicien, il lui tourne le dos. Ses sujets sont plus terre-à-terre, ses idées plus abordables pour le grand public, qu'il veut amuser. Lucien est conscient de ne pas écrire de dialogues de conception socratique, dialogues qui avaient fini par se scléroser et se scolariser:

> Quand je l'ai pris par la main, la plupart des gens lui trouvaient l'air revêche, et les questions continuelles l'avaient bien desséché; ainsi il avait l'air rébarbatif, sans aucun agrément ni rien qui pût plaire au public; d'abord je l'ai habitué à marcher sur terre comme nous le voyons faire aux hommes; ensuite je l'ai débarbouillé de toute sa crasse et je l'ai forcé à sourire: je l'ai rendu plus agréable aux spectateurs et, par dessus le marché, j'ai attelé la comédie à son côté. Et de cette manière je lui ai procuré abondamment la sympathie des auditeurs qui, jusque là, par peur des épines qu'ils lui trouvaient, se gardaient bien de s'en saisir, comme si c'était un oursin.[13]

Souvent son dialogue se déroule comme un conte dramatique, en scènes qui ressemblent à des tableaux ou à des sketches. L'*Icaroménippe*

---

[13] Lucian, *Works*, éd. A. M. Harmon (Loeb Classical Library, New York: G. P. Putnam's Sons, 1921-53), III, 148: "Διάλογον τοιαῦτα ἐρεῖν περὶ ἐμοῦ, ὃν παραλαβὼν ἐγὼ σκυθρωπὸν ἔτι τοῖς πολλοῖς δοκοῦντα καὶ ὑπὸ τῶν συνεχῶν ἐρωτήσεων κατεσκληκότα, καὶ ταύτῃ αἰδέσιμον μὲν εἶναι δοκοῦντα, οὐ πάντη δὲ ἡδὺν οὐδὲ τοῖς πλήθεσι κεχαρισμένον, πρῶτον μὲν αὐτὸν ἐπὶ γῆς βαίνειν εἴθισα εἰς τὸν ἀνθρώπινον τοῦτον τρόπον, μετὰ δὲ τὸν αὐχμὸν τὸν πολὺν ἀποπλύνας καὶ μειδιᾶν καταναγκάσας ἡδίω τοῖς ὁρῶσι παρεσκεύασα, ἐπὶ πᾶσι δὲ τὴν κωμῳδίαν αὐτῷ παρέζευξα, καὶ κατὰ τοῦτο πολλὴν οἱ μηχανώμενος τὴν εὔνοιαν παρὰ τῶν ἀκουόντων, οἳ τέως τὰς ἀκάνθας τὰς ἐν αὐτῷ δεδιότες ὥσπερ τὸν ἐχῖνον εἰς τὰς χεῖρας λαβεῖν αὐτὸν ἐφυλάττοντο."

en est un exemple. La trame est basée sur un voyage imaginaire à l'O-lympe. C'est la fiction mise au service de la satire. Il nous fait penser au *Voyage dans la Lune* de Cyrano de Bergerac et au *Diable Boiteux* de Lesage. L'élément dialogué, dans une telle composition rhétorique est, à l'inverse de la composition socratique, accessoire. Ses personnages ne sont pas tirés de la réalité; ils représentent plutôt des idées que des personnes. Dans le long dialogue *Hermotimos*, les deux personnages Hermotimus et Lycinus sont interchangeables. C'est un ami – sans autre précision – qui donne la réplique à Icaroménippe. Dans *Les Morts reviennent à la vie*, Socrate n'est pas Socrate mais plutôt le type du philosophe. La satire est partout: contre les philosophes dans l'*Hermotimos*, contre les bouffonneries de l'Olympe dans l'*Icaroménippe*, contre le parasitisme dans *Le Parasite* et l'*Éloge de la Mouche*. Les procédés de Lucien sont des procédés rhétoriques: l'éloge paradoxal dont Érasme et Rabelais feront un si bel usage, l'invective, le renversement des hiérarchies et le thème du monde à l'envers du courant ménippé et diatribique (Κυνικὸς τρόπος) repris par Des Périers dans le *Cymbalum mundi* («Lettre des Antipodes... »), l'exagération à des fins comiques et la fantaisie des récits imaginaires dont l'*Histoire Vraie* est un exemple. Dans le *Parasite*, par exemple, il pousse la logique à l'excès dans sa parodie de la méthode socratique: il l'applique à tort et « elle fonctionne comme une machine bien huilée mais à vide... ».[14] Il renouvelle cet avertissement contre les excès de la logique dans l'*Hermotimos* qui est un de ses dialogues les plus proches de la conception socratique; une bonne méthode peut conduire à de fausses conclusions si les prémisses sur lesquelles se base la démonstration ne sont pas vérifiées dès le départ. La vérité atteinte ainsi vaut ce que valent ces prémisses. Lucien est loin cependant de prêcher, de se dire philosophe. Il a beaucoup lu, voyagé, vécu; la réalité est pour lui une constatation. C'est un écrivain qui laisse entrevoir cette expérience dans ses dialogues. Sa langue est vivante, populaire par l'usage des proverbes et maximes littéraires, par les citations faites à propos et sans pédantisme ni excès. Son goût du détail vrai se mêle à son amour de la fantaisie. Comme, plus tard, chez Rabelais, réalisme et fiction se côtoient dans une atmosphère divertissante. C'est un écrivain anticonformiste antiacadémique qui échappe aux étiquettes et qui met le lecteur en confiance par l'intermédiaire d'un certain sourire. Cela explique pourquoi un Érasme, un Rabelais, un Des Périers aient trouvé un certain plaisir à le fréquenter.

[14] J. Bompaire, *Lucien écrivain. Imitation et création* (Paris: E. de Boccard, 1958), 609.

ÉRASME

Avec Érasme, le colloque gagne ses lettres de noblesse et le droit de cité dans le domaine de l'humanisme. Ses travaux et ses écrits en forme de dialogue coïncident avec le renouveau des études platoniciennes, contribuant ainsi à la remise à la mode de ce genre. Le colloque est élevé, avec lui, au rang du dialogue. Versé dans la théologie par sa formation, et tourné vers l'Antiquité par inclination intellectuelle, cet humaniste de stature européenne porte un intérêt constant aux problèmes de l'éducation, comme en témoignent les titres de quelques-uns de ces ouvrages: *De Ratione Studii, Colloquia, De Pueris Statim ac liberaliter instituendis, Institutio Matrimoni Christiani, Ciceronianus, De Civilitate Morium Puerilium*, etc. Par éducation, il faut entendre ce qu'il y a de plus large, de plus humain dans ce mot et non la pédagogie proprement dite. Cet éducateur-né prise trop sa liberté de mouvement pour accepter le métier de professeur; il refuse de moisir à la chaire de rhétorique de l'université de Louvain, décline l'offre de John Colet, doyen de Saint-Paul, pour écrire une grammaire latine à l'usage des écoliers anglais, préférant toujours alterner l'école du voyage et des contacts personnels à celle des livres. C'est donc dans le contexte des préoccupations éducatives que j'inclus Érasme, ses *Colloques* et son *Cicéronien*.

Dans son cas, il n'y a pas de préoccupation pédagogique immédiate comme dans le cas de Cordier ou des autres auteurs de colloques scolaires mentionnés plus bas. Il a, d'ailleurs, une piètre opinion des maîtres d'école de son temps ainsi que des méthodes scolastiques. Bien sûr, il écrit des traités à l'intention des écoliers; mais au-delà d'eux, Érasme parle aux éducateurs et humanistes de son époque. Les *Colloques* peuvent être lus à ces deux niveaux. Sa personnalité a des facettes multiples: c'est un réformateur qui fuit le fanatisme, un homme de lettres qui ne néglige pas les leçons de la réalité quotidienne, un chrétien qui raisonne et veut tirer profit des enseignements de l'Antiquité païenne. Chez lui, la forme du dialogue est moins un instrument pédagogique qu'un moyen d'exposition littéraire conforme à sa façon de voir l'envers et l'endroit des choses. C'est l'individu dans son contexte social, moral et intellectuel qui l'intéresse et non pas une matière donnée à l'exclusion de toute autre. Et Érasme exprime ses idées en les mettant en mouvement, en leur donnant le cadre dynamique du dialogue.

Les *Colloques*, ou dialogues familiers, sont d'une lecture agréable et facile:

Eulalie: Bonjour très cher Xantippe.
Xantippe: Je vous le souhaite de même, aimable Eulalie. Vous me semblez
              plus belle que de coutume.
Eulalie: Commencez-vous d'abord à me railler?[15]

Nous voici de plain-pied dans cette conversation sur le mariage, conversation aussi plaisante qu'édifiante, qui n'est pas sans rappeler une pastourelle. Ses personnages sont fictifs, quoi qu'en disent les amateurs de clés, qui n'ont pas manqué de mettre une de ses connaissances sous chaque nom employé.[16] Presque toujours leur nombre ne dépasse pas deux. On ne peut s'empêcher pour plusieurs raisons, de penser à Lucien, dont Érasme avait traduit quelques dialogues en compagnie de Thomas More. Comme lui, il introduit ses colloques *in media res*, se soucie peu du décor, car c'est l'idée en jeu qui l'intéresse plus que les accessoires dramatiques; comme chez Lucien, les indications sur les personnages ne filtrent qu'à travers le dialogue lui-même, au fur et à mesure qu'il se déroule. Pas d'insérendes, pas de coupures de style par le commentaire ou le récit explicatif. De même, l'esprit et l'ironie ne font pas défaut (ce qui met ses colloques au rang des dialogues):

Pétrone: Qui a si fort troublé l'esprit des parents, d'abandonner leur fille
            à ce monstre?
Gabriel: Je ne sais, si ce n'est qu'aujourd'hui la plupart semblent avoir perdu
            l'esprit.
Pétrone: Peut-être ce Pompilius a-t-il de grands biens?
Gabriel: Il est aussi riche de l'argent d'autrui.[17]

Ces dialogues ne sont pas très longs, en général, et traitent de sujets divers concernant les problèmes de l'époque. Ce sont des saynettes d'où la vie quotidienne n'est pas exclue. Ne craignant pas la controverse, ni la « pointe assassine », Érasme présente les ridicules au lieu d'en disserter. Il dissèque avec la raison tempérée d'humour les mœurs de la société de son temps sans se perdre dans les nues des arguties philosophiques.

Les colloques, qui, à l'origine, étaient conçus pour l'enseignement de la conversation latine (Érasme, Cordier et d'autres puristes humanistes livraient une bataille perdue d'avance), dépassent ainsi leur cadre de manuels pédagogiques et atteignent un public restreint mais lettré. Cela

[15]   Érasme, *Colloques*, éd .J. et R. Wittmann (Paris: s.e., 1946), 110.
[16]   Voir par exemple Preserved Smith, *A Key to the Colloquies of Erasmus* (= *Harvard Theological Studies*, XIII) (Cambridge: Harvard University Press, 1927).
[17]   « L'union mal assortie », livre III des *Colloques*, trad. Jarl-Priel, éd. du Pot Cassé, 41-42, cité par Jean Claude Margolin, *Érasme par lui-même* (Paris: Éditions du Seuil, 1965), 151.

ne manque pas de me rappeler le sort heureux de ces contes de jadis et de ces illustrés de nos jours qu'on destine, soi-disant, aux enfants et dont les parents sont les premiers à s'emparer. Le succès de ses colloques tient au fait qu'Érasme est aussi un bon pédagogue. Son intention de populariser un latin parlé correct ne passe pas par la méthode traditionnelle axée sur la grammaire considérée comme une fin en soi. La grammaire n'est pour lui qu'un outil; le but est le langage, aussi Érasme le met-il en mouvement dans le cadre du colloque. C'est un moderne, un précurseur. Et quoique le sujet de cette étude soit le dialogue du XVIᵉ siècle français, on ne peut approfondir la question sans tenir compte de ces dialogues en latin, écrits par un Hollandais érudit que nul lettré français n'ignorait, à plus forte raison les auteurs de dialogues. Diffuse et difficile à délimiter, l'influence d'Érasme dans la vogue du dialogue est indéniable.

LES COLLOQUES SCOLAIRES

L'emprise de la logique scolastique, motivée essentiellement par la pédagogie, n'était pas faite pour aider à l'épanouissement des possibilités littéraires du dialogue. Le dialogue ne s'en porte pas plus mal pour autant. Il bénéficie d'un des aspects de la Renaissance: l'intérêt porté aux questions de la langue et du langage. Il y a ceux qui veulent épurer le latin de ses scories médiévales et l'enseigner comme une langue vivante aux élèves à qui l'on défend de faire usage du parler natal. Cette préoccupation linguistique est partie intégrante du programme pédagogique de la Renaissance à ses débuts, et l'exemple de Montaigne-enfant est là pour nous rappeler qu'il s'est trouvé des adeptes pour le mettre en pratique. La forme dialoguée va bénéficier de cet intérêt porté au latin parlé. Il y a ceux qui préconisent l'emploi de la langue vulgaire comme moyen d'expression et qui finiront par l'emporter. Le dialogue profitera de cela aussi, puisque beaucoup d'auteurs, Tahureau et Palissy entre autres, invoqueront le naturel de la langue parlée comme une des raisons principales de leur choix.[18] Le naturel du dialogue, qui le rend proche de la

---

[18] « Te suppliant quiconque tu sois qui en faces lecture, d'en excuser le langage possible (selon ton advis) rude et mal poli, aimant mieux qu'il se sente un peu du vulgaire, ainsi que c'est le vrai naturel du Dialogue ... » Dans: l'« Advertissement de l'Autheur », Jacques Tahureau, *Dialogues*, éd. F. Conscience (Paris: Lemerre, 1870), xv.

Bernard Palissy est plus direct: « ... je ne suis ne Grec, ne Hébrieu, ne Poëte, ne Rhétoricien, ains simple artisan bien pauvrement instruit aux lettres... J'aime mieux dire la vérité en mon langage rustique, que mensonge en un langage rhétorique » (Bernard Palissy, *Recepte véritable*, éd. Anatole France [Paris: Charavay, 1880], 13).

conversation, allié à son potentiel didactique en dehors de l'enceinte universitaire, assure la survie de ce genre sérieusement compromis par les méthodes scolastiques atteintes de sclérose. Un autre facteur qui vient renforcer cette conjonction favorable est la redécouverte, par la traduction et l'édition, des dialogues antiques. Une forme de dialogue aux prétentions modestes est ainsi à la mode: les colloques scolaires.

Le colloque scolaire apparaît comme un instrument didactique, un moyen pratique utilisé dans les manuels de conversation. C'est dans cet esprit qu'Érasme avait écrit, dès 1498, ses *Colloques*. C'est d'abord et surtout en Allemagne, en Suisse et dans les états espagnols que ce genre prend son essor.[19] L'Espagnol Juan Vivès, dans son *De Ratione pueriles studiis ad Catharinam reginam Angliae*, veut « qu'on dresse l'enfant à la conversation dès sa septième année ».[20] Cicéron et Horace sont mis à contribution; Térence est pris comme modèle dans l'enseignement de la conversation latine. Il ne faut pas perdre de vue que cette préoccupation visant la conversation se manifeste également dans les cercles plus élevés des salons et des cours princières; *Le Courtisan* en est un témoignage déjà mentionné. En Allemagne, Mosellanus,[21] qui avait lu quelques dialogues de Lucien, publie les siens en 1517; Hegendorf les *Dialogues de l'enfance* en 1521. Un autre Allemand, Schottenius, vit la première édition de ses dialogues épuisée avant 1526. Aux Pays-Bas espagnols, Barland, Cervantès Salazar et Vivès lui donnent ses lettres de noblesse. Avec ces derniers, la tendance préconisant l'emploi de la langue nationale au lieu du latin se renforce. En France, le porte-parole et praticien de la méthode est Mathurin Cordier. Son *De corrupti sermonis emendatione libellus* (1530) devint aussitôt un modèle:

> Les maîtres s'en servirent pour toute la France, et les Allemands le traduisirent pour leurs écoles (1537). Il semble même que cet ouvrage ait ouvert la porte aux dialogues qui venaient d'Allemagne et de la Flandre.[22]

Le succès de ses colloques amènera Cordier à remettre la main à la pâte pour en donner une nouvelle publication en 1564. Au Collège de Guyenne, sous la direction de Vinet, ses *Colloquia* sont un des manuels régulièrement employés.[23] Malgré ses attaches avec Calvin, qui fut son disciple, ses colloques sont relativement dépourvus d'esprit de contro-

---

[19]   Massebieau, *Les Colloques Scolaires*, 133.
[20]   Massebieau, 45.
[21]   « Où serait, ose dire ... Mosellanus, où serait l'utilité de la raison, si elle n'était développée par le langage » (Massebieau, 33).
[22]   Massebieau, 212-213.
[23]   Woodward, *Studies in Education*, 147.

verse ou de polémique. Ils s'inscrivent dans le contexte humaniste de la
Renaissance à ses débuts où le latin est considéré comme une langue
vivante. Leur cadre est celui des situations quotidiennes. L'élève était
censé se familiariser avec les traductions latines d'expressions courantes
telles que celles-ci:

> 'Comment vas-tu?'
> – Je me porte bien…
> – Tu m'as fait plaisir, etc.[24]

Par ses aspects imitatifs, le colloque se prête admirablement à cette
sorte d'enseignement; les temps sont là pour nous le confirmer puisque
cette pratique a encore cours de nos jours dans l'enseignement des
langues vivantes. Les colloques se prêtent, comme tout dialogue, à la
représentation et les maîtres ne se faisaient pas faute de les faire jouer
en classe par les élèves, à tour de rôle, et d'y introduire de la variété
en improvisant certaines répliques.

Il est ainsi évident que, malgré leurs attaches pédagogiques, le colloque
et la dispute scolaires diffèrent en plusieurs points. Le premier utilise,
à des fins pratiques – l'enseignement d'une langue ou d'une discipline
morale – une situation fictive simulant la vie de tous les jours; la seconde
se prend elle-même pour sujet: on apprend à disputer en disputant. Il
n'y a pas de problème, de paradoxe à résoudre dans le colloque; dans
la dispute, il y a des objections à vaincre, des pirouettes mentales à faire
pour terrasser l'adversaire. Cette dernière est un jeu sérieux à deux personnages assumant, chacun, un rôle préétabli (le questionneur et le
répondant), alors que dans le colloque le nombre des personnages,
souvent limité à deux ou à trois pour les besoins de la clarté et de l'intel-
ligibilité, n'a aucun rapport avec son objet et peut dépasser ce minimum.
On pourrait accumuler les différences qui existent entre ces deux modes,
mais là n'est pas la question. L'important est de noter que le colloque
scolaire, en dépit de ses objectifs pragmatiques et de la modestie de ses
prétentions, recèle un potentiel de malléabilité, d'expressivité et de
théâtralité qui peut lui ouvrir le domaine des lettres; le cas d'Érasme en
est un exemple; tandis que la dispute a vite fait de devenir un instrument
à broyer du vide.

---

[24] Woodward, 147.

4. RABELAIS, MONTAIGNE ET RAMUS

RABELAIS

Parmi les kyrielles de citations et d'allusions littéraires de Rabelais, beaucoup sont tirées d'auteurs de dialogues italiens: Léon Battista Alberti, Francesco Colonna, Gioviano Pontanus et surtout Castiglione. L'influence de ce dernier ne se limite pas à de simples allusions; les sept derniers chapitres du *Gargantua*, qui traitent de l'Abbaye de Thélème, sentent leur *Courtisan*: « les Thélémites ont lu *Il Cortegiano* de Baldassare Castiglione ».[1] A travers l'utopie de Thélème, on sent également l'influence platonicienne des *Dialoghi di Amore* et du *Peregrino*:

> Thélème définit, sans plus, moins un idéal religieux qu'un idéal intellectuel, esthétique et mondain, celui qu'enseignaient les platonisants italiens: Léon Hébreu, Caviceo, Baldassare Castiglione.[2]

L'influence de Platon dans l'œuvre de Rabelais n'est pas exclusivement le fait d'intermédiaires italiens. Maître Alcofibras cite souvent les principaux dialogues de Platon et les classe parmi ses lectures préférées dans la fameuse lettre de Gargantua à Pantagruel:

> ...et volunteirs me delecte à lire les *Moraulx* de Plutarche, les beaulx *Dialogues* de Platon, les *Monuments* de Plausanias et *Antiquitez* de Atheneus...[3]

Citer ici tous les instances où Rabelais fait des emprunts directs ou déguisés à Platon, serait un travail interminable et hors de notre sujet. Ce qui nous intéresse, c'est de montrer que Rabelais a subi l'influence des auteurs de dialogues, depuis Platon à Érasme et les Italiens en passant par Lucien. Jusqu'à présent on a insisté sur l'influence conjuguée de Lucien et d'Érasme, en négligeant de faire la juste part au « divin »

---

[1] François Rabelais, *Oeuvres complètes*, éd. Pierre Jourda, 2 tomes (Paris: Garnier, 1962), I, xxvii. Les références ultérieures proviendront de cette édition.
[2] Rabelais, *Oeuvres*, éd. Jourda, I, xxxvi.
[3] Éd. Jourda, I, 260. Voir également la note 1, même page.

Platon. La preuve de l'admiration de Rabelais pour Platon se retrouve dans les emprunts évidents et avoués que Rabelais fait à la *République* dans le *Gargantua*. Ce qui n'était que théorie chez Platon, devient idées en action chez Rabelais; ce dernier illustre plus qu'il ne théorise. La guerre picrocholine est rapprochée des guerres intestines grecques; Grandgousier est présenté comme un roi philosophe régnant sur un pays heureux:

> O que heureux est le pays qui a pour seigneur un tel homme!...
> C'est (dist Gargantua) ce que dict Platon, *lib. v de Rep.:* que lors les republiques seroient heureuses quand les roys philosopheroient ou les philosophes regneroient.
>
> (*Gargantua*, I, 170)

L'éducation encyclopédique de Gargantua est aussi une idée tirée de la *République* (livre V), de même que celle de l'éducation des femmes à Thélème. Les monarchies de Gargantua et de Pantagruel, l'organisation de Thélème sont fondés sur les principes timocratiques du gouvernement par les gens bien nés, basé sur l'honneur et la guerre juste. Ces principes ont dû avoir la faveur de Rabelais à travers la lecture de l'*Institutio principis Christiani* d'Érasme dont il s'inspire quand il cite Platon à deux reprises dans les chapitres XLV et XLVI du *Gargantua*.[4] Ici apparaît cet idéal syncrétique qui a fasciné le XVIe siècle et les siècles précédents, celui de concilier les doctrines de Platon et de Jésus-Christ. Frère Jean, Gargantua, Pantagruel sont tous des guerriers chrétiens, valeureux et justes.

L'idée de la philosophie doit aussi quelque chose à Platon. La fameuse idée du *Phédon* que « philosopher c'est apprendre à mourir », qu'on ne peut évoquer sans penser à Montaigne, avait déjà, sous une autre forme, eu l'honneur de la citation chez Rabelais:

> Socrate n'abusoit du terme, quand il disait philosophie n'estre aultre chose que meditation de mort.
>
> (*Tiers Livre*, I, 536)

C'est également à la suite de Platon que Rabelais déclare le chien être « la beste du monde plus philosophe » parce qu'étant capable de « rompre l'os et sugcer la substantificque mouelle. »[5]

Amené à ridiculiser les pratiques sorboniques des débats et disputes en tant que méthodes éducatives périmées, Rabelais s'inspire de Platon pour exposer son point de vue sur la façon de débattre. Aux soutenances

---

4   Éd. Jourda, n. 1, I, 171.
5   Prologue du *Gargantua*, éd. Jourda, I, 7.

quodlibétiques et aux disputes où l'on frappait des pieds et des mains pour marquer ses réactions, Rabelais oppose le dialogue dialectique où seule l'appréhension de la vérité importe:

Seigneur, [dit Panurge à Thaumaste] es tu icy venu pour disputer conten-tieusement de ces propositions que tu as mis, ou bien pour aprendre et en sçavoir la vérité?

(*Pantagruel*, I, 318)

La rhétorique oiseuse cède le pas à la dialectique:

Et, au regard de disputer par contention, je ne le veulx faire; aussi est ce chose trop vile, et le laisse à ces maraulx sophistes, lesquelz en leurs disputations ne cherchent verité, mais contradiction et debat.

(*Pantagruel*, I, 318)

L'argumentation par signes entre Panurge et l'Anglais illustre, par sa nature même de caricature, l'opinion que Rabelais avait des discussions scolastiques. Le point de vue de Thaumaste, bien que ce dernier soit « fait quinaud », est celui d'un humaniste:

Je ne veulx disputer *pro* et *contra*, comme font ces sotz sophistes de ceste ville et de ailleurs; semblablement, je ne veulx disputer en la maniere des academicques par declamation...

(*Pantagruel*, I, 314)

Pantagruel arbitre ce combat pacifique et fixe les règles du jeu:

Mais, comme as protesté, nous confererons de tes doubtes ensemble, et en chercherons la resolution jusques au fond du puis inepuisable auquel disoit Heraclite estre la verité cachée.

Mais je te prye que entre nous n'y ait debat ny tumulte et que ne cherchons honeur ny applausement des hommes, mais la verité seule.

(*Pantagruel*, I, 315)

L'admiration que Rabelais porte à Platon et l'influence qui s'ensuit ne sont pas seulement évidentes dans les propos que Rabelais prête à ses personnages; elles le sont aussi dans le style de plusieurs passages. Rabelais écrit des dialogues sans leur donner ce titre. Il reconnaît sa dette quand il est question de la manière d'écrire:

Et que tu formes ton stille, quant à la Grecque, à l'imitation de Platon.

(Lettre de Gargantua à Pantagruel: *Pantagruel*, I, 260)

Comme Platon, Rabelais associe plusieurs débats à des banquets; au chapitre XXX du *Tiers Livre*, par exemple, le sujet du débat est posé dès l'introduction:

Le dipner au dimanche subsequent ne feut si tost prest comme les invitez comparurent, excepté Bridoye, lieutenant de Fonsbeton. Sus l'apport de la seconde table, Panurge, en parfonde reverence dict:
  'Messieurs, il n'est question que d'un mot. Me doibs je marier ou non?'

(I, 528)

La bonne chère et la dialectique font bonne compagnie. De même, l'introduction de Thaumaste au chapitre XVIII du *Pantagruel* et la préparation du débat qui va s'ensuivre avec Panurge sont placées sous le signe du dialogue antique:

Et pour lors se pourmenoit par le jardin avecques Panurge, philosophant à la mode des Peripateticques. De premiere entrée, tressaillit tout de paour, le voyant si grand et si gros; puis le salua comme est la façon, courtoysement, luy disant:
  'Bien vray est il, ce dit Platon, prince des philosophes, que, si l'imaige de science et de sapience estoit corporelle et spectable es yeulx des humains, elle exciterait tout le monde en admiration de soy.'

(*Pantagruel*, I, 312-313)

Comme le note Pierre Jourda, Rabelais paraphrase ici le *Phèdre* de Platon.[6] Cette imitation va du pastiche à la parodie. En effet, c'est avec une pointe d'ironie bon enfant qu'il écrit:

Issu Gargantua de la salle, Pantagruel dist es invitez: 'Le *Timé* de Platon, au commencement de l'assemblée, compta les invitez: nous, au rebours, les compterons en la fin. Un, deux, trois. Où est le quart? N'estoit-ce nostre amy Bridoye?'

(*Tiers Livre*, I, 556)

Bien entendu, on n'a pas manqué de relever les dons de dialoguiste de Rabelais. Il est aussi bien merveilleux narrateur que dialoguiste sans pareil. Et si l'on exclut les passages, nombreux, où le récit et le dialogue – procédé stylistique – alternent, on n'en reste pas moins impressionné par le nombre de dialogues – dans le sens où nous l'avons défini plus haut – que contient son œuvre. « Un dialogue? Voici celui, sinueux et subtil de Dindenault et de Panurge ».[7] Voici celui de Baisecul et d'Humevesne, qui s'étale sur quatre chapitres de *Pantagruel*. Voici celui de Pantagruel et de « l'escholier Limosin », etc.; la liste serait interminable. Chaque fois que, chez lui, le récit est interrompu, il s'ensuit, sur le plan de la progression des événements, un temps mort que le dialogue vient combler. Il y a changement de plans mais non disparition du mouvement. De même que, comme nous l'avons vu, la narration peut servir de pause

---

[6] Éd. Jourda, n. 1, I, 313.
[7] Éd. Jourda, I, xliii.

à l'intérieur du mouvement discursif du dialogue, le dialogue peut servir de pause dans la progression du récit. Le statisme apparent de la narration fait place au dynamisme discursif, les événements aux idées. Cette alternance est constante dans l'œuvre de Rabelais. La remarque est aussi vraie pour un livre de son œuvre que pour l'ensemble. Le titre du *Tiers Livre* est, à ce sujet, expressif: c'est le livre des « *faits* et *dicts* héroïques du bon Pantagruel ». Ce qui caractérise le plus le style de Rabelais, c'est le mouvement; mouvement en surface dans le récit, en profondeur dans le dialogue. Cette alternance et ce mouvement sautent aux yeux si l'on considère l'œuvre dans son ensemble. A la foison d'événements ou « faicts » du *Pantagruel* et du *Gargantua*, succède l'immense « colloque » qu'est le *Tiers Livre*. Qu'est-ce que le *Tiers Livre*, en effet, si ce n'est une suite de dialogues centrés autour d'une idée, le mariage:

Le *Tiers Livre* comprend, encadré par deux épisodes accessoires, deux brillantes parabases – l'éloge paradoxal des dettes, et celui de cette plante merveilleuse: le pantagruélion, – une série de dialogues traitant tous d'un même sujet: Panurge doit-il ou non se marier? et peut-il se marier *sans risques*? Problème délicat![8]

Aux problèmes du Tiers Livre succède la quête ou voyage du *Quart Livre* et du *Cinquième*, où le récit reprend ses droits.

Le *Tiers Livre*, cette série de questions sur le mariage, ne manque pas de résonances platoniciennes. L'ombre de Platon plane sur ces discussions où l'amour est en cause. Les résonances lucianiques ne sont pas, bien entendu, écartées; Rabelais plaisante même quand il est sérieux et *vice versa*; mais nous insistons sur le fait qu'elles ne sont pas exclusives. Chez Rabelais convergent plusieurs tendances: celles de Platon, de Lucien et surtout celles d'Érasme lui-même fort imprégné de Lucien, et aussi la tendance française d'origine médiévale.[9] Il n'y a donc rien d'étonnant à ce que nous ayons recours à lui ultérieurement pour illustrer certains développements de cette étude sur les structures du dialogue du XVIe siècle.

MONTAIGNE

Recourir aux *Essais* pour illustrer la vogue du dialogue semble de prime abord paradoxal, Montaigne n'ayant pas écrit de dialogues proprement

[8] Éd. Jourda, I, xiv.
[9] Walter Kaiser, *Praisers of Folly* (= *Harvard Studies in Comparative Literature*, No. 25) (Cambridge, Mass:. Harvard University Press, 1965), 104: « Of all these authors none is more comic and none more devotedly Erasmian than François Rabelais ».

dits. Cependant, si l'on se rappelle que de même que Rabelais était le géant de la première moitié du siècle Montaigne est celui de la seconde, que de par son esprit touche-à-tout, il a été amené à aborder la question du dialogue, qu'enfin le dialogue est autant une façon d'écrire qu'une façon de penser, l'exemple de Montaigne paraît alors fournir une illustration de choix de l'emprise du dialogue sur le XVIe siècle tant français qu'européen.

Le chapitre « De l'art de conférer », à lui seul, est déjà une mine importante de remarques sur le dialogue.[10] Maurice Rat, dans son édition des *Essais*, donne au mot « conférer » le sens de converser. Montaigne, en plus de cette acception, lui donne celle, plus profonde, de raisonner; la conversation n'étant que l'expression de notre raisonnement: « Le plus fructueux et naturel exercice de nostre esprit, c'est à mon gré la conférence ».[11] Cette interprétation est corroborée par le fait que Montaigne y associe les mots « dispute », « contester », ce qui montre qu'il a en tête ce que nous appelons dialogue:

> J'ayme à contester et à discourir, mais c'est avec peu d'hommes et pour moy... J'entre en conference et en dispute avec grande liberté et facilité, d'autant que l'opinion trouve en moy le terrain mal propre à y penetrer et y pousser de hautes racines...
> Les contradictions donc des jugemens ne m'offencent, ny m'alterent; elles m'esveillent seulement et m'exercent.
>
> (III, 153)

Montaigne conçoit le dialogue comme un exercice, un combat au profit de la vérité; la multitude des termes militaires en fait foi: « un roide jousteur », « me presse les flancs », « me pique à gauche et à dextre », « eslancent » (III, 152). Le dialogue n'est alors que l'expression d'un affrontement des esprits, livré selon les exigences de la logique et de la raison. C'est une conception on ne peut plus intellectuelle, basée sur le principe fécond de la critique objective que Montaigne désigne sous le nom de contradiction: « l'unisson est qualité du tout ennuyeuse en la conference » (III, 152). La contradiction peut venir d'un « esprit bas et maladif » et, en conséquence, nuire à la cause de la vérité:

> Nous n'aprenons à disputer que pour contredire, et chascun contredisant et estant contredict, il en advient que le fruit du disputer c'est perdre et aneantir la verité. Ainsi Platon, en sa *Republique*, prohibe cet exercice aux esprits ineptes et mal nays.
>
> (III, 156)

---

[10]   Montaigne, *Essais*, éd. Maurice Rat, 3 tomes (Paris: Garnier, 1958), III, 151. Les citations dans le texte seront tirées de cette édition.
[11]   Éd. Rat, III, 152.

La quête de la vérité exclut donc les émotions et intérêts personnels:

La cause de la verité devroit estre la cause commune à l'un et à l'autre...
Je festoye et caresse la verité en quelque main que je la trouve, et m'y rends
alaigrement, et luy tends mes armes vaincues, de loing que je la vois approcher...

(III, 154)

Car nous sommes nais à quester la verité

(III, 158)

Tout en brossant le tableau du dialogue idéal, Montaigne fait une
critique des mauvais dialogues, des disputes mesquines où la vérité cède
le pas aux satisfactions d'amour-propre. Une des qualités qu'il exige
d'un débat intellectuel est l'ordre:

Tout un jour je contesteray paisiblement, si la conduicte du debat se suit
avec ordre. Ce n'est pas tant la force et la subtilité que je demande, comme
l'ordre. L'ordre qui se voit tous les jours aux altercations de bergers et des
enfans de boutique, jamais entre nous.

(III, 155)

Montaigne, comme on le voit, insiste sur cette idée d'ordre, qui est
essentielle pour le dialogue en tant que genre, puisqu'elle rend la rhétorique
et la dialectique interdépendantes:

Ce n'est pas à qui mettra dedans [atteindra le but], mais à qui faira les plus
belles courses. Autant peut faire le sot celuy qui dict vray, que celuy qui dict
faux: car nous sommes sur la maniere, non sur la matiere du dire. Mon humeur
est de regarder autant à la forme qu'à la substance, autant à l'avocat qu'à
la cause, comme Alcibiades ordonnoit qu'on fit.

(III, 159)

Plus que des idées, c'est une attitude que cherche Montaigne. Ce
qui importe n'est pas ce que l'on sait, mais la volonté de chercher, la
manière de conduire sa pensée. Sa méthode idéale est donc une inquiétude
constante. Ses nombreuses références à Socrate, qu'il appelle « le maître
des maîtres », « notre précepteur », montrent l'affinité d'esprit qu'il se
découvre avec le porte-parole de Platon. Socrate recherchait la contradiction pour prouver la valeur de sa méthode dialectique, « toujours
demandant et émouvant la dispute » (II, 201). Montaigne souscrit à la
nécessité du dialogue comme moyen de faire progresser la pensée. Sa
dialectique, à l'instar de celle de Socrate, est faite d'interrogations,
d'une quête constante. Mais alors qu'il existe chez Socrate un certain
didactisme savamment camouflé (questions-pièges ou questions qui
présupposent certaines réponses), chez Montaigne la démarche implique
le doute de soi. Ses scrupules intellectuels naissent de son attitude morale

faite de compréhension et de tolérance à l'égard de l'opinion contraire. Comprendre le point de vue opposé, c'est faire côte-à-côte, un pas vers la synthèse; cela suppose l'égalité et exclut le système des autorités. La démarche intellectuelle et l'attitude morale s'imbriquent. Les défauts qu'il trouve aux auteurs sont autant d'ordre moral qu'intellectuel. Il ne cherche pas à « savoir » un auteur mais à le « connaître »:

> Et tous les jours m'amuse a lire en des autheurs, sans soin de leur science, y cherchant leur façon, non leur subject. Tout ainsi que je poursuy la communication de quelque esprit fameux, non pour qu'il m'enseigne, mais pour que je le cognoisse.
>
> (III, 159)

Sur cette manière, Montaigne a des notions qui sans être nouvelles n'en sont pas moins clairement exposées. Il rejette la méthode didactique qui ne permet pas un échange de vues; il est contre « la troigne imperieuse et magistrale » (III, 154), refusant de croire par principe d'autorité. Il fait écho aux critiques des disputes scolastiques, que l'on trouve chez Rabelais. Il est d'avis, comme lui, qu'on mette le holà aux formules figées d'une rhétorique sclérosée, habillée d'un latin pédant, assaisonnée de noms d'autorités mal digérées et révolues:

> Ce dernier ne voit rien en la raison mais il vous tient assiegé sur la closture dialectique de ses clauses et sur les formules de son art...
> Qu'il oste son chapperon, sa robbe et son latin; qu'il ne batte pas nos aureilles d'Aristote tout pur et tout cru...
>
> (III, 157)

Montaigne ne perd pas de vue, non plus, le problème de la densité. Il peut être contre « l'unisson » et pour la contradiction; cela ne s'oppose nullement à une unité interne, de fond. L'accessoire ne doit pas, selon lui, prendre le pas sur l'essentiel. Il est contre ceux qui « perdent le principal, et l'escartent dans la presse des incidens » (III, 156).

Pour illustrer ses idées sur l'art de débattre, Montaigne se sert, comme de juste, de l'exemple des Anciens. Cité dès la deuxième phrase de « De l'art de conférer » et plusieurs fois par la suite, Platon semble occuper une place de choix. Mais à côté de lui, il cite aussi d'autres auteurs grecs parmi lesquels les auteurs de dialogues dominent: Xénophon, Aristote, Diogène Laërce.[12] Les références à Platon ne se cantonnent

---

[12] Éd. Rat, Appendice, III, 383-384: « Quant aux auteurs grecs, dont il n'entendait pas assez la langue pour les lire *de plano*, il semble bien que les cinq auxquels il se soit surtout attaché furent Plutarque, 'le Plutarque françois' d'Amyot, Xénophon, Platon, Aristote et Diogène Laërce ».

pas au chapitre dont nous avons parlé. Selon P. Villey,[13] il prête 150
allégations à Platon, fait environ 258 emprunts aux *Oeuvres morales*
et 140 aux *Vies* de Plutarque, 46 à Xénophon, 160 références à Diogène
Laërce. Il met aussi à contribution les comédies de Térence dont il
tire 25 citations. Sa dette aux Anciens et l'admiration qu'il leur porte
n'émousse pas son sens critique. Il se permet un jugement mitigé sur le
style de Platon.[14] Le processus socratique de l'accouchement des esprits
est lent; il aime qu'on aille droit au sujet. N'a-t-il pas écrit, à propos
de Cicéron, qu'il n'aimait pas les discours qui « languissent autour
du pot » (II, 91)? Dans le cas de Platon, il ne met nullement en doute ce
que dit le philosophe grec, mais plutôt la façon de le dire: « Platon n'est
qu'un poëte descousu » (II, 235).

Si Montaigne se montre imbu des auteurs anciens, il n'apprécie pas
moins ses contemporains. Il apprécie les dialogues d'origine italienne
qu'il considère comme les héritiers de dialogues de l'Antiquité:

> Les Atheniens, et encore les Romains, conservoient en grand honneur cet
> exercice [la conference] en leurs Academies. De nostre temps, les Italiens en
> retiennent quelques vestiges, à leur grand profict, comme il se voit par la
> comparaison de nos entendemens aux leurs.
>
> (III, 152)

Au premier rang des œuvres qu'il admire et dont il s'inspire parfois,
vient, comme on s'y attend, *Le Courtisan*, auquel il fait de nombreux
emprunts. Le parfum aristocratique de cette œuvre n'est pas sans lui
plaire. Montaigne a aussi lu des œuvres héritières du *Courtisan*, telle
La civil conversatione de Stefano Guazzo, dialogue entre un médecin
et un gentilhomme.[15] Paru en 1574 et traduit en français par Chappuis
et Belleforest en 1579, ce dialogue représentatif de la littérature morale
italienne de l'époque rappelle par son ton la causerie de bonne compagnie.
Des vers italiens traduits de Properce et repris par Montaigne (I, 12)

---

[13] Pierre Villey, *Les Sources et l'Évolution des Essais de Montaigne*, 2 tomes (Paris:
Hachette, 1908). Voir le livre IV en général et pp. 506 à 526 en particulier. Ces chiffres
sont relatifs puisque le nombre des citations et des allégations varie au long des diverses
éditions; mais les emprunts restent importants malgré cette fluctuation.

[14] « La licence du temps m'excusera elle de cette sacrilege audace, d'estimer aussi
trainans les dialogismes de Platon mesmes et estouffans par trop sa matiere, et de
pleindre le temps que met à ces longues interlocutions, vaines et preparatoires, un
homme qui avoit tant de meilleures choses à dire? » (Des livres), éd. Rat, II, 91.

[15] *La civil conversatione del S. Stefano Guazzo. Gentil'huomo di Casale di Mont-
ferrato. Divisa in IIII libri. Né quali dolcemente si ragiona di tutti il maniere del conver-
sare, comé piu chiaro nella seguenta facciata si dimostra. Di nuovo ristampata, & con-
somma diligenza corretta. In Venetia, Presso Gratioso Parchacino M.D. LXXXI.*
Voir éd. Rat, III, 398, n. 287.

montre qu'il avait ce dialogue sous les yeux. D'autres allusions à cet ouvrage sont faites dans « De l'art de conférer ». Les *Dialogues d'amour* de Léon Hébreu font également partie de sa bibliothèque.

Les dialogues italiens ne sont pas les seuls à retenir son attention. Il butine aussi dans les dialogues français de l'époque. Quand il traite de la diversité des opinions parmi les philosophes dans l'« Apologie de Raimond Sebond », il emprunte ses exemples aux *Dialogues contre les Nouveaux Académiciens* de Guy de Brués. Ailleurs, les *Dialogues* de Tahureau lui fournissent des idées.[16] Se contenter d'énumérer ces dettes, conscientes et inconscientes, avouées ou non, ne serait pas suffisant pour parler d'une influence des dialogues sur Montaigne; mais si on se donne la peine de jeter un coup d'œil sur son style, on ne peut s'empêcher de noter chez lui une propension au style dialogique.

Il faut rappeler tout d'abord que la conception même des *Essais* favorise cette affinité. Cette œuvre est le reflet d'un cheminement de la pensée; une question en amène une autre. Comme dans une conversation on peut commencer à parler « De la tristesse » et finir par « De l'expérience ». Montaigne discute avec lui-même d'une part, et avec les « autorités » classiques et contemporaines d'autre part. C'est un dialogue interminable caractérisé par un dynamisme de la pensée. On peut prendre n'importe quel chapitre, à l'aveuglette, et illustrer cela.

Montaigne ne cite pas des autorités à la manière de ses devanciers; il les fait parler. Ce sont des personnages qui ne sont placés dans un contexte ni narratif ni dramatique mais essentiellement discursif. C'est un dialogue imaginaire où les barrières du temps n'existent plus: Plutarque répond à du Bellay, une princesse du sang à Plutarque, Montaigne à la princesse, Xénophon à Platon, etc., la liste serait longue, si on voulait relever les noms des personnages que Montaigne assemble et oppose pour parler « Du pedantisme » (I, 141), par exemple. Comme les dialogues, certains chapitres débutent par une idée incidente rappelant la causerie:

> Je me suis souvent despité, en mon enfance, de voir és comedies Italiennes tous jours un pedante pour badin et le surnom de magister n'avoir guiere plus honorable signification parmy nous.
>
> (I, 141)

Puis viennent les illustrations des idées sur ce sujet. Quand Montaigne ne fait pas parler ses autorités au style direct, il institue un monologue

---

[16] Si les emprunts ne sont pas certains, les analogies sont évidentes. Voir Villey, *Sources et Évolution*, I, 34-40.

intérieur qui n'est qu'un dialogue de la pensée dédoublée. Voici ce que nous obtenons d'un passage, sans y ajouter ni en retrancher quoi que ce soit, seulement en modifiant sa présentation:

Montaigne A: Les [les philosophes] voulez-vous faire juges des droits d'un procès, des actions d'un homme?

Montaigne B: Il en sont bien prests! ...

A: Parlent-ils du magistrat, ou parlent-ils à luy?

B: C'est d'un liberté irreverente et incivile.

A: Oyent ils louer leur prince ou un roy?

B: C'est un pastre pour eux...

A: En estimez vous quelqu'un plus grand, pour posseder deux mille arpens de terre?

B: Eux s'en mocquent, accoutumez d'embrasser tout le monde comme leur possession.

A: Vous ventez vous de vostre noblesse pour compter sept ayeulx riches?

B: Ils vous estiment de peu, ne concevant l'image universelle de nature, et combien chascun de nous a eu de predecesseurs: riches, pauvres, roys, valets, Grecs et barbares.

A: Et quand vous seriez cinquantiesme descendant de Hercules...

B: Ils vous trouvent vain de faire valoir ce present de la fortune.

(I, 142-143)

C'est le procédé dialogique, illustré par Socrate, des questions et réponses. Si vous en doutez, Montaigne, lui, ne le cache pas puisqu'à la suite de ce passage il ajoute: « Mais cette peinture Platonique est bien esloignée de celle qu'il faut à noz gens. » (I, 143) Il exprime ainsi sa dette envers Platon sans préciser qu'il s'est servi ici du *Théètète* dans la traduction latine de Ficin.[17] Exemple parmi tant d'autres dans les *Essais*.

Sa conception des citations, aussi, est révélatrice. C'est plus qu'une illustration, c'est une idée dans le développement du sujet traité:

Ny elles [histoires], ny mes allegations ne servent pas toujours simplement d'exemple, d'authorité ou d'ornement. Je ne les regarde pas seulement par l'usage que j'en tire. Elles portent souvent, hors de mon propos, la semence d'une matiere plus riche et plus hardie.

(I, 282)

Le style familier des *Essais*, ce langage qu'il dit « trop serré, desordonné, couppé, particulier », c'est celui d'un perpétuel dialogue d'où

---

[17]   Éd. Rat, I, 415, n. 345.

la cérémonie est exclue; c'est au-delà du dialogue intérieur, le constant échange entre un penseur – qui ne se dit pas tel – et son lecteur. Il joue alors lui-même le rôle d'un miroir où il l'invite à se regarder, à comparer; il ne lui offre pas des mots mais plutôt des réflexions. Dialogue intellectuel et certitudes ne vont pas de pair. Montaigne maintient le cours du dialogue grâce à ce doute générateur de quêtes intellectuelles que le « Que sais-je » représente. Qu'est-ce qu'un dialogue d'ailleurs, si ce n'est une tentative de résolution, un essai?

RAMUS

À quelques exceptions près, les dialogues du XVIe siècle ne sont pas écrits dans un contexte dialectique; leur motivation, même quand elle est philosophique comme dans le cas de Pontus de Tyard, n'est pas d'illustrer par l'emploi du dialogue une méthode de recherche. Ce sont plutôt des dialogues diégétiques, c'est-à-dire construits sous forme d'expositions; et, de ce fait, ils tiennent beaucoup plus du dialogue cicéronien que du dialogue platonicien. Le dialogue platonicien est l'expression littéraire d'une méthode dialectique pratiquée oralement par Socrate. Le dialogue de la Renaissance, dans l'ensemble, apparaît comme l'expression rhétorique au second degré du dialogue platonicien. Ce dernier lui fournit les moyens d'illustration et d'embellissement, des « lieux », des manières de présenter dramatiques, en un mot un cérémonial. Le vrai dialogue ne pouvait naître qu'à condition de se libérer de l'héritage scolastique, d'éviter l'imitation servile et d'épouser une cause philosophique. Ces possibilités existaient dans cette première moitié du XVIe siècle et Pierre de la Ramée les personnifie. Le dialogue avait besoin de la dialectique et celle-ci est l'objet des travaux de Ramus. Mais un concours de circonstances historico-sociologiques va, en quelque sorte, empêcher ce mariage de l'éloquence et de la philosophie.

Avant et jusqu'à l'époque où Ramus remet en cause les concepts traditionnels de la logique scolastique, le dialogue avait subi une sclérose. L'enseignement en était la cause. Les bienfaits pédagogiques du genre dialogique n'étaient pas passés inaperçus aux yeux des maîtres médiévaux qui étaient tous des clercs. Sous leur plume, le dialogue était un moyen de démonstration et de vérification au service d'une vérité déjà admise. Le catéchisme permet de contrôler, par des questions appropriées, l'assimilation orthodoxe d'un enseignement codifié dont la vérité n'est pas mise en doute. C'est une méthode de transmission, un dialogue défensif où le « respondans », en l'occurrence le catéchumène, est le gibier plutôt que le chasseur (pour employer une métaphore platonicienne); le dialogue est encore au service d'une doctrine; Aristote et Cicéron remplacent Moïse et Jésus. Dans le monde scolastique, la dialectique, ou logique, n'est pas conçue comme un art de raisonner pouvant être appliqué à toute forme de connaissance, mais comme une méthode d'enseignement basée sur les autorités. La méthode du *sic et non* et *pro et contra*, que Rabelais ridiculise dans l'épisode où Thaumaste est « fait quinaud » par Panurge (*Pantagruel*, XIX), caractérisait encore les disputaisons, débats et soutenances de thèses. Loin d'être des enquêtes, ces genres dialogués étaient de purs exercices scolaires; ils permettaient de vérifier que l'impétrant (futurs bachelier, licencié ou docteur) avait assimilé et retenu une certaine discipline et qu'il était capable de la transmettre à son tour, donc d'être admis à la corporation des maîtres; une initiation en quelque sorte. « La dispute scolaire est un exercice au but précis: familiariser les étudiants avec les procédés d'argumentation ».[18] D'ailleurs un même adversaire pouvait fournir des arguments pour et contre, donc changer de rôle. On aboutissait à des formes figées, évidées, mises au service d'une pédagogie immuable propageant le latin (d'où survivance de Cicéron), Aristote et la théologie.[19]

La dispute scolaire ou disputation, la déclamation et le débat public sont toutes des formes orales.[20] La transcription est accidentelle et rarement d'intention littéraire. L'abondance de ces exercices oraux évite la nécessité de les coucher par écrit. Au centre de cet enseignement scolastique basé sur la disputaison se trouvent les *Summulae logicales* de Petrus Hispanus. C'est un manuel de logique et de dialectique – elles se confondent chez lui – à l'usage des étudiants d'Aristote et non une recette de la disputaison. La réaction contre la scolastique aura lieu contre Petrus Hispanus: Agricola et Ramus le prennent comme point de départ de leurs attaques. La remise en question des méthodes pédagogiques scolastiques va se trouver appuyée par l'avènement de l'im-

---

[18]   P. Glorieux, *La littérature quodlibétique* (Paris: J. Vrin, 1935), 28.
[19]   W. J. Ong, *Ramus: Method, and the Decay of Dialogue from the Art of Discourse to the Art of Reason* (Cambridge, Mass.: Harvard University Press, 1958), 154: « In the university world before and during Ramus' time, dialectic itself, which in its etymological origin was concerned with real dialogue, as both Ramists and their adversaries were well aware, was habitually thought of as implementing not dialogue, but the huge pedagogical apparatus. As the 'instrument' of intellectual activity, it became assimilated to the particular activity being served ».
[20]   Selon Corneille Agrippa, la déclamation « est un exercice d'école sur un thème fictif dont l'objet est non de chercher la vérité mais d'assouplir notre ingéniosité ». Cité par Villey, II, 166.

primerie qui, en multipliant le document écrit, lui donne la primauté sur le document oral. Le commentaire remplace l'exercice oral. Cette révolution typographique, pour employer une terminologie McLuhanesque,[21] va briser le monopole de l'enseignement corporatif et permettre son humanisation, sa laïcisation et sa démocratisation. On pourrait s'attendre à une libération du dialogue. Elle a lieu, dans un sens, mais lentement. Le colloque scolaire reste un instrument pédagogique sans autre prétention. Le renouveau des études platoniciennes remettra à l'honneur un type de dialogue d'aspiration littéraire plutôt que pédagogique: les exemples, les citations des autorités serviront à des fins de décoration plutôt que d'instruction. L'auteur de dialogue, après 1540, voudra autant épater son public, lui plaire par son érudition que l'instruire. Instruire est souvent un prétexte. La tendance générale est aux dialogues-traités et dialogues-commentaires. C'est une libération imparfaite comme on le voit. La plupart des humanistes étaient des philologues ou des hommes de lettres. Le sort du dialogue est lié à celui de la dialectique et la dialectique n'arrive pas à se dégager de l'emprise de la grammaire et de la rhétorique. Dans une grande mesure, cela reste vrai même pour Ramus qui est le premier à avoir isolé la dialectique des autres disciplines. Étant donné le rapport entre le dialogue et la dialectique, on se doit de le mentionner dans le cadre de cette étude. Il est cependant prudent, pour éviter tout malentendu, de considérer ses intentions, l'objet de ses travaux.

Ce qui intéresse ce « professeur d'éloquence et de philosophie » c'est, tout d'abord, l'art de raisonner et l'expression de cet art:

> Dialectique est art de bien disputer. Et en même sens est nommée logique, car ces deux noms sont dérivez de *logos*, c'est-à-dire raison. Et *dialegestae*, comme aussi *logizestae* n'est autre chose que disputer ou raisonner.[22]

Le dialogue n'est donc pas son sujet. La *Dialectique* est une réaction; réaction contre le principe d'autorité, entre autres. « *Nulla auctoritas*

---

[21]   On peut établir un rapprochement avec notre époque (qui a beaucoup de choses en commun avec le XVIe siècle) où la révolution par le son et l'image, si l'on croit la théorie des « mass media » de Marshall McLuhan, a entraîné une remise en question des programmes et des méthodes universitaires basées sur le mode typographique. De nos jours on note une insistance sur la nécessité du « dialogue », de la communication non livresque.

[22]   Pierre de La Ramée, *Dialectique* (Paris: André Wechel, 1555), édition Michel Dassonville (= *Travaux d'Humanisme et Renaissance*, LXVII) (Genève: Droz, 1964). Au cas où l'on a des doutes sur le terme « disputer », l'édition posthume de 1576 les lève: « l'art de bien raisonner, comme la Grammaire de bien parler, la Rhétorique de bien dire... » (61).

rationis, sed ratio auctoritatis dominaque esse debet ».[23] C'est avant tout une prise de position intellectuelle. Vis-à-vis du dialogue, son ouvrage est un ouvrage théorique. « En préconisant l'union de l'éloquence et de la philosophie le but des humanistes était de libérer la logique de ses entraves traditionnelles, le jargon et le formalisme scolastiques ».[24] Ces entraves existent également dans le domaine du dialogue puisque les « disputes » ou « disputaisons » ne font souvent que refléter la méthode scolastique. Les critiques qu'il émet à propos de la logique scolastique auraient pu être bénéfiques au genre dialogique :

> Et voicy soubdainement quand je retourne des escholes Grecque et Latine et désire, à l'exemple et imitation des bons escholiers, rendre ma leçon à la patrie, en laquelle j'ay esté engendré et eslevé, et luy déclairer en sa langue et intelligente vulgaire, le fruict de mon estude, j'apperçoy plusieurs choses répugnantes à ces principes, lesquelles je n'avoye peu apperçevoir en l'eschole par tant de disputes.[25]

Ramus, comme on le voit, s'en prend à la disputation, méthode scolaire, qu'il distingue du vrai dialogue pratiqué par les Anciens. Son souci est la substance qui seule revitaliserait le dialogue. Un autre fait à noter est qu'il envisage tout naturellement l'usage du français, vu que la communication l'intéresse avant tout. Ses critères ne sont pas littéraires, mais plutôt pratiques : utilité, efficacité. C'est ailleurs qu'il faut chercher les effets de l'apport ramiste, s'ils existent. Contrairement à l'opinion communément admise, Ramus n'est pas un admirateur aveugle de Platon ni un critique acerbe d'Aristote. Il rejette la théorie de la réminiscence, sur laquelle toute la dialectique ascendante est basée et garde beaucoup d'éléments des *Topiques* et de l'*Organon*. Il fait de ces sources un usage rhétorique dans une intention pédagogique : il se sert de la rhétorique pour enseigner la logique, c'est-à-dire l'inverse de ses prédécesseurs. La *Dialectique* fourmille de citations littéraires servant d'illustrations et d'exemples, mais il n'en demeure pas moins que la littérature n'est pas l'objet de ses recherches. Ramus reste un pédagogue. Ce qu'il relève dans le dialogue platonicien, c'est son caractère d'exercice dans l'art de penser, son aspect pédagogique. L'expression littéraire lui est subordonnée :

> Non pas l'art seullet mais beaucoup plus l'exercice d'icelluy et la practique faict l'artisan. Ce que presque seul Platon poursuyt en toute sa philosophie

---

[23] Pierre Ramus, *Scholae mathematicae*, 1, III, 78 cité par Michel Dassonville, 20.
[24] Ramus, éd. Dassonville, 16.
[25] Ramus, éd. Dassonville, 53.

et ne s'empesche quasi rien à l'instruction d'aucune doctrine mais par tout et perpétuellement nous exhorte à l'œuvre et à la practique.[26]

La motivation pédagogique n'est pas l'exclusivité de Ramus; elle remonte plus loin. Il est l'héritier d'une tradition que l'université a amplifiée et qui assimile science et enseignement.

In this tradition [de Saint Thomas d'Aquin], teaching (and thus dialogue, or at least monologue) enfolds science – not the other way around.[27]

Cette tendance partagée par Mélanchthon et les disciples ramistes maintient le dialogue sous le joug de la rhétorique. « Ars dialectica doctrina disserendi» est une définition qui revient souvent et sous plusieurs formes sous la plume de Ramus.[28] La préoccupation didactique est ainsi rarement absente chez les auteurs du XVIe siècle qui choisissent le dialogue comme moyen d'expression. C'est d'ailleurs souvent quand elle se manifeste trop fortement – comme dans le cas d'un Le Caron – que le dialogue perd de son potentiel littéraire.

Ramus est très loin du dialogue socratique et du dialogue naturel (expression d'une conversation intellectuelle). Son étude dialectique aurait pu rendre service au dialogue s'il y avait eu un praticien du style pour mettre en œuvre sa théorie. L'inconvénient est que ceux qui auraient pu le faire souvent ignoraient sa « dialectique » et allaient directement vers l'Antiquité puiser des modèles d'imitation. Seul un de ses amis, Guy de Brués, n'oubliera pas sa leçon.

[26]   Ramus, éd. Dassonville, 153-154.
[27]   Ong, *Ramus*, 157-158.
[28]   Voir Ong, note 41, pp. 347-348.

5. LE DIALOGUE DE VULGARISATION SCIENTIFIQUE: BERNARD PALISSY

L'intérêt porté aux problèmes de l'enseignement et de l'éducation n'entraîne pas nécessairement la participation du grand public, qui reste à l'écart du courant humaniste.[1] Le grand public ignore le latin – langue véhiculaire des humanistes – et, quand les œuvres anciennes lui parviennent, c'est le plus souvent par l'intermédiaire de compilateurs. Ainsi les colloques scolaires, de même que le colloque érasmien, atteignent un public spécialisé donc restreint. Cependant de la part des auteurs, il existe un désir de toucher un public moins savant, de mettre à sa portée une matière qui l'intéresse et ce désir coïncide avec un besoin de la part du vulgaire (qui sait lire) de s'instruire dans des domaines moins ésotériques. Les progrès de la Réforme vont également renforcer ce besoin d'information de la part d'un public plus grand. Il va de soi que cette tendance à la diffusion de la connaissance s'appuie sur l'usage du français. Le dialogue trouve sa place dans ce courant de diffusion. Je le désignerai sous le nom de dialogue de vulgarisation et me servirai pour l'illustrer de l'exemple, que je crois typique, de Bernard Palissy.

Les œuvres complètes qui nous restent de lui sont des dialogues: la *Recepte véritable* (1563) et les *Discours admirables* (1580). Leurs titres mêmes, longs et révélateurs, découvrent déjà les intentions de l'auteur:

> *Recepte véritable, par laquelle tous les hommes de France pourront apprendre à multiplier et augmenter leurs thrésors: Item ceux qui n'ont jamais eu cognoissance des lettres, pourront apprendre une philosophie nécessaire à tous les habitans de la terre: Item en ce livre est contenu le dessin d'un jardin autant délectable et*

[1] Malgré son accès au numéraire, la bourgeoisie, sur le plan politique et culturel, n'est pas ce qu'elle sera sous Colbert. La culture, loin de se démocratiser, reste le monopole de la minorité aristocratico-ecclésiastique. On pourrait croire que l'imprimerie et les progrès de l'édition contribuent à la popularisation des livres. Le nombre des livres se trouve, certes, multiplié; mais pas nécessairement et proportionnellement celui des lecteurs parmi la masse. Il en résulte, néanmoins une certaine libéralisation: la bourgeoisie incorpore l'édition aux affaires; le livre cesse d'être un luxe pour devenir une denrée et, par le biais, l'auteur en bénéficie; car, en tant que producteur, il a son mot à dire dans le jeu de l'offre et de la demande.

d'utile invention, qu'il en fut onques veu. Item le dessein et ordonnance d'une ville de forteresse, la plus imprenable qu'homme ouyt jamais parler; composé par maistre Bernard Palissy, ouvrier de terre, et inventeur des rustiques figulines du Roy, et de Monseigneur le duc de Montmorancy, pair et connestable de France, demeurant en la ville de Xaintes. A La Rochelle de l'imprimerie de Barthelemy Berton, petit-in 4⁰.

Discours admirables de la nature des eaux et fontaines, tant naturelles qu'artificielles, des métaux, des sels et salines, des pierres, des terres, du feu et des émaux, avec plusieurs autres excellents secrets des choses naturelles; plus un traité de la marne, fort utile et nécessaire à ceux qui se mellent de l'agriculture; le tout dressé par dialogues, ès quels sont introduits la théorie et la pratique. Paris, Martin le jeune, à l'enseigne du Serpent, 1580, petit-in 8⁰.[2]

On ne peut dire que ces deux dialogues aient été composés dans un contexte purement spéculatif, philosophique ou artistique; sans dénier leurs qualités artistiques réelles, il faut se rendre à l'évidence: les intentions de Palissy sont pragmatiques. Il veut vendre son livre, mais en échange il révèle au lecteur des connaissances pratiques. Deux mots reviennent dans les deux titres: « utile » et « nécessaire ». Quand on a lu ses dialogues, on constate que Palissy ne se paie pas de rhétorique et que pour lui un chat est un chat.

Ce qui frappe en lui, c'est sa modestie, sa franchise et sa simplicité. « Ouvrier de terre, et inventeur des rustiques figulines du Roy », cet artisan huguenot qui a connu la pauvreté et la Bastille, et qui faisait payer ceux qui voulaient assister à ses « cours », aime son métier et considère de son devoir de partager ses connaissances.[3] Selon lui la propagation de la connaissance entraîne la richesse. Cette idée, qu'il justifie par des références aux Écritures, est répétée à maintes reprises dans ses dédicaces.[4] Elle éclaire sa devise POVRETÉ EMPÊCHE LES BONS ESPRITS DE PARVENIR, qu'on pourrait opposer à l'aristocratique SOLITUDO MIHI PROVINCIA EST de Pontus de Tyard. Palissy n'a pas honte d'avouer qu'il gagne sa vie par la transmission, orale et écrite, d'un savoir acquis par « un juste labeur … digne d'estre prisé et honoré ». (20) Nul ésotérisme, nul mépris du vulgaire chez lui. Aucune prétention de supériorité intellectuelle, non plus. En dehors du *Songe de Polyphile* de Francesco Colonna,

---

[2] Bernard Palissy, *Oeuvres*, éd. Anatole France (Paris: Charavay, 1880), xxiv-xxv. Les deux œuvres seront désignées respectivement par les abbréviations *R.V.* et *D.A.* Les citations dans le texte seront extraites de cette édition.

[3] Dans la dédicace des *D.A.* adressée à Anthoine de Ponts, il écrit: « Aussi est escrit que fol celant sa folie vaut mieux que le sage celant son sçavoir. C'est donques chose juste et raisonnable que chascun s'efforce de multiplier le talent qu'il a reçu de Dieu » (163).

[4] Voir l'avis « Au lecteur », *R.V.*, éd. France, 20.

roman allégorique écrit en dialogue, et cité par plusieurs auteurs du XVIe siècle, Palissy avoue son manque de connaissances livresques :

> Ces choses ne sont escrites à telle dexterité que Vostre Grandeur le mérite, il vous plaira me pardonner : ce que j'espère que ferez, veu que je ne suis ne Grec, ne Hébrieu, ne Poëte, ne Rhétoricien, ains un simple artisan bien pauvrement instruit aux lettres : ce néantmoins, pour ces causes, la chose de soy n'a pas moins de vertu que si elle estoit tirée d'un homme plus éloquent. J'aime mieux dire la vérité en mon langage rustique, que mensonge en un langage rhétorique.
>
> (p. 13)

Son « langage rustique » et sa condition sociale ne doivent pas être des obstacles à la valeur intrinsèque du contenu :

> Mais à fin d'en apporter quelque fruit, prens peine de lire le tout, sans avoir esgard à la petitesse et abjecte condition de l'auteur, ni aussi à son langage rustique et mal orné, t'asseurant que tu ne trouveras rien à cet escrit qui ne te profite, ou peu ou prou.
>
> (p. 17)

Il semble, ainsi, insister sur l'idée qu'il n'est pas un faiseur de livres selon les normes de l'époque et que son entreprise est seulement motivée par son désir de communiquer son expérience.

Cette expérience faite de travail et de savoir pratique lui sert d'autorité. Des exemples concrets lui servent d'arguments. « Je ne te dis chose, que je ne te monstre de quoy » (61), dit-il par la bouche de son porte-parole, Responce. Les seules citations, et elles sont nombreuses, qu'on pourrait qualifier de livresques sont tirées de la Bible. Palissy donne l'impression constante de vivre la Bible et non de la commenter. Les noms des personnages des *Discours admirables* illustrent son souci de pragmatisme : Théorique et Practique. Practique, qui représente l'auteur, a naturellement le dernier mot. Palissy justifie ce choix d'une manière explicite :

> J'ose dire à la confusion de ceux qui tiennent telle opinion, qu'ils ne sçauroyent faire un soulier, non pas mesme un talon de chausse, quand ils auroyent toutes les théoriques du monde... et quand ils auront bien disputé, il faudra qu'ils confessent que la practique a engendré la théorique. J'ay mis ce propos en avant pour clorre la bouche à ceux qui disent, comment est il possible qu'un homme puisse sçavoir quelque chose et parler des effects naturels, sans avoir veu les livres Latins des philosophes ? Un tel propos peut avoir lieu en mon endroit, puis que par practique je prouve en plusieurs endroits la théorique de plusieurs philosophes fausse, mesmes des plus renommez et plus anciens.[5]

---

[5] « Avis au lecteur », *D.A.*, éd. France, 166.

Au lecteur peu convaincu, Palissy propose à maintes reprises de venir le trouver à sa « demeurance » où il pourra voir son cabinet plein de « choses merveilleuses qui sont mises pour tesmoignage et preuve de [ses] escrits, attachez par ordre et par estages, avec certains escriteaux au dessouz ».[6] Palissy se porte garant des résultats de ses recettes. A l'autorité des livres, Palissy oppose celle de l'expérience, à celle des Anciens un doute systématique qui annonce Descartes.[7]

Les dialogues de Palissy sont ceux d'un savant. La forme du dialogue est employée pour des raisons pratiques et non esthétiques:

> Pour avoir plus facile intelligence du présent discours, nous le traiterons en forme de Dialogue, auquel nous introduirons deux Personnes, l'un demandera, l'autre respondra comme s'ensuit.
>
> (p. 21)

Le nom des personnages de la *Recepte véritable*, ainsi que leur nombre, deux, pourraient nous induire à penser qu'il s'agit d'une dispute de type médiéval. Le dialogue de Palissy en est bien loin. C'est le même schéma que reproduisent les *Discours admirables*: Demande est l'équivalent de Théorique, « espèce de docteur grave, lent, épais, niais et finalement d'humeur accommodante »[8] et Responce n'est que Practique, en l'occurrence l'auteur. Sans être acerbe, Palissy nourrit des opinions peu flatteuses à l'égard des philosophes, alchimistes, médecins qu'il considère comme des « théoriciens » et à qui il reproche de ne pas prouver leurs allégations. S'il y a une chose qu'il semble fuir, c'est bien la connaissance théorique et le verbiage.

Sa rectitude, son souci des faits et son langage direct et haut en couleurs, donnent à ses dialogues des qualités littéraires que Palissy n'avait pas la prétention d'y inclure et qui font qu'on trouve encore plaisir à les lire aujourd'hui. Malgré leurs noms abstraits, Demande et Responce ou Théorique et Practique, ses personnages se comportent comme de vraies personnes, de bons amis échangeant de bons mots et de grosses gourmades:

R: Je ne vis onques hommes de si dure cervelle que toy...   (p. 48)

---

[6]   *D.A.*, 166. Il réitère son invitation après l'avis au lecteur: « À sçavoir que si après l'impression dudit livre, il se présente quelqu'un qui ne se contente d'avoir veu les choses par escrit en son privé et qu'il désire avoir une ample interprétation, qu'il se retire par devers l'imprimeur, et il lui dira le lieu de ma demeurance, auquel on me trouvera toujours prest à faire lecture et desmonstration des choses contenues en icelui».

[7]   « À ce, je respons que les Anciens estoyent aussi bien hommes comme les Modernes et qu'ils peuvent aussi bien avoir failli comme nous ... » (*R.V.*, 74).

[8]   Palissy, éd. France, Introduction, xxii.

R: Je t'asseure que je ne cogneus onques une si grande beste que toy...

(p. 55)

D: Véritablement tu m'en as bien conté et de bien piteuses ... Serois-tu bien si fol de faire si grand despense pour avoir un beau jardin?

(p. 105)

Ils sont très humains: ils se laissent aller à des digressions, discutent de tout et promènent un regard critique sur la société et les mœurs de leur temps. Comme auteur, Palissy est conscient de ces digressions et s'en excuse: « Le propos sera bien prolixe, mais toutesfois je te le feray assez bien entendre » (75). Il perd rarement son sujet de vue: ses digressions, qui semblent voulues, introduisent de la variété. L'un des plus grand défauts que Palissy évite dans un ouvrage de la sorte, est l'hermétisme du langage technique. Responce s'assure que Demande a bien saisi le sens des termes employés et partant n'emploie pas un mot savant sans l'avoir expliqué ni lui avoir donné des synonymes plus usités.

Palissy artisan se révèle aussi bon écrivain. A travers les dialogues on sent l'homme: franc, humain, tantôt enflammé, tantôt grave et sérieux, mais toujours sincère, fier de sa profession comme de ses croyances religieuses. Son sujet aurait pu être aride; il y met de cette ferveur, de cet amour qu'il nourrit pour les choses de la terre et qui lui sert de trait d'union entre Dieu et lui. Avant Voltaire, Palissy propose au lecteur de « cultiver son jardin » et c'est le but « technique » de la *Recepte véritable:*

Puisque nous sommes sur les propos des honnestes délices et plaisirs, je te puis asseurer, qu'il y a plusieurs jours que j'ay commencé à tracasser d'un costé et d'autre, pour trouver quelque lieu montueux, propre et convenable pour édifier un jardin pour me retirer, et récréer mon esprit en temps de divorces, pestes, épidémies, et autres tribulations, desquelles nous sommes à ce jourd'huy grandement troublez.

(p. 21)

Palissy prêche une redécouverte de la nature nourricière et une communion avec elle, attitude qu'il base sur des fondements religieux:

Voilà pourquoy je veux ériger mon jardin sur le Pseaume cent quatre, là où le Prophète descrit les œuvres excellentes et merveilleuses de Dieu, et en les contemplant, il s'humilie devant luy et commande à son âme de louër le Seigneur en toutes ses merveilles [afin] ... de laisser toutes occupations ou délices vicieux et mauvais trafics pour s'amuser au cultivement de la terre.

(p. 77)

Je ne trouvay rien meilleur que s'employer en l'art d'agriculture et de glorifier Dieu et se recognoistre en ses mervcilles.

(p. 109)

La *Recepte véritable* comme la première partie des *Discours admirables* sont un hymne à la nature. Bernard Palissy trouve des accents poétiques même quand il parle de la nature et des avantages du fumier et de sa conservation.

Ce qui rend la lecture de la *Recepte véritable* agréable, c'est cette variété et cette concision du style que l'on ne trouve pas dans les autres dialogues de tendances techniques tels que ceux de Pontus de Tyard, Le Caron ou Peletier du Mans, où le dialogue finit par perdre, par suite des longueurs, son caractère de va-et-vient pour devenir une suite de monologues ou, pour employer un néologisme récent, un « duologue ».[9] Palissy est libre des conventions parce qu'il les ignore; nul besoin de prétexte à la rencontre de Demande et de Responce. Ce sont des commodités pour l'exposition de points de vue opposés et l'auteur n'essaie pas de les « habiller ». La discussion, qui reste au centre du dialogue, n'en demeure pas moins « humaine ». Nul besoin de décor; la matière du dialogue lui-même remplace, et bien mieux, cette convention mineure. Palissy entre dans le vif du sujet dès la première réplique; je ne dirai pas *in medias res* puisque rien ne se passe dans son dialogue. Il pose un problème à solution technique et le résout, après objections en bonne et due forme, à la fin du dialogue. Le jeu objections-éclaircissements entre Demande et Responce se déroule dans un parfait équilibre. Les quelques longueurs sont techniquement nécessaires (explications scientifiques, descriptions du jardin, etc.) et l'auteur s'en excuse par la bouche de Responce. Aux remarques de Responce, Demande oppose les siennes, elles aussi étayées de citations à l'appui.

Le dialogue évite la monotonie par la diversification du style dialogique. Ce style ne naît pas chez Palissy seulement de la dualité de deux attitudes. Il est dans la manière de penser et de s'exprimer de chaque personnage, et surtout dans celle de Responce dont le raisonnement chemine par questions et réponses:

> On fera bouillir l'eau qui aura passé par la terre salpestreuse et par les cendres: est-ce pourtant à dire que toute ladite eau se convertisse en salpestre? Non. Pareillement...
>
> (p. 56)

Response n'attend pas les objections et les questions de Demande; il

---

[9]   Néologisme créé par Abraham Kaplan. L'exemple donné est celui de deux personnes qui se racontent des histoires drôles; aucun d'eux n'écoute car pendant que l'un parle, l'autre attend son tour de parler et répète mentalement l'histoire qu'il va raconter, sans écouter ce que raconte le premier. Le rire devient alors une marque de politesse ne servant plus qu'à ponctuer cette « arlequinade » verbale.

les devance et n'a jamais recours aux dérobades ou aux raisonnements spécieux. « Veux-tu encore un bel exemple? », « Veux-tu sçavoir? » (53) sont des phrases qui reviennent souvent dans sa bouche. S'il s'agit d'un récit, Palissy l'inclut au dialogue sous forme d'un dialogue rapporté avec insérendes, ce qui évite la rupture du style dialogique par la narration, tout en introduisant de la diversité.[10] Palissy a recours à d'autres procédés « rhétoriques » qu'il renouvelle; qu'il utilise des fables en disant que ce sont des anecdotes personnelles, et l'on ne sait plus distinguer la réalité de la fiction tant son style est convaincant; qu'il se serve du rêve allégorique, mais toujours sous forme de dialogue (à la manière du *Songe de Polyphile*), et l'on trouve tout naturel qu'un débat s'instaure entre les divers instruments de la géométrie et que Maître Bernard s'érige en juge. Bien entendu il n'oublie pas la morale: « Je trouvay que l'avarice et l'ambition avoient rendu presque tous les hommes fols, et leur avoient quasi pourri toute la cervelle » (121).

Comme dialogues, la *Recepte véritable* et les *Discours admirables* sont réussis. Ils possèdent des qualités littéraires qui leur font dépasser le cadre étroit du dialogue de vulgarisation et prétendre au titre plus élogieux et plus mérité de dialogues scientifiques. Mais comme je l'avais laissé entendre, ils sont plus que cela. Ce sont aussi, et je parle de la *Recepte* surtout, des dialogues de combat. La *Recepte véritable* est un manifeste huguenot camouflé, une apologie sans amertume ni fanatisme.

Le problème central de l'œuvre est le projet d'un jardin pouvant servir à des fins bien définies. Cela est posé dès les premières répliques de Responce et repris maintes fois par la suite:

Tu sçais bien que dés le commencement je t'ay dit que je voulois ériger mon jardin pour m'en servir, comme pour une cité de refuge, pour me retirer és jours périlleux et mauvais: et ce, à fin de fuyr les iniquitez et malices des hommes, pour servir à Dieu, et à présent tu me viens tenter d'une exécrable avarice et meschante invention.[11]

Dans les dédicaces et dans son avis au lecteur, Palissy aborde la question religieuse en évoquant ses déboires à la suite des troubles des guerres de religion. Les références bibliques, citées avec humilité, abondent; mais rien, pas même et surtout pas le titre, ne laissait prévoir que cette question allait être la composante dominante du dialogue. La *Recepte* est une arme à deux tranchants, un coffre à double fond. L'habileté de Palissy a consisté à dorer la pilule, à associer sa propagande religieuse

---

[10] *R.V.*, 118 *et ssq.*
[11] *R.V.*, 106. A la page 22, il dit: « ... de refuge pour recevoir les Chrestiens exilez en temps de persécution ».

(ou apologie si l'on veut) à la vente d'un livre au sujet apparemment scientifique et laïc: il suffit de lire les premières pages pour se rendre compte des préoccupations profondes de l'auteur. Mais il est trop tard pour le lecteur antiréformiste. Une fois le livre acheté et l'intérêt éveillé, il doit tout lire s'il veut apprendre les « excellents secrets des choses naturelles », car les deux manières sont intimement et habilement liées.

L'idée du jardin, selon Palissy, lui a été suggérée par le « pseaume cent quatrième » qui est un hymne pastoral à la bonté de Dieu. Il fallait un pauvre artisan saintongeais pour chanter la beauté de la nature avec des accents chrétiens au contraire de l'usage poétique de l'époque, qu'il ignorait sûrement. Par ses nombreuses citations religieuses, faites souvent de mémoire, Palissy fait montre d'une connaissance profonde de la Bible. Elles révèlent aussi sa prédilection pour les livres de la Bible où un langage pastoral, allégorique, mais toujours poétique, est employé: les Psaumes (il suffit de relire le cent quatrième pour comprendre pourquoi il s'en souvient), Ézéchiel, Jérémie.[12] Chez Palissy, foi et amour du métier ne font qu'un et la composition de son dialogue le reflète.

Sur les frises et les tympans des divers cabinets érigés à l'intérieur du jardin, sont inscrites des devises religieuses inspirées du thème de la « sapience » de l'Ecclésiaste. Souvent la même devise est reprise sous une autre forme. Il va jusqu'à en projeter une qui serait écrite avec des branches d'arbres.[13] Ce sont des variations artistiques sur le même thème religieux.

[12]   Il cite plusieurs fois: « Malédiction sur vous, Pasteurs, qui mangez le laict et vestissez la laine et laissez mes brebis esparses par les montagnes, je le demanderai de vostre main ». Page 107, il l'attribue à Ézéchiel (chap. 34); à Jérémie (chap. 34) à la page 19 et 115. La première référence est correcte, la seconde est bien de Jérémie mais du chapitre 23 et non 34. Dans les deux cas, les citations ne sont pas fidèles au texte: dans le premier, par exemple, la citation est faite des versets 2, 3 et 5 et non d'un seul, ce qui me porte à croire que Palissy se contentait de sa mémoire et se souciait peu de l'exactitude littéraire qu'on aurait attendue d'un humaniste.
[13]   Voici les devises relevées:
Pour le 1er cabinet vert: « *Dieu n'a pris plaisir en rien, sinon en l'homme, auquel habite Sapience* ».
Pour le 2e cabinet, pour la frise: « *Les enfans de Sapience sont l'Eglise des Justes. Eccles. 3* ».
Pour les 3 tympans:
    1. « *Les cogitations perverses se séparent de Dieu. Sapience I* »
    2. « *En l'ame mal affectionnée n'entrera point de Sapience. Sapience I* »
    3. « *Celuy est malheureux, qui regrette Sapience. Sapience 3* ».
Pour le 3e cabinet vert:
    1. « *Le fruit des bons labeurs est glorieux. Sapience 3* ».
    2. « *Désir de Sapience meine au Regne Eternel. Sapience 6* ».
    3. « *Dieu n'aime personne que celuy qui habite avec Sapience. Sapience 7* ».
    4. « *Par Sapience l'homme aura immortalité. Sapience 8* ».

Palissy, cependant, n'en reste pas seulement à l'apologie de l'Ancien Testament et des Évangiles. Il passe aussi à l'attaque; avec franchise, bien entendu, mais sans forcer la dose partisane. Il s'en prend aux bénéfices ecclésiastiques et aux simonies:

> Ne voilà pas une sentence qui deust faire trembler ces symoniaques? et à la vérité, ils sont cause des troubles que nous avons aujourd'hui en la France: car s'ils ne craignoient de perdre leur revenu ecclésiastique, ils accorderoient aisément tous les poincts de l'Escriture saincte.
>
> (p. 107)

Cette question des « pasteurs qui mangent le laict et vestissent la laine et laissent les brebis esparses » le tracasse et revient souvent dans le dialogue:

> Plusieurs mangent leurs revenus à la suite de la Cour en bravades, despences superflues, tant en accoustrement qu'autres choses.[14]
>
> (p. 116)

Ces critiques prennent les allures d'une diatribe dont les accents nous rappellent ceux de Calvin. Et elles ne se limitent pas aux ecclésiastiques. Dans un passage assez comique, Palissy se sert d'un procédé imaginaire pour mesurer le contenu des têtes et en profite pour faire une critique des gens au pouvoir. Un marchand, un officier royal et son épouse, un chanoine, un président de chapitre et un conseiller de Parlement constituent cette galerie où Demande et Responce prennent plaisir à abattre les têtes. Suit un historique de l'Église réformée de Saintonge assaisonné de pointes assassines en direction des « moines Sorbonistes ». Le tableau est complet.

Si l'on avait des doutes sur les intentions cachées de Bernard Palissy, ils sont levés après la lecture de ce dialogue. Instructif, il l'est; agréable aussi. Jusqu'à présent, on a négligé l'étude des aspects littéraires de ses dialogues pour n'en retenir que les caractéristiques documentaires. Le cadre restreint de cette étude ne m'a permis que de les entrevoir. Dans l'emploi du dialogue au XVIe siècle, Palissy se taille une place importante et originale qui mérite une étude plus approfondie.

Pour le dernier cabinet:
1. « *Vous tous ayans soif, venez et buvez pour néant de l'eau de la fontaine vive* » Esaie. 55.
2. « *La fontaine de Sapience est la parole de Dieu. Ecclésiast. I* »
3. « *Dilection du Seigneur est Sapience honorable. Ecclésiast. I* »
4. « *Le commencement de Sapience est la crainte du Seigneur. Ecclésiast. I* »
5. « *La crainte du Seigneur est la couronne de Sapience. Ecclésiast. I* »
Voir ces citations dans *R.V.*, pp. 78 et ssq.
[14]   *R.V.*, 116. Voir aussi la note 12 de ce chapitre.

6. LE DIALOGUE DE POLÉMIQUE CULTURELLE: JACQUES PELETIER

Le Dialogue de l'Ortografe e Prononciation Françoese [1] de Jacques Peletier du Mans, antérieur de treize ans à la *Recepte véritable*, se propose comme celle-ci de propager une question particulière; c'est également un traité. À première vue, et si l'on entend par dialogue de vulgarisation un ouvrage destiné à la diffusion d'une matière nouvelle ou peu courante, le *Dialogue de l'Ortografe* peut prétendre à cette appellation. Cette impression est corroborée par le prétexte avancé par l'auteur dans son avis aux lecteurs, où il écrit qu'il veut les « avertir presantement de son opinion, touchant notre ortografe françoese ». [2] En cela, il ne déçoit pas son lecteur, puisque son ouvrage pose le problème de la réforme de l'orthographe. Le dialogue lui-même est une illustration des vues de l'auteur, car il est écrit selon l'orthographe qu'il préconise.

Cependant la portée de l'œuvre se trouve limitée par la difficulté de l'entreprise et par l'intérêt porté à la question. Peletier le sait, qui ne nourrit nullement l'intention de toucher la masse mais plutôt une minorité d'initiés, de « doctes qui sont an petit nombre, e le plus souvent separèz du vulguère ». [3] Conscient de la dualité de son sujet, langage-écriture, Jacques Peletier vise seulement à la modernisation de l'écriture en tant que code de transcription et privilège d'une minorité, sans vouloir s'attaquer au langage qui, lui, appartient à tout le monde:

---

[1] Jacques Peletier du Mans, *Dialogue de l'Ortografe e Prononciation Françoese* (Poitiers: Ian et Enguilbert de Marnef, 1550; Genève: Reproduction Slatkine, 1964). Toutes les citations seront tirées de cette édition et, pour la facilité de la lecture, reproduites en écriture moderne, omettant quelques signes diacritiques particuliers à l'auteur.
[2] Peletier, « Aux lecteurs ». Ces pages ne sont pas numérotées. Cette citation est tirée de la 2e page de l'avis.
[3] « La prolation consiste an la langue de tout un peuple: antre lequel, non la plus seine partie mes la plus grande domine: Car les g'ans doctes qui sont en petit nombre, e le plus souvent separèz du vulguère, pour leurs etudes ou autres afferes serieus, ne sauroet fere a tout leur bon sans, que la multitude d'artisans, de fammes e d'anfans, qui sont toujours an place, pour les menuz e infiniz propos qu'iz trettent ansamble ne parlet a leur mode » (Peletier, 185).

Quant aus Françoes, ét il possible qu'on leur puisse fere tort, an ecrivant un mot autrement qu'il n'a de coutume? pourvu qu'on tande à l'ecrire plus propremant? Fera l'on perdre la signification ou le sans de ces moz étre, pétre, connoétre pour an ôter un s? Veùt on fere a croere à un peuple que l'intellig'ance de son langage gìt an un papier, e nompas an la prolation? an l'eulh, e nompas an l'oreilhe? Ie sauroe' volontiers pourquoe un parler natif de chaque païs a etè appelè non seulemant langage, mes langue méme, sinon par ce qu'il ét obget de l'ouie. E avec cela je demanderoe' volontiers, si les moz qui sont par ecrit sont autres moz que ceus que la langue prononce.[4]

Il s'adresse donc à ses collègues humanistes et plus particulièrement à son adversaire, Louis Meigret. En fait, le *Dialogue de l'Ortografe* est l'écho d'une querelle d'humanistes, un dialogue par personnages interposés. Il sort du domaine de la vulgarisation pour entrer dans celui, plus approprié, de la polémique. La longue apologie de trente-huit pages qui précède le premier livre sert de mise au point du débat qui oppose les deux grammairiens. Dialogue de polémique, certes! Mais le caractère culturel de la question débattue lui donne un cadre plus large qui dépasse celui d'une querelle personnelle.

À la base du *Dialogue de l'Ortografe*, une question humaniste relative à la grammaire et à d'autres disciplines alors apparentées est débattue par un philologue et homme de lettres, qui se dit aussi féru de mathématiques. Ce dialogue, négligé des éditeurs et qui rebute par son orthographe même le lecteur moderne pressé, possède, au-delà de sa valeur documentaire, des traits caractéristiques de la littérature humaniste de la première moitié du siècle; je dirais même qu'il est typique. Dans la mesure où il est le seul ouvrage français dans lequel l'auteur se penche sur son mode d'écriture – le dialogue – et sur les raisons de ce choix, il est même original.

Peletier explique son choix par une motivation artistique: embellir par le dialogue une matière, selon lui, légère:

E puis je me suis toujours attandù de faire trouver meilheur ce que j'an diroe, au moyen de la disposition e traditive que j'avoe a observer, laquele si je ne suis deçù, pourra donner quelque lumière, grace, e honneur au suget. J'antans la forme de Dialogue...

(p. 42)

A ce souci de forme, s'ajoute celui de la vraisemblance. Pour donner du poids à ses assertions, Peletier les attribue à des personnalités connues, les présentant ainsi comme le fruit de discussions réelles. Son dialogue

4 Peletier, 125.

est donc conçu dans une optique de conversation rapportée, ou plutôt reconstituée.[5]

Le ton du dialogue ne dément pas cette conception. Les deux parties du dialogue se veulent des comptes-rendus de deux cénacles. Le détail des circonstances entourant ces rencontres ne nous est pas épargné; ce qui vaut au lecteur dix pages d'introduction au dialogue. Celui-ci ne commence qu'à la page 51. Le lieu est propice aux rencontres intellectuelles: chez l'imprimeur Vascosan. La date: « l'année e le moes que le trecretien Roe Françoes alla de vie a trepas » (45). Les raisons de la conjoncture nous sont également fournies, de même que les renseignements relatifs à la qualité des interlocuteurs.

Jan Martin, secrétaire d'ambassade est, par sa fonction, grand voyageur. Il a sillonné l'Espagne et l'Italie. Aussi parle-t-il en connaissance de cause quand il aborde le domaine des langues romanes. Théodore de Bèze est présenté comme un homme de science qui se joignait aux autres pour les plaisirs de la table et de la discussion. Denis Sauvage a l'esprit « pront et avisé ». Le seigneur Dauron, membre de la suite de l'évêque de Montpellier, est le cinquième personnage,

resolu es langues non seulement lettres mes aussi vulgueres: puis, an toute sorte de Filosofie, an loes, e memes an notre Matematique.

(p. 50)

Dauron est Provençal, ce qui nous vaut de la bonne humeur méridionale assaisonnée d'expertise en matière de « linguistique comparée ». Il s'agit, comme on le voit, d'une réunion de gens de qualité, de savoir et d'expérience, je dirais même de spécialistes pour l'époque. Peletier évite le recours aux personnages-symboles en se servant habilement de personnages réels doublés d'experts et choisis parmi ses connaissances.

L'atmosphère est celle de ces réunions d'humanistes qui ont précédé les salons: sérieuse et amicale sans être guindée. Dans son « Apologie à Louis Meigret Lionnoes », l'auteur manifeste sa désapprobation devant la main-mise du néo-platonisme mondain sur les réunions de gens de lettres; décidément son dialogue ne traitera pas de ces « comunes e populeres follies » parmi lesquelles on compte l'Amour.[6]

---

[5] « ...la ou je n'introdui point personnages feins ni obscurs, mes qui sont tous de connoessance chacun an son androet pour le plus siffisant, e pour homme de plus grand esprit: aveq léquéz j'è longuemant e familieremant frequantè, e par diverses foes disputè la presante matière » (Peletier, 42).
[6] « Qu'a la mienne volonte que ceus qui mettet leurs ecriz an lumiere, fût de leur invantion ou de leur traduction, ússet tele anvie de profitter au bien publiq, comme tu te montres avoèr, ne t'amusant à ces comunes e populeres follies, qui sont tant

Son intention est de plaire et d'instruire. L'aspect divertissant du dialogue provient de l'ambiance dans laquelle se déroule le débat. Celui-ci est, dans le sens humaniste plutôt que scolastique, une dispute. Elle commence par des échanges anodins ou « honnêtes privautez ... et propos qui appartienet a hommes compagnables » (109); ce n'est qu'accidentellement que le sujet est mis sur le tapis: le mécontentement visiblement exprimé de l'auteur à l'encontre des imprimeurs amène la question de l'ortographe. A cette conjoncture s'ajoute l'arrivée inopinée de Dauron. Les premières répliques font ainsi partie des nécessités de la conversation polie:

Vrement Signeur Sauvage, puis que vous me conjurèz einsi, je confesse ... Incontinant le signeur Debeze an souriant, J'antans bien meintenant, dit-il que c'et qui fet mal au signeur Peletier.

(p. 53)

Ces agréments de la conversation servent de transitions, d'exutoire à la sécheresse du sujet, ainsi qu'à introduire de la variété et de l'ironie dans une matière qui semble difficilement s'y prêter. Qu'il suffise d'en signaler quelques exemples. L'entrée en matière de Dauron est aussi haute en couleurs que le personnage:

Ecoutèz je vous pri Messieurs dit-il, ecoutèz: vous orrez un homme qui an va parler comme avant: e le di ancores plus hardimant, par ce que vous n'etes tous qu'apprantiz an la langue Françoese; et pour cela je vous veulh apprandre comme à mes disciples, ce que moememe n'è pas appris, que c'et qu'il me samble de l'Ecritture e prononciation Françoese.

(p. 115)

Cette attitude faussement ostentatoire attribuée à Dauron provoque le rire à plus d'une occasion. Le Provençal est à l'origine de plusieurs touches ironiques. Quand Sauvage le met au défi de prouver un argument, c'est avec un sens aigu de la repartie qu'il relève le défi et le paradoxe qu'il contient:

Sauvage: ... non pas que je vous promette de me tenir à ce que vous an direz. Mes si prandrè je grand plesir a vous voer en cette peine. Vrement dit Dauron, je vous mercie, vous me donnez bien grande courage d'i antrer. Premierement vous me voulez fere fere ce que les autres ont refusè: d'autre part vous dittes que vous n'an croerèz rien. Que me servira il de l'antreprandre?

(pp. 168-169)

Ces échanges anodins se distinguent nettement des objections qui découlent d'une véritable discussion. Agréables, pleins de naturel et de

---

seulemant plesantes einçoes ridicules, et de neant profitables. Antre léqueles la plus celebre, et le suget de l'Amour... » (Peletier, 1).

chaleur humaine, respirant l'ironie, ils ne prétendent nullement être des os médulaires. La moelle du sujet traité n'offre aucune difficulté à l'extraction, vu qu'elle n'est point cachée. Elle compose les deux parties expositives, ou discours, qui constituent le corps de ce dialogue à deux épisodes. En un discours ininterrompu d'une quarantaine de pages, de Bèze émet des vues auxquelles font écho celles de Dauron dans le deuxième livre. Dauron se déclare d'accord avec lui et s'il s'oppose à lui, ce n'est que parce qu'on le force à assumer le rôle d'objecteur; ce qu'il fait avec brio et en l'absence de l'intéressé qui, nous dit l'auteur dans l'introduction, se trouve à l'étranger. Il s'agit, ainsi, non seulement d'un dialogue par personnes interposées, mais d'une rencontre en deux temps; les deux champions entrent en lice consécutivement et non simultanément. Ils se mesurent pas l'intermédiaire d'un moyen terme, ce qui a pour effet d'émousser l'ardeur des affrontements. Peletier a conscience du manque de joutes verbales; aussi fait-il délibérément intervenir Martin et Sauvage plus fréquemment, en leur attribuant des objections mineures qui n'arrivent pas à donner au dialogue un semblant d'allure socratique.

Par ailleurs, les passages contenant ces interventions se trouvent alourdis par un mélange de styles. Au style direct du dialogue, rapportant les répliques des locuteurs, se mêle le style indirect de la narration, des insérendes de l'auteur. Celles-ci n'auraient rien perdu à rester marginales. Ces parties dialoguées sont, dans le fond, de conception narrative puisqu'elles « racontent » les circonstances de la rencontre; elles constituent, dans chacun des deux livres, la majeure partie des préliminaires et de la conclusion. Il ne fait pas de doute que ce sont ces passages qui sont destinés au divertissement du lecteur. L'auteur abonde dans le sens de la tendance contemporaine qui se plaisait à vanter les agréments de la conversation, des « devis non moins utiles que récréatifs ». À cet effet, pour recréer l'ambiance détendue et amicale de la discussion, il multiplie les détails et les explications sur la conjoncture. Ces préparatifs ne font que reculer le débat sérieux auquel s'attend le lecteur.

De tels passages existent chez Platon, surtout en dialogue rapporté; mais ils n'alourdissent pas quand ils voisinent avec des passages de maïeutique socratique; ils servent de pauses. Chez Peletier, la première pause est la dernière: c'est la conclusion du dialogue. Le gros du dialogue est un discours sans contradictions ni interruptions de la part des auditeurs. Les formules de politesse et les insérendes souvent superflues, dans le genre « Mes je vous pri'confesser », « puisque vous me conjurès », « Lors le Signeur Jan Martin prenant la parolle » ou « e an se tournant vers moe … dit-il, etc. » (52-53), font figure de hors-d'œuvre stylistiques. On les trouve rarement dans un dialogue de type lucianique, par exemple. Celui-ci se suffit à lui-même; les indications gestuelles et circonstancielles y sont fournies, au fur et à mesure, par le procédé que j'appelle « miroir verbal »,[7] ce qui a pour effet d'incorporer le scénario du dialogue à son texte et de conserver ainsi l'unité stylistique dialogique. Les passages hybrides du *Dialogue de l'Ortografe* rappellent plus une œuvre de conception narrative, tel l'*Heptaméron*, où le dialogue est mis à contribution en tant que procédé stylistique, qu'un dialogue du genre du *Cymbalum mundi* ou de la *Recepte véritable*. La lourdeur des insérendes des passages dialogués (mais pas nécessairement dialogiques) se trouve contrebalancée par l'emploi de l'ironie et d'un pseudo-persiflage entre les interlocuteurs, dont j'ai déjà donné un exemple.

Peletier n'ignorait pas les critiques que l'on pouvait porter sur son *Dialogue de l'Ortografe*. Il était pleinement conscient de ce mode d'écriture. Ce n'est pas par coïncidence que, parmi les œuvres et auteurs signalés en passant par ce traducteur de l'*Art Poétique* d'Horace, les dialogues dominent: *Le Courtisan* (« écrit en la langue »), *La Célestine*, Lucien, Érasme, Platon et Cicéron.[8] Mais Peletier ne nourrit pas la prétention d'égaler ces illustres auteurs de dialogues. Il oppose sa manière à celles de Platon et de Cicéron. L'introduction du second livre n'est, en fait, sur six pages (ce qui est appréciable, vu la rareté de tels commentaires), qu'un énoncé théorique des vues de Peletier sur cette forme littéraire. Et son *Dialogue de l'Ortografe* se présente comme l'illustration de ces vues, une évaluation littéraire du genre, un dialogue sur le dialogue.

À l'inverse de Platon, dit-il, il met en scène des personnages vivants. Prenant l'exemple des dialogues de Cicéron, *De Amicitia*, *De Senectute*, *De Oratore*, Peletier du Mans conclut que cette pratique de ne faire parler des personnes réelles qu'après leur mort procède d'un prudent désir d'éviter la polémique. La prudence alliée à la crainte de quelque rebuffade peut également amener un auteur à faire parler des personnages vivants d'une manière ambiguë ou timorée:

Einsi a ceus qui veulet mettre par ecrit des opinions disputables, le plus seur êt d'introduire personnes feintes, ou s'il i an à de vreyes, qu'elles soet du passè: ou brief, s'il i an à de vivantes, qu'elles parlet par forme de doute e d'interro-

---

[7] Un personnage, par ses paroles « reflète » les expressions de visage et les réactions d'un autre. Ce procédé direct évite le recours au style narratif ou au style télégraphique du scénario. Exemple: au lieu de « dit-il en souriant », on aurait: « Ah! vous souriez, cher ami ».

[8] Lucien: 1; Érasme: 33; *Le Courtisan* et *La Célestine* : 45; Platon: 110; Cicéron: 111.

gation, e non par assurance, e doèt on fere les responses de sa bouche e de son jugemant propre, comme à fet Ciceron an ses Partitions, de peur qu'on face double faute: premieremant tort a eus, an leur balhant a soutenir une chose contre ce qu'iz an santet, e secondemant a soeméme, de peur d'en etre reprochè.

(pp.111-112)

Étant donné qu'il met en scène des personnalités contemporaines, il pose comme corollaire le problème de leur façon de parler. Ici, comme ailleurs, Jacques Peletier essaie de concilier son souci de l'objectivité et les nécessités de l'expression. Les personnages doivent s'exprimer selon leur style habituel, mais l'auteur doit se garder de pousser la pratique trop loin, jusqu'à l'artifice et au maniérisme.[9] Les tirades bien méridionales de Dauron montrent que l'auteur a bien habilement appliqué cette recommandation. Il établit ainsi l'individualité des personnages, sans abuser de traits caractéristiques.

L'auteur a également claire conscience du déroulement de son dialogue. Par un procédé ironique qui consiste à attribuer les éventuelles critiques du dialogue aux personnages de ce même dialogue, il fait reprocher, par de Bèze le manque d'interruptions qui a marqué son discours.

Commant signeur Peletier? Vous m'aviez promis une chose au commance-mant que vous ne m'avez pas tenue... C'est, dit il, que vous m'aviez accordè que nous parlerions chacun an son tour, ou pour le moins que je seroe inter-pellè par foes: Mes ni nous ni pas un d'ici n'an avèz tenù conte.

(p. 101)

Martin et Sauvage, qui avaient été désignés comme objecteurs, ont mal tenu leur rôle; aussi sont-ils rappelés à l'ordre; ce qui nous vaut, dans la deuxième partie, plus d'interruptions et d'objections de leur part.[10] On a l'impression d'assister à un dialogue en état d'élaboration.

Sur le chapitre des interruptions et des objections, Peletier fait quelques restrictions. Les interruptions ornementales, faites pour la forme et non par nécessité, peuvent être un défaut. Certains sujets en souffrent, qui requièrent de la continuité. Pour ce qui est des objections, il semble formuler une critique à l'encontre de la gymnastique objectionnelle de la dispute scolastique, car c'est avec humour qu'il fait dire à Dauron:

S'il n'etoet question que de contredire, je n'auroe pas grand peine: Car la chose la plus esee qui soet, cét de nier hardimant.

(p. 63)

---

[9] « Ceus qui savet que c'èt, antandet bien que le tout et de parler propremant e pertinâmant, sans contreindre ou diversifier son stile trop curieusement pour la sujetion des personnes » (Peletier, 113).
[10] « ...les signeurs Ian Martin et Sauvage ne se teront pas demein si patiammant contre nous, qu'iz ont fet aujourd'hui avec nous » (Peletier, 107).

Alors que l'objection suscitée est la clef de voûte de la dialectique socratique, chez Peletier elle se prête mal à la matière débattue puisqu'on n'essaie pas de remonter au principe premier, mais plutôt de dégager la validité d'un argument pour ou contre concernant un problème pratique : à savoir la réforme de l'orthographe. C'est ce problème qui constitue la question : deux réponses contradictoires lui sont proposées. Sans être donc de type socratique, le *Dialogue de l'Ortografe* n'en appartient pas moins au type ludique et agonistique. La discussion est assimilée à un combat amical où seule la raison servira de critère de jugement. On a affaire, ici, à un dialogue de type délibératif (dispute-débat). Le fait qu'il soit en deux temps rappelle les débats de l'Académie du Palais où le « contre » d'un expert répondra au « pour » d'un autre et ce, *ad infinitum*, si l'on en juge par les interminables discours qui nous sont restés. Ce qui l'en éloigne est son caractère ludique.

Comme dans une rencontre sportive – il s'agit, après tout de joutes verbales mais pas nécessairement oratoires – les rôles doivent être déterminés et distribués, les règles du jeu définies. L'auteur est écarté, avec une certaine malice, comme quelqu'un qui parle trop souvent, se sert « d'argumans trop curieux [et] veut tousiours avoèr le meilheur » (59). Il pourrait faire office d'arbitre, mais il ne peut être juge puisqu'il est partie dans le procès. De Bèze est désigné comme champion pour « parler pour l'un des côtez » (58). L'autre champion, Dauron, refuse le rôle lors de la première rencontre sous prétexte qu'il est, en tant que Provençal, incompétent dans l'affaire. C'est à Sauvage qu'incombe la charge de le faire changer d'avis et d'établir la procédure du débat :

Le signeur Debez parlera le premier, e ce pendant vous aurèz loesir de songer a ce que vous devrèz dire : E avec ccla, il vous ouvrira l'esprit an proposant les prinz contantieus en'aurèz, ce me samble, quasi besoin d'autre chose que de contredire : aveq résons, cela s'antand.

(p. 62-63)

Par leurs questions et objections, Martin et Sauvage jouent un rôle mineur, un rôle de disciples et non de maîtres. Leur participation, aussi minime soit-elle, sert à rompre la monotonie d'un exposé sans pauses. Avec l'auteur, ils font office de témoins, de galerie (comme c'est le cas dans le dialogue platonicien) ; ils ne tranchent pas, mais se contentent de demander des éclaircissements. Peletier se sert aussi de ces personnages secondaires comme preuve de son souci d'objectivité, puisqu'il les fait intervenir contre sa thèse.[11]

[11] « ...le plus que j'è pù, je les è fet parler contre moe, combien que par avanture au pis aller, je m'i soe montrè trop scrupuleus » (Peletier, 113).

Ainsi, une question est mise « sur le bureau » (60) et deux points de vue opposés développés à tour de rôle par deux champions désignés. La manière, ou choix des armes, est également posée dès le départ par l'un des champions, de Bèze, qui invite ses auditeurs à l'interrompre, soit pour l'approuver, soit pour le contredire.[12]

Le contexte ludique du débat est surtout apparent dans le vocabulaire même des personnages. La terminologie employée dans la partie préliminaire à l'exposé de Théodore de Bèze, rappelle les joutes médiévales : « honneur, victoère, combatre, homme seul, báton, du secours, voz forces contre les nostres, vous tenir sur vos gardes, etc. » L'auteur emploie le mot même de combat. Ce combat « ét tel, qu'il n'i va point de danger ni desavantage pour le veincu » (107).

Le caractère gymnique de l'optique de ce dialogue prend ses sources dans un fond national et non étranger (grec ou italien). C'est un débat-jeu de style médiéval. La question des rapports entre l'esprit féodal et la dispute scolastique du *pro et contra* peut, à ce sujet, être posée. Il faut prendre garde, toutefois, d'attacher l'étiquette scolastique au *Dialogue de l'Ortografe*. Par son sujet, son style, l'ironie, le manque d'autorités, et son refus d'abuser de la contradiction, ce dialogue se distingue indubitablement d'une telle dispute.

Pour un dialogue qui traite d'une matière aussi peu littéraire que l'orthographe, on ne peut lui refuser une certaine originalité. Peletier ne perd pas de vue qu'il est censé reproduire une conversation; aussi, quand il parle de l'orthographe d'un mot, ne se contente-t-il pas du mot écrit; il signale la différence verbalement, par exemple: tempete, netre et hote sans s. Le style est, tout le long, un style parlé qui évite aux lecteurs les longues phrases traînantes et sinueuses, bourrées de citations et si habituelles aux humanistes. Il n'y a pas de citations ésotériques, mais plutôt des exemples brefs et à propos. Peletier considère le dialogue comme un moyen commode d'entrer en polémique, d'enseigner et de divertir; un moyen difficile à manier si on veut lui conserver sa grâce et naïveté. Il convie même son collègue et rival Louis Meigret, qu'il complimente d'avoir traduit *Le Menteur* de Lucien, à répondre par dialogue. On a même le droit de se demander si tout le *Dialogue de l'Ortografe* n'est pas, de la part de Peletier, une façon oblique de reprocher à Meigret

---

[12]   « Je suis plus contant dit il, que je soe interpellè, quand quelqu'un trouvera bon de parler, soèt pour me seconder pour m'avertir, au pour me raddresser: Car dequoe servirièz vous ici tous? Savèz vous pas que les meilleurs devis qui puisset être antre g'ans d'esprit, e déquéz il se tire plus de resolution, c'ét allors que chacun à liberte de contredire quand bon lui samble? » (Peletier, 66).

d'avoir traduit plutôt qu'écrit un dialogue. Les nombreuses références à cette question dans l'« Apologie » et dans le dialogue lui-même me portent à le croire. Ce serait faire, contre son adversaire, flèche de tout bois. De toutes façons, sans être facétieux, ce dialogue réussit à dorer la pilule de « l'ortografe ». Comparée aux « digestes » de Louys Le Caron et aux longueurs « astrologiques » de Pontus de Tyard, cette matière semble s'être assez bien accommodée de ce moule discursif. Que n'eût-il écrit d'une matière moins austère!

7. LE DIALOGUE SATIRIQUE: JACQUES TAHUREAU

Par l'étendue, la diversité et la nature même des questions abordées, les *Dialogues* [1] de Jacques Tahureau dépassent le cadre restreint de la polémique qui se contente de présenter un ou plusieurs arguments dans une controverse concernant un problème précis. Un bref aperçu de la table des matières fait ressortir le caractère moral et social des sujets traités dans un contexte satirique: l'amour et les préjugés mondains, les professions libérales (avocats, juges, médecins), les savants (astrologues, magiciens, alchimistes et philosophes), etc. Si l'on accepte cette définition concise de la satire: « Le but de la satire consiste à exposer certains défauts et préjugés qui paraissent ridicules ou vicieux à l'auteur »,[2] et qu'on l'applique aux intentions de Tahureau telles qu'elles sont déclarées dans le titre et dans l'« Advertissement de l'autheur »,[3] la conclusion qui s'impose est évidente: il s'agit bien de dialogues satiriques. Mais cette attaque des abus et des vices que se propose l'auteur satirique varie selon le style et les moyens employés – c'est-à-dire en

---

[1] Voici le titre complet: *Les Dialogues de feu Jacques, Tahureau gentilhomme du Mans, Non moins profitables que facétieus. Où les vices d'un chacun sont repris fort âprement, pour nous animer davantage à les fuir et suivre la vertu.* Chez Gabriel Buon, 1565. L'œuvre a connu quinze éditions de 1565 à 1602. Les références seront faites à l'édition F. Conscience (Paris: Lemerre, 1870).

[2] Marcel Tetel, *Étude sur le comique de Rabelais* (Firenze: Leo S. Olschki, 1964), 13. Cette définition continue ainsi: « Il s'agit de démontrer que ces vices et préjugés sont absurdes et repoussants et d'essayer de produire en nous une réaction négative envers eux. La satire peut atteindre ce but en se servant de l'invective, ou en recherchant le ridicule qui est souvent plus efficace que la sévérité. Dans la satire par l'invective, l'effet comique ne domine pas l'œuvre, et notre attention se porte sur un seul objet ou sujet. Plus le but didactique sera apparent, plus la valeur esthétique et l'effet comique de l'œuvre diminueront. Mais si la satire veut amuser, elle déforme ce qu'elle a l'intention de critiquer et devient grotesque. Dans la satire grotesque notre attention se porte sur les moyens – les éléments concrets du langage et les images – plutôt que sur le but satirique. Puisque la satire grotesque a un but ludique, elle devient inoffensive et presque gratuite ».

[3] Voir note 1 et éd. Conscience, xv.

d'autres termes le ton et les effets – selon qu'il vise plus à instruire qu'à divertir ou inversement. Aux limites extrêmes, on tombe soit dans le sermon, soit dans la farce; le dialogue satirique se situe, toutefois, entre ces deux pôles.

Le but visé par l'auteur conditionne le choix des moyens. Ce but peut être didactique, moralisateur ou simplement ludique et les moyens pour l'atteindre peuvent être, respectivement, d'ordre rationnel, sérieux ou comique. Bien entendu, les distinctions ne sont pas toujours franches et l'on est amené à rattacher telle satire à telle ou telle catégorie selon la tendance dominante. C'est ainsi que les dialogues de Lucien, le *Cymbalum mundi* de Des Périers, les dialogues « intégrés » de l'œuvre rabelaisien appartiennent à la satire sans se ressembler. Il en est de même pour les *Dialogues* de Tahureau, qui se veulent satiriques et qui le sont à leur manière.

L'intention avouée de l'auteur est de critiquer tout en nous amusant, de nous offrir des propos non moins profitables que facétieux, ce qui est une gageure assez difficile à tenir quand on sait l'abîme qui sépare le « profit » de la facétie. Du sérieux et du comique que l'on trouve dans ses *Dialogues*, lequel donne le ton à l'ensemble de l'œuvre? Je dirai sans hésiter: le premier. L'auteur le sait, qui prévoit, dans son avis au lecteur, d'être jugé « estre quelque nouveau correcteur des bonnes & anciennes coustumes ».[4] Quant à mettre les rieurs de son côté, ce qui est l'art du comique, Tahureau fait passer cette exigence au second plan, préférant « bien dire & croire avecques un ou peu de gens de bon esprit, que faillir avecques un grand nombre d'ignorans ».[5] Cette attitude morale se retrouve chez Le Démocritic, personnage principal des *Dialogues*, qui n'est pas sans nous rappeler le Misanthrope de Molière. De là à écrire qu'il représente Tahureau, il n'y a qu'un pas que certains ont vite fait

---

[4] Tahureau, « Advertissement de l'Autheur », xv.

[5] « Son esprit [qui] enfanta ces Dialogues lors qu'il estoit en sa plus belle fleur, & voiant les abus qui se commettent ordinairement en ce monde, opiniastrement approuvés par ce monstre testu [le grand public] de jour en jour multiplier » (Tahureau, « Epistre », v).

Tahureau est mort en 1555 à l'âge de vingt-huit ans. Villey, dans *Les sources d'idées au XVIe siècle*, situe la composition de ses *Dialogues* vers 1554, ce qui paraît fort plausible. A la page 179 des *Dialogues*, Tahureau parle de l'épisode de la tempeste du *Quart Livre* « que Pantagruel acompagné de son Panurge & frère Jan des entomeures, evada à force de boire, de crier et de jurer... » Celui-ic parut en 1552. Eussent-ils été composés antérieurement à 1554, Tahureau aurait eu le temps de les faire revoir et imprimer, comme il en avait manifesté le désir, avant son voyage au pays natal qui lui en fit remettre la publication. Sa mort et celle de l'ami qui détenait le manuscrit retardèrent, de dix ans, cette publication que nous devons au frère de son ami, M. de La Porte.

de franchir.[6] Pour ma part, je me permets de préciser qu'il n'est pas le seul personnage à prétendre au titre de porte-parole, mais que les deux personnages remplissent cette fonction.

Comme le laisse deviner le nom de Démocritic, le personnage est calqué sur le modèle du gai philosophe d'Abdère qui, « pour raison de leurs [les hommes] grandes folies, passoit le tems à s'en moquer ».[7] Le nom de son unique interlocuteur, Le Cosmophile, laisse supposer qu'il s'agit de son contraire. Cette supposition n'est pas exclusivement basée sur l'onomastique. Elle se trouve corroborée par la notation « Le Mondain » utilisée en lieu et place du Cosmophile, puis confirmée par Le Démocritic, lui-même, qui qualifie son ami de mondain.[8] Cette dualité, apparente dans le nombre et le nom des personnages, n'est pas l'apanage des *Dialogues* de Tahureau, comme on le verra en temps opportun; mais les rapports du Démocritic et du Cosmophile s'inscrivent dans un tout autre contexte que, par exemple, celui d'Alceste et de Philinte qui sont des extrêmes irréconciliables. À quelques exceptions près, le rôle du Cosmophile se limite à celui d'auditeur actif plutôt que de contradicteur. L'inégalité des rapports est à l'avantage du Démocritic; celui-ci est le maître, l'autre le disciple, et le débit dialogique se fait principalement dans un sens, comme dans les colloques scolaires ou les dialogues du catéchisme.

Ce contexte didactique et moralisant plutôt que philosophique (dans lequel on trouve plus de liberté de pensée et partant plus d'égalité entre interlocuteurs), s'annonce des les premières répliques du premier dialogue :

LE COSMOPHILE. Mais je te prie bien fort m'enseigner le chemin qu'il faudroit tenir pour parvenir au but de ce contentement, & quelles choses sont à suyvre des hommes & quelles à éviter.

(p. 4)

Le rire n'est pas le but essentiel de la critique des mœurs selon Tahureau. Entre « la façon du miserable Heraclite » (p. 4) et celle de Démocrite,

6   Villey, *Sources*, 35.
7   Tahureau, 4.
8   Page 93, les notations « Le Mondain » et « Le Cosmophile » se suivent et le contexte m'induit à croire à une erreur; car la réplique du Cosmophile est « démocritique » tandis que celles (deux) du Mondain sont bien « cosmophiliques ». Page 149, il s'agit du remplacement du Cosmophile par Le Mondain, comme s'ils étaient synonymes. Cette interprétation est corroborée par le texte même, page 151, où Le Démocritic dit au Cosmophile: « Et ainsi cognoissant bien, si je n'eusse un peu contrefait du mondain avecques toy, usant des raisons estimées sages & grandes entre les hommes, & que j'eusse au contraire toujours voulu rire & faire du Democritic, que tu n'eusses aucunement adjousté foi à mes paroles, & ainsi tu serois encores demeuré en ta première ignorance ».

Le Démocritic, préfère « suyvre la vie du second »; mais devant le nombre, l'étendue et l'âpreté des critiques du Démocritic, Le Cosmophile remarque, avec sagacité, l'excès du sérieux au détriment du comique:

> C'est que tu me semble contrarier à ce que tu m'avois assuré de vouloir estre imitateur de Democrite..., au contraire on jugeroit de toi à une bonne partie des propos que tu m'as tenus & principalement lorsque tu me remonstrois la grande crainte dont les hommes usoient les uns envers les autres que tu serois plutost imitateur de quelque autre Zenon ou Heraclite que de ce gai Philosophe d'Abdère, combien que tu ne laisses pas aucunefois de mesler des faceties en tes paroles, qui sont assés propres & convenables à un Democritic, mais ce n'est pas toujours...

> (p. 150)

Ce commentaire interne de l'auteur sur son œuvre (technique également mise à contribution par Peletier du Mans), pourrait amener le critique à y voir une pirouette stylistique servant à entériner la distance entre l'œuvre achevée et l'œuvre projetée.[9] Étayé par une très longue explication du Démocritic, il jette, au contraire, une lumière nouvelle sur le personnage et sur les intentions réelles de Tahureau.

Tahureau veut situer son personnage entre les extrêmes. Cet auteur, qui cite Érasme et Rabelais, rappelle que Démocrite « fut un grand riard & moqueur de la folie des hommes, tellement que Juvenal a dit de lui en sa diziesme Satire, qu'a force de rire il ne faisoit autre chose qu'agiter ses poumons » (151). Ni Démocrite, ni Zénon, mais plutôt les deux. Il prêche la modération et un certain mimétisme à des fins didactiques:

> Suyvant ce qui en est enseigné par ce grand vaisseau d'election Sainct Paul qui tesmoigne de lui-mesme en une de ses Epistres *Cum Judeo Judeus sum'*: Avec le Juif je suis Juif: par lesquels mots il veut dire qu'en se trouvant avecques gens de diverse secte & autre opinion que la sienne, il faut s'accommoder à eux en de petites choses pour les gaigner & attirer à la cognoissance des plus grandes, de peur qu'en se monstrant de premiere abordée trop contraire à leurs fantaises, ils ne rejettent du tout ce qu'en s'accommodant un peu à eus ils eussent bien pris & en y prestant plus facilement l'oreille, avecques peu de peine entendu.

> (p. 151)

Inutile donc de chercher la contradiction entre les deux interlocuteurs. C'est au contraire la conciliation qui les unit; car si Le Cosmophile apprécie une « facetie bien ordonnée, qui picque sur la langue, ou qui

---

[9] Souscrire à cette interprétation serait faire le jeu de ceux qui, comme Villey (*Sources*, 295-297) sont d'avis que les auteurs du XVIe siècle ne savent pas composer. C'est une opinion bien discutable.

prend incontinent les gens par le nés » (108), Le Démocritic est là pour
lui en servir, puisque ses « propos » ne tendent qu'à une fin, qui est
« de [se] moquer des folies d'un châcun » (108). Encore faut-il rappeler
ce qu'il entend par moquerie. Tahureau en décrit trois sortes et précise
sa préférence. En opposition avec Cornelius Agrippa, à qui il reproche
son abus des « authorités empruntées », Le Démocritic penche pour
celle qui se base sur « le sain & vrai jugement en la cognoissance de
cela que l'on entreprend moquer » (156) et sur « une ferme assurée
raison » (157). Selon lui, user « de petits argumens cornus & falacieus
[pour] séduire & faire changer d'opinion au simple vulgaire » (157) est
indigne d'un vrai philosophe, qui se doit d'être moqueur tout en restant
sage. La sagesse consiste à s'appuyer sur la raison et l'expérience.
Cette optique situe, incontestablement, l'œuvre de Tahureau dans le
domaine de la philosophie morale qui sera en vogue dans la seconde
moitié du siècle.

Le mot raison ayant été lâché, il importe, pour éviter les malentendus,
de préciser ce que Tahureau entend par ce terme dont il use et abuse,
ce qui lui a valu l'épithète flatteuse de rationaliste qu'à mon avis il ne
mérite pas.[10]

Cette raison est souvent alléguée en opposition à opinion, folie et
sottise qui prennent, chez Tahureau, un sens similaire. Opinions, folies,
sottise sont ce que l'on croit d'autrui sans passer au crible du bon sens
ou de l'expérience. L'avis des deux interlocuteurs concourent là-dessus.
Le Cosmophile pense que « l'experience est la plus souveraine maistresse
de toutes choses ... car il ne suffit pas d'en avoir ouy les livres en une
école, ou dispute en l'une & l'autre partie » (86). Voici quelques autres
exemples sur le sens que l'auteur prête au mot raison :

Mais contre tels opiniastres, autre defence je n'ai deliberé proposer ... m'estant du tout appuié sur le fondement de la raison, & non point d'authorité
humaine simplement forgée de quelque pauvre cerveau renversé.

('Advertissement de l'autheur', xv)

C'est la raison qui doit tant bien tenir la bride à ce plaisir, qu'elle ne lâche
à faire mille sottises et singeries...

(p. 5)

Je te reveillerai d'un grand profond somme ... si tu veux, apres m'avoir
entendu, ajouter plus de fois à la raison & verité, qu'à une sotte opinion seulement approuvee par une longue coustume observee de cette grand beste de
plusieurs testes.

(p. 5)

10   Henri Busson, *Le Rationalisme*.

Neantmoins la raison m'a tant jusques à present commandé & commandera, que plustost j'auroy le desir de n'estre point que de laisser assaillir mon cœur folie tant sotte & contre toute raison.

(p. 40)

Je recommence maintenant à cognoistre par experience que la dispute de quelque chose que se soit, fait plus souvent eclaircir les choses douteuses & ambigues, & ce que la simple opinion des hommes se forge & pense le vrai, d'une estre par raison le plus faus.

(p. 53)

Il ressort de ces exemples que raison équivaut à bon sens et que c'est un critère appliqué plus souvent au domaine de la morale et de la philosophie plutôt que de la connaissance en général; elle est viscérale plutôt que cérébrale, sceptique plutôt que dubitative, et en un mot, verbale plutôt qu'expérimentale. Il ne faut pas conclure, en cela, qu'on reproche à Tahureau d'avoir été de son temps, de ne pas avoir été cartésien avant Descartes et scientifique avant Claude Bernard. La raison dont « la nature nous a voulu pourvoir outre ses autres creatures » (5), n'est pas cependant la chose du monde la mieux partagée selon Tahureau, puisque la majorité, « cette grand' beste de plusieurs testes » (5), qu'est le public, en est dépourvue; cette considération aristocratique de la raison se fonde sur un point de vue moral et non intellectuel. Alors que Descartes dira que « la diversité de nos opinions ne vient pas de ce que les uns sont plus raisonnables que les autres, mais seulement de ce que nous conduisons nos pensées par diverses voies, et ne considérons pas les mêmes choses »,[11] Tahureau pense qu'est opinion ce qui n'est pas raisonnable et que la raison est à la merci d'un plaisir auquel on a lâché la bride au-delà de l'honnêteté et de la modération. C'est, à l'état embryonnaire, du Descartes et du Pascal mélangés. Tahureau critique et condamne, non pas au nom de l'absence de méthode, mais au nom d'un certain empirisme social pratiqué à l'échelle individuelle. C'est une raison qui a encore besoin de foi, une opinion étouffée qui a eu raison d'opinions moins bien soutenues, mais qui, à son tour, peut être étouffée. Il faut dire à la décharge de Tahureau que sa manière évite les écueils du dogmatisme et de la lourdeur. Point de lois, ni de système à lui reprocher. À une époque où les compilateurs s'érigent en experts, où les autorités fourmillent et trouvent un public pour leur en redemander, on doit reconnaître et saluer le holà sceptique de ce gentilhomme manceau de vingt-sept ans qui a guerroyé avec son roi et

11 Descartes, *Discours de la Méthode* suivi des *Méditations*, éd. François Mizrachi (Paris: Union Générale d'Éditions, 10-18, 1965), 25.

voyagé, qui ne veut pas s'en laisser conter et qui, après maintes hésitations, s'est décidé à prendre la plume contre les faiseurs de livres et gens de même acabit.

Cette apologie du bon sens est empreinte d'un scepticisme préconçu à l'égard des autorités, qu'elles soient livresques ou de chair et d'os, étrangères ou françaises. Aux sottises, folies, excès, abus de son temps, Tahureau oppose un formidable « Que crois-je ? » qui annonce, en un sens, le « Que sais-je ? » de celui dont Villey a dit qu'il était le précurseur.

Ce scepticisme s'accompagne d'un certain pragmatisme contraire à l'essor de l'intelligence spéculative; il coupe les ailes à l'imagination. Les « songes & réveries fantastiquement alleguees » des philosophes, leur « belles Idées imaginaires » et « principes magistralement deduits » sont jetés au même panier; là se retrouvent la théorie des atomes du divin Platon et les syllogismes d'Aristote « le Philosophe mignard ».[12] Aux autorités non confirmées par la raison ou par des preuves, Le Démocritic est d'accord avec Le Cosmophile pour leur opposer l'expérience. Le Cosmophile va jusqu'à brandir cette même arme au nez du Démocritic: « J'en aime mieux suyvre l'experience que toute ta philosophie » (48). Ce pragmatisme prêché par les deux personnages de Tahureau se traduit également par l'élévation de l'utilité au rang de critérium exclusif; une telle attitude, anti-artistique on le devine, lui permet de traiter Homère d'âne parce qu'il aimait la danse.

Malgré les outrances de ce genre, c'est bien ce scepticisme, ce refus aristocratique de suivre inconditionnellement les abus de la majorité, qui fait l'unité des *Dialogues*. Tahureau se refuse à être un mouton de Panurge. L'idée qu'il se fait de l'homme, et telle qu'elle ressort des répliques de ses deux porte-parole, est celle de « l'honnête homme ». Cette notion d'honnêteté est constamment présente à l'idée tant du Démocritic que du Cosmophile. Quand le premier recommande au second d'éviter la précipitation et la prévention en des termes assez proches de ceux qu'emploiera Descartes, il le fait au nom des manières de se conduire en société et non de la science:

> Et je serai donq' fort aise que tu apprennes ici de moy de n'assurer jamais une chose dont tu n'auras point certaine cognoissance, de peur qu'en faillant à dire le vrai tu ne sois estimé par trop eventé...
>
> (p. 100)

Cette prudence s'inspire beaucoup plus d'un Castiglione que d'un La Ramée. Elle s'accompagne aussi de modération: « de deus maux &

---

[12] Voir Tahureau, 160 ssq.

necessaires, il faut, s'il est possible, en evitant le plus grand eslire le moindre » (61). Entre la loi de la nature et celle de Dieu, il faut trouver un moyen terme. L'attitude des personnages de Tahureau ne vise pas à être rationnelle; elle se veut raisonnable. Le ton philosophe s'allie à la moquerie, qui est « le mepris non aucunement feint ni dissimulé d'une chose sote & ridicule, fait avecques raison et bonne grace » (155), pour constituer un lien entre les sujets disparates qu'abordent ces deux apprentis pantagruélistes.

Le nombre et la multiplicité des sujets abordés par les deux causeurs n'excluent pas la suite dans les idées. Malgré le style de la causerie qui s'accommode si difficilement de l'ordre, les folies humaines sont scrutées avec méthode. Les *Dialogues* développent trois thèmes principaux: l'amour, les faux savants et les autorités.[13] À l'intérieur de ces divisions existent des subdivisions qui témoignent des efforts de composition de Tahureau. Le Cosmophile désigne la cible au Démocrite qui se charge de la cribler, et ainsi de suite jusqu'à épuisement du sujet.

La première cible et la plus étendue, puisqu'elle occupe plus de la moitié du premier dialogue, est celle de l'amour. La position de Tahureau est franchement anti-féministe. Il est question du mépris de l'amour, des vices des femmes, des méchancetés de la femme, etc. Le « malheureux et abominable sexe » (15) est comparé à une bête: « chievres enragées » (9), « plus cruelle que n'est un Tigre » (15).

Les critiques sur l'amour et les mœurs mondaines sont tellement acerbes et suivies que Le Cosmophile fait remarquer au Démocritic qu'il parle comme par désappointement. Elles nous valent, d'ailleurs, des longueurs, des tirades oratoires qui s'étalent, parfois, sur une quinzaine de pages, sur le ton d'un réquisitoire. Heureusement cette amertume est neutralisée par des réminiscences de Rabelais telles que l'anecdote de l'anneau de Hans Carvel, et par un vocabulaire et des descriptions assez réalistes. Tahureau, alors bien gaulois, manie le sarcasme tout en appelant un chat un chat.

Mais ce dont je me fache le plus est dequoy ces pauvres sottes estiment leur honneur estre caché entre leurs cuisses, le logeant en un lieu tant sale et des honneste, & croy que c'est la raison pour laquelle elles en font le plus souvent part à quelque gros vilain & lourdaut de valet & plustost qu'à un honneste gentil-homme qui le meriteroit.

(p. 26)

L'attitude du Démocritic vis-à-vis de l'amour est très orthodoxe: il ne doit exister qu'en fonction du mariage. La danse, autre manifestation

13 Voir Tahureau, 47.

mondaine de l'amour, n'offre aucun plaisir aux sens; Le Démocritic
en fait la démonstration point par point:

> Quant est du plaisir – de l'odorer il n'y en a rien, s'il n'advenoit d'avanture
> que quelque mignon, pour danser plus legierement, voulsist oster l'escarpin,
> & parfumer la compagnie de la souësve & precieuse odeur de ses pieds.

(p. 46)

Le contexte de ces critiques est social. Avant Rousseau, Tahureau
rend la société responsable de la corruption de la bonté primitive dont
la nature nous a dotés.[14] C'est donc l'amour, dans ses manifestations
mondaines, qui fait l'objet de ses attaques. Avec le « cauteleus & trompeur
sexe féminin » (vii), les courtisans, les auteurs de pièces amoureuses,
les étudiants et les militaires y passent à tour de rôle. L'influence étrangère
et les réactions défavorables qu'elle suscite déjà – un thème satirique
dont la persistance est témoignée par la parution, en 1578, des *Deux
Dialogues du Nouveau Langage François Italianizé* d'Henri Estienne –
s'inscrit dans le cadre de la vie mondaine. Ce sont les manières plutôt
que la langue que Tahureau vise. S'il recommande un usage modéré
des emprunts linguistiques étrangers et des néologismes, il ne ménage pas,
par contre, ses pointes en direction des Italiens et de leur influence sur
les mœurs de cour. Il s'élève contre « le branslement de teste Italiennize »
(34), les manières de « se passionner à l'Italienne … soupirer à l'Espa-
gnole … graper à la Napolitane » (13), et autres signes extérieurs de
finesse amoureuse.

Cette longue diatribe contre l'amour et ses manifestations mondaines
est un écho direct de la Querelle des Femmes. L'ampleur de cette question
et la place que l'auteur lui donne dans ses *Dialogues* m'incitent à penser
que c'est cela même le prétexte de l'ouvrage. On trouve, dans le nom
du Démocritic, l'écho d'un ouvrage en vers contre les femmes par
Antonio Phileremo Fregoso: *Le Ris de Democrite et le pleur d'Heraclite*.
La traduction française, par Michel d'Amboise, fut publiée en 1547, soit
un an après le *Tiers livre*. L'ouvrage est expressément cité à la page 162.
Le personnage du Démocritic est, comme on l'a déjà vu, un compromis
entre les deux philosophes grecs. Ces références, ajoutées à celles à
Rabelais, Érasme et Lucien, me poussent à croire que l'inspiration de
Tahureau est en grande partie livresque.

---

[14]   La position de Tahureau est visible dans cette tirade: « O abus du monde par trop
detestables! O monstrueuse cruauté, & non au paravant entendue! O l'ordre de nature
du tout perverti! O jugement des hommes renversé! Où est la raison… Où-est cette
douceur & Pitié naturelle? » (Tahureau, 56).

Si l'inspiration est livresque, elle n'est point servile. Ces auteurs satiriques lui servent plus comme point de départ que comme modèles. En reprenant la thèse soutenue par Horace, dans une de ces célèbres satires, que tous les hommes sont atteints de folie, il y ajoute assez de sérieux pour se permettre de déclarer qu'il ne suit pas Érasme, qui en a fait l'éloge. Il frôle la parodie sans, hélas, arriver au pastiche. Alors qu'Érasme nous peint la femme comme un *animal ridiculum et suave*, Tahureau la peint surtout comme une sotte. Aux observations personnelles sur les femmes, il mêle de trop nombreux emprunts aux autorités qu'il condamne ailleurs. Médée, Agrippine, Clytemnestre lui servent à illustrer l'opiniâtreté des femmes. Comme exemple de la dureté des femmes: les Amazones. N'était-ce le cadre du dialogue qui lui permet, d'une part par l'échange des reparties, de donner une opinion divergente de celle qu'exprime le locuteur principal, et d'autre part par l'emploi du style parlé, d'introduire des anecdotes personnelles et de faire parler les personnages qu'il satirise, l'ouvrage aurait été une autre compilation de lieux communs.

Il s'agit bien de lieux communs dans la satire de Tahureau. S'il fallait s'en convaincre, on n'aurait qu'à se reporter à un passage contemporain des *Dialogues* :

> Tout me déplaît, et la cour de nos rois,
> Et le parfum du courtisan esclave,
> Et le soldat piaffeur qui nous brave,
> Et du prêcheur la turbulente voix,
> Du magistrat les fluctuantes lois,
> De l'avocat le caquet plein de bave,
> Et le marchand qui veut trancher du grave,
> Et l'artisan qui traîne le long bois.[15]

Cet inventaire des objets de la satire est de la plume d'Étienne Pasquier, ce qui explique l'absence de la femme; si l'on y ajoutait les philosophes, on aurait presque la table des matières des dialogues de Tahureau. Molière prendra pour cibles les mêmes professions, les mêmes institutions que lui: les avocats, les médecins, les faiseurs de sonnets et les « lourdaus surperstitieus & Philosophes renfrongnés qui veulent contrefaire des sages & graves enseigneurs » (45). Tahureau a l'œil et la plume pour noter la théâtralité des relations humaines. Il dénonce les rôles que les gens

---

15   Ce passage est tirée de la 5e partie des *Jeux poétiques* d'Étienne Pasquier, intitulée « Vieillesse réchignée ». Bien qu'il ne fût publié sous ce titre qu'en 1610, cet ouvrage de jeunesse de Pasquier avait paru en 1555 sous le titre *Les rimes et proses de E.P.* Cité par C. Lénient, *La satire en France ou la littérature militante au XVIe siècle*, 2 tomes (Paris: Hachette, 1886), I, 108. Voir aussi Thickett, *Choix de Lettres*, xviii.

s'attribuent et les effets dont ils s'affublent. L'habit, le geste, la parole sont les moyens qui lui servent à camper les victimes de sa satire. Mais au lieu de peindre des types, il s'attaque plutôt à des groupes. Les avocats, ces « vaultours deguisés en robes longues » (81), les médecins, « ces pipeurs de merde et humeurs d'urine » (84), les philosophes ces « fins fous speculatifs, chahuans timonistes du genre humain » (46). Déjà, le gentilhomme du Mans s'élève contre ce qui fera la gloire de l'âge baroque : le masque et le trompe-l'œil.

Les médecins ne sont que des assassins. À la remise des diplômes, la formule consacrée *Vade & occide Caïm* leur montre le chemin. L'explication fantaisiste contient toute la facétie promise au lecteur : « C » veut dire Carmes, « A » Augustins, « I » Jacobins et « M » Mineurs. Ces praticiens, et Tahureau définit malicieusement « pratique » comme n'étant « autre chose qu'un subtil moien de joindre le bien d'autruy avecques le sien » (74), sont plus versés en l'art de la dispute qu'en celui d'Hippocrate :

> Car prenès moy un medecin gradué sortant fraichement des écoles de Montpellier, vous ne vistes jamais homme plus prompt à disputer le *pro & contre*.
>
> (p. 85)

Au chevet d'un malade on les voit

> ...retiréz tous ensemble en quelque coin avecques grandes cérémonies des plus anciens car l'honneur est deu à ceus qui en ont le plus tué.
>
> (p. 86)

À la pointe assassine, Tahureau ajoute le jeu de mots :

> Et voilà comment la vie d'un pauvre malade est debatue & le plus souvent abatue par les disputes & ordonnances controverses de ces vieux radoteurs medecins.
>
> (p. 86)

Voilà, d'un trait, le sort de l'enseignement scolastique et de la médecine réglé. « *Summa medicina est non uti medecina* » (84) déclare notre Démocritic et, pour ceux qui ne comprennent pas le latin, il ajoute la traduction. Cet auteur, qui mourra poitrinaire, témoigne à l'égard des médecins de la même hargne dont les poursuivra Molière. C'est là que son ironie se fait la plus acerbe, son fiel le plus amer.

Il n'est pas plus tendre à l'égard des philosophes qu'il traite de tous les noms. Leurs écrits : des « fadaises » (121). Il confond les vrais et les faux, les philosophes anciens et les modernes « nécromants » (114), les bavards rhétoriciens et les aveugles « logiciens, criars & jappeurs aristotéliques » (68). Platon retrouve Aristote dans ce même sac d'infamie. Quoiqu'il condamne les Anciens et leurs fables, il est plus sévère à l'égard de leurs disciples et de ceux qui prêtent foi à leurs écrits.[16]

De même que la majeure partie du premier dialogue est consacrée à l'amour et aux femmes, l'essentiel du second a pour objet les sciences occultes (magie, astrologie et alchimie) et leurs adeptes. Ici aussi, Tahureau s'en prend aux livres, ces sources d'opinions, et aux auteurs férus d'hermétisme. Il cite des noms et des titres, références à l'appui: Agrippe (Cornelius Agrippa) et son livre sur la *Vanité des Sciences*,[17] Jérôme Cardan et ses *Merveilles*. Le premier n'a pas écrit son livre par expérience; et le second, en critiquant le premier, l'abaisse pour mieux se hausser. L'habileté de Tahureau consiste à invoquer une autorité contre une autre. Pour lui, pipeurs, divinateurs, astrologues, philosophes et divins Platoniciens sont synonymes; leur façon de parler est socratique, leur philosophie « une fine folie » (110-111). Tout cela n'est que « bourdes », « menteries », « bayes », « mensonges », « fumées » et « fauces visions ». Les phrases sont longues; l'auteur est dans son sujet de prédilection.

Les seuls auteurs que Tahureau respecte sont des satiriques: Lucien et Rabelais. Au premier il emprunte la forme du dialogue, au dernier le style et le vocabulaire de certains passages. Le thème même de ses *Dialogues*, l'incrédulité, lui est fourni par Lucien. À Érasme, qu'il cite en faisant un résumé de l'*Éloge de la Folie* – façon de montrer ses lettres de créances littéraires – il donne un coup de chapeau ambigu, non sans lui reprocher l'usage du latin, langue de la « dispute ambigue » (165) et des « sillogisateurs d'argumens cornus » (165). Il critique l'*Éloge* et ignore le paradoxe satirique qui en constitue le fondement.

Cette question de langue, si brûlante vers 1550, trouve un champion en la personne de Tahureau. C'est en filigrane, un des principaux prétextes de ses dialogues. Selon son ami La Porte, il a entrepris la rédaction de l'ouvrage en langue vulgaire, car « les plus doctes qui ont écrit en nostre vulgaire l'estimoient juge competent d'une composition française » (v). La langue vulgaire est la langue naturelle. Cette idée coïncide avec le schéma du livre, qui se propose d'attaquer le faux et le masque

[16] « Outreplus si Aristote avoit dit que la neige la plus blanche qui sort point au fort de l'hiver sur le coupeau des montagnes fût noire, et que l'on entreprint de persuader le contraire à un Logicien la luy monstrant au doit & à l'œil, encores clorroit il les yeux pour ne la voir point, & frapant des pieds & jappant en chien il s'opiniatreroit contre la verité » (Tahureau, 161).
[17] Le titre de cet ouvrage est le suivant: *De Incertitudine et Vanitate Scientiarum et Artium atque excellentia Verbi Dei Desclamatio* (Anvers: Grapheus, 1530).

recouvrant les us, mœurs et croyances. Et quel meilleur prétexte, pour l'emploi de la langue parlée, que le dialogue?

Te suppliant qui conque tu sois qui en faces lecture, d'en excuser le language possible (selon ton advis) rude & mal poli, aimant mieux qu'il sente un peu du vulgaire, ainsi que c'est le vrai naturel du Dialogue, qu'estant (comme celui de beaucoup d'autres livres) trop affecté, ceus qui en voudroient user servissent de badins en une compagnie.

(p. xv)

Les parenthèses situent la position de l'auteur. Palissy dira à peu près la même chose: « J'aime mieux dire la vérité en mon langage rustique que mensonge en un langage rhétorique ».[18] Et d'invoquer les mêmes arguments que ceux de Du Bellay dans la *Défense et Illustration de la Langue Françoyse*, d'étaler son modernisme! C'est le seul aspect positif, c'est-à-dire non satirique, de l'ouvrage, puisque la satire est avant tout négative par le fait qu'elle expose les défauts et non le bon côté des choses. Les coups d'encensoir pleuvent sur les têtes amies: « un Ronsard, un du Bellai, un de Baïf & assez d'autres bons esprits de nostre aage, dont les œuvres sont & seront immortellement renommés entre ceux qui auront la cognoissance de la proprieté & douceur de nostre langue » (167). Il cite des vers du « Poète Angevin » (92). Son zèle va jusqu'à vanter les mérites des traducteurs et compilateurs, « lesquels estant parfaits en nostre françois nous ont retiré tout le meilleur des obscurs estrangiers & facilement expliqué en nostre vulgaire » (166-167).

Des chimères de l'astrologie à celles de l'Olympe, et de celles-ci à la religion, il n'y a qu'un pas que Le Démocritic franchit avec prudence. Car s'il se permet de mettre la mythologie gréco-latine au rang des fables, flétrissant par la même occasion les tentatives syncrétiques des philosophes qui osent comparer Moïse et Platon, il est moins agressif vis-à-vis de la religion établie. Il donne libre cours à sa verve tant qu'il est question de ces « auteurs principaus des religions » (173) et de « la cautelle & méchanceté de Mahomet » (183); mais là s'arrête sa *vis comica*. Point d'audaces, ouvertes ou camouflées, à la Des Périers ou à la Rabelais. La position orthodoxe de Jacques Tahureau n'ira pas exciter la curiosité des déchiffreurs d'énigmes et des amateurs de sens caché ou de pensée intime. À ceux-là, le satirique répond d'avance: « La seule religion chrestienne estre seure & veritable » (191). C'est le point final des *Dialogues*.

Les thèmes que je viens de passer en revue ne constituent pas les seuls mérites des *Dialogues*. Jusqu'à présent, on n'a retenu que les sujets

---

[18]   B. Palissy, éd. A. France, 13.

traités, sans rendre justice au style. Tahureau imitateur, Tahureau précurseur, voilà de quoi approvisionner en eau le moulin des chercheurs d'influences; voilà aussi une raison de cataloguer cette œuvre entre l'épopée pantagruéline de Rabelais et le monument de sagesse de Montaigne. Devant l'imposant voisinage que les grands font endurer aux petits, la réputation de Tahureau n'est sortie de l'oubli que pour se voir accoler des étiquettes fondées, mais injustes par leur caractère exclusif: on l'a relégué dans le domaine du conte ou de l'essai. Pourquoi ne pas essayer de voir Tahureau dans le contexte du dialogue satirique? Cette réhabilitation demanderait une étude plus approfondie; aussi n'est-elle pas entreprise dans le cadre étroit de cette enquête, ce qui n'exclut pas, toutefois, une tentative d'élucidation sommaire.

Malgré les références et citations aux princes de la littérature ancienne et moderne, malgré la stature des auteurs pris à partie, cette œuvre est très personnelle. Elle ne souffre pas des défauts que l'on reproche fréquemment à l'auteur moyen de l'époque: pédantisme, hermétisme, emprunts frisant le plagiat, tendances latinisantes ou philologiques. Il faut lire Tahureau après Le Caron, Pontus de Tyard ou même Peletier du Mans; on pourra alors s'apercevoir des qualités divertissantes de ses dialogues, de leur clarté et de leur simplicité.

C'est cette transparence même qui nuit à l'appréciation de l'œuvre. On y prend son plaisir trop vite. L'art s'accommode très bien de la déformation et de la dissimulation. Ces caractéristiques, qui font la grandeur de Lucien ou de Bonaventure Des Périers, font défaut à Tahureau. Si Tahureau est, comme on l'a dit, un imitateur de Rabelais, c'en est un piètre. Pas de fiction, ni de grossissement. Il connaît et cite l'*Icaroménippe* de Lucien de Samosate, mais son Démocritic ne connaît jamais cette vision altière depuis les nues de l'Olympe. Ce n'est ni un Cyrano de Bergerac, ni un Asmodée; il reste les pieds sur terre. C'est, avec la culture en plus, presque le prototype du paysan bien de chez nous, sceptique, méfiant, prudent à l'égard de tout; celui à qui on ne la fait pas. Le Démocritic adopte une attitude plus défensive qu'agressive. Point de personnalités contemporaines égratignées. Pourtant la satire a besoin de la flèche du Parthe. Et le dialogue, ce « genre maudit, le genre lucianique par excellence »,[19] offrait à Tahureau l'occasion d'exploiter cette ressource.

Le titre de dialogues en lui-même appelle des comparaisons avec les maîtres du genre, en l'occurrence Lucien. Les causeries, les propos du

---

[19]   L. Febvre, *Le problème de l'incroyance*, 448.

Démocritic, ou les colloques auraient fait plus de justice à l'ouvrage. En effet, Le Démocritic s'en prend à tout le monde en général et à personne en particulier. C'est une attitude morale empreinte de scepticisme, personnifiée par ce personnage dont le rôle consiste à promener un œil critique sur toutes les entités. Le Démocritic a en face de lui des autorités, des noms du passé et des livres. Quand il s'en prend à des réalités, ce sont des types: le chevalier amoureux, l'escolier, le nécromant, etc. On pourrait établir une comparaison entre ces discours et *La Minute* d'un Saint-Granier ou l'*En direct avec vous* de Jean Nocher, ces capsules radiophoniques de fiel ou de bon sens, et parfois des deux, que ces censeurs de service délivraient quotidiennement aux auditeurs français. La satire aurait gagné à être moins généralisée et plus personnelle. On aime sentir derrière elle le souffle de l'homme qui a quelque chose sur le cœur, plutôt que d'avoir affaire aux éclats d'une humeur maladive. Alceste est d'autant plus comique qu'il mêle son procès à sa misanthropie.

Situer les *Dialogues* de Jacques Tahureau dans l'optique de causeries ou de colloques permet de mieux en apprécier la réussite du style et de comprendre combien il était difficile de trouver un équilibre harmonieux entre le sérieux et le comique.

La confusion fréquente entre le dialogue et le débat laisse supposer la présence de contention au sein du premier. Ce n'est pas toujours le cas. Les *Dialogues* de Tahureau en sont un exemple. Il n'y y a pas d'argumentation, ni de contradictions majeures. Le Cosmophile n'est pas l'adversaire, l'opposé du Démocritic, comme on l'a écrit.[20] Au contraire, ils progressent ensemble dans la même direction. C'est une exploitation inversée de la démarche socratique à deux voix appliquée à la morale au lieu de la philosophie. Le Démocritic joue alors le rôle du maître et Le Cosmophile celui du disciple. Ce didactisme, déjà noté à propos du prétexte de l'ouvrage, est aussi apparent dans son développement.

Le schéma général de la progression dialogique, chez Tahureau, est Q-R (question-réponse) dans l'ordre D-M (disciple-maître). Cela suppose un disciple assez savant pour poser les questions appropriées et pas érudit jusqu'à pouvoir se permettre le luxe de la contradiction épineuse. Le Cosmophile est pourvu de cette envergure; ses répliques dénotent une certaine érudition le mettant à même de suivre les exposés du Démocritic. Une certaine intimité entre eux atténue la sécheresse et la

[20] Lazare Sainéan, *L'influence et la réputation de Rabelais* (Paris: J. Gamber, 1930), 139.

distance qui, normalement, sépareraient le maître du disciple dans ce type de dialogue informatif. L'un est questionneur de service comme l'autre moraliste de métier, mais ce sont des amis. Ils correspondent, en quelque sorte, aux rôles de Demande et de Responce dans le dialogue du type analogue, la *Recepte véritable*. Selon la terminologie appliquée aux dialogues de Platon, ceux de Tahureau pourraient être rangés dans la catégorie diégétique, de genre pratique et, dans l'ensemble, d'espèce morale.

Ce processus (Q-R) se répète autant de fois qu'il y a de sujets abordés, interrompu, à l'occasion, par une objection mineure qui s'élève rarement au niveau de la réfutation. Comme c'est le cas chez Lucien, l'auditeur sert de miroir verbal, tantôt opinant, tantôt soulignant la tournure et le ton de la discussion par ses réactions aux discours du locuteur. Ce procédé stylistique permet, par exemple, d'attirer l'attention sur l'ironie d'un passage où Le Démocrite s'engage, sur un ton docte et sérieux, dans une démonstration pseudo-logique qui est une parodie de l'art d'argumenter aristotélicien appliqué à un sujet social qui s'y prête peu. Les rôles sont même inversés à ce propos, puisque Le Cosmophile se permet de morigéner Le Démocritic dont la pensée s'égarait dans la fantaisie de l'humour à froid.[21] Point d'objection en ce cas, mais plutôt une mise au point.

Le déroulement du processus en question se trouve également interrompu, varié, par quelques passages de maïeutique socratique où le schéma Q-R se trouve répété dans un contexte déductif, dans un ordre inverse: Le Démocritic devient le questionneur avisé. En voici un exemple:

Le D. Ne me confesseras-tu pas que les hommes peuvent faillir, sinon qu'en donnant lieu aux choses mauvaises & contraires à leur conservation...?
Le C. Cela est vray.
Le D. Puis doncq'que les choses mauvaises ... sont à fuyr des hommes, il s'en ensuyt qu'aucune chose ne doit estre receüe entre eux, qui ne soit bonne ou plaisante, c'est-à-dire necessaire ou utile pour la conservation de leur estre...
Le C. Il me semble que ton dire n'est point mauvais, & qu'il ne doit rien estre receu entre nous autres, qu'il ne soit bon ou plaisant, en la manière que tu me l' as approuvé.

(pp. 4-5)

Tahureau n'est donc pas aussi sévère à l'égard de la méthode qu'en ce qui concerne les idées de Platon. Ces exemples ne constituent pas la trame de l'ensemble des *Dialogues*, malheureusement pour la rapidité

---

[21] Tahureau, 74-75.

des reparties. Parfois Le Démocritic se lance dans de longs développements d'une quinzaine de pages, sans interruptions de la part de son
ami. À cela s'ajoutent quelques tirades oratoires à tendance moralisante
dans le genre « ô abus du monde par trop detestables! O, monstrueuse
cruauté, etc. » (56), qui tiennent plus du théâtre que du dialogue satirique.
Le mouvement comique de la satire s'en ressent.

En effet, malgré les réserves émises plus haut, ces dialogues sont
satiriques. Pour atteindre cet effet, Tahureau met à profit, en plus des
ressources stylistiques inhérentes à la prose, les ressources propres au
dialogue.

Pour ce qui est de la prose, il faut la placer sous le signe de la variété.
En dehors des longues diatribes, le caractère parlé des répliques domine
l'œuvre. Les citations, peu nombreuses, sont suivies de leur traduction
française et sont très brèves. Quelques vers de poètes contemporains
parsèment de poésie l'ardeur caustique de l'ensemble. Les descriptions
réalistes ne sont pas exclues, surtout quand il s'agit de faire le réquisitoire
des orgies féminines (seize pages du Démocritic, de 17 à 33). Les proverbes (« il vaut mieux avoir bonne teste que mauvais cul » (23), voisinent
avec les dictons et servent de ponctuation plutôt que d'illustration;
et ce sans atteindre des proportions excessives. La parenthèse, équivalent
de l'aparté dans une pièce, se révèle une arme sournoise sous la plume
de Tahureau qui en use abondamment; j'en compte, au hasard, deux
à la même page: « Et pratiquer aucun (manière de parler derivee des
Italiens) n'est autre chose que... » et « mais (à celle fin que j'use de
nostre terme) tu le pratiques assez mal » (75). Autre exemple de cette
pointe assassine: « un certain remors (que nos Theologiens appellent
le ver) de conscience » (93). Ces pensées incidentes ne sont pas toujours
encadrées par le signe graphique de la parenthèse; les virgules les remplacent: un « moien de joindre le bien d'autruy avecques le sien: & note
hardiment ces mots, de joindre le bien d'autruy » (74). Tahureau exploite
le potentiel d'ironie de ce style parenthétique en le maintenant dans
les limites de ce format modéré, évitant ainsi de tomber dans l'excès
de la digression, d'usage si fréquent dans les dialogues de l'époque.

Au niveau de la langue, le style de Tahureau est aussi heureux tant
en la variété qu'en la justesse des termes. Les expressions imagées sont
légion: « il ne la voit plus souvent qu'en peinture » (13), (il s'agit ici
de la beauté d'une dame, disparue sous le fard), « ce n'est pas là que
gist le lievre » (54). La variété dans le choix des épithètes lui permet
d'éviter les mêmes désignations acerbes; au mot médecins, il préfère
les expressions imagées: « embourreurs de sante » (93), « vieux rado-

teurs » (86), « pipeurs de merde » (83). Le même traitement est réservé
aux philosophes, « ces jappeurs et importuns causeurs » (94-95), et
« ces criars & jappeurs aristotéliques » (68), « tels Singes mal appris »
(95). À ces épithètes, souvent en paires, Tahureau accole, en plus du
démonstratif de mépris « ces », le pseudo-amical et familier possessif
« nos », « mon ». Façon d'embrasser pour mieux étouffer!

Là ne s'arrêtent pas les ressources stylistiques de Tahureau. Le
vocabulaire est mis à contribution. Comme Rabelais, qu'il admire
ouvertement et pastiche sans le plagier pour autant, quoi qu'on dise,
Tahureau a recours aux jeux de mots, à l'effet comique de l'accumulation
et des mots sonnants et sonores dont la verdeur n'est pas exclue. On a
dû relever plus haut, à propos des parenthèses, le jeu de mots sur pratique. Sans aller jusqu'à l'inventaire, je citerai « debatue-abatue » (86),
l'équivoque « asne-asme » (93) qui donne prétexte à un simulacre de
quiproquo et qui peut être moins un écho rabelaisien qu'un emprunt
au fond commun des plaisanteries banales.[22] Voici un chapelet de mots
à propos du philosophe-nécromant: « il nomma, appella, invoqua,
conjura, exorcisa, contraignit & anathemiza Monsieur le Diable » (114).
Un passage de la fin du deuxième dialogue est très révélateur en ce qui
concerne la parenté de tournure des styles de Rabelais et de Tahureau.
Je ne peux résister à le citer *in toto*, tout en attirant l'attention sur les
adverbes en ment tel asnierement; ailleurs on trouve « superliquoquen-
tieusement » (168), les expressions à cliquetis de genre moyne moynant
de moynerie et les alliances de mots:

> Or voi un peu comment il deguise ce fol, & de la grace qu'il a masqué ce
> pauvre nom de sage au plus grand triboullet qui fut onques tribouillé de couilles
> humaines. Est ce pas au moins bien incagné les pauvres pucelles? les pauvres
> petites neuf seurettes du Parnasse? Est-ce pas leur bailler au lieu de coronnes
> de laurier à chacune un cahuet verd asnièrement oreillé & houpeté de belles
> franges bigarrées? au lieu de lyre, de luths, flutes & guiterres, à chacune une
> veze, & pour Apollon, un Maistre Jehan de Poitiers diogenisant avecques son
> baston & les plumes de coq: Par la Roine d'Eleuthere leur bonne je di bonne
> mere, c'est bien conchié les plus grans mignons de ces neufdoctes pucelles, je
> di de ces pucelles qui ont eu des enfans beaus & bons, bien avenans en toutes
> courtoisies gentiles & mignardes: je me donne à leur saint choeur si ce n'est
> bien execrablement blasphemé contre leur divinité, & parlé en vraye beste
> incensée & sans cervelle.
>
> (pp. 164-165)

---

[22]   Cette fausse équivoque se retrouve chez Rabelais aux chapitres XXII et XXIII du
Tiers livre; Rabelais, *Oeuvres*, éd. Jourda, I, 434 et 495. Déjà à l'époque c'était une
plaisanterie banale, selon P. Jourda (n. 2, p. 494).

Ce n'est plus un tirade, c'est une envolée, du délire verbal. C'est le style du Démocritic s'échauffant.

Reste un domaine plus personnel et plus particulier à Tahureau; c'est son maniement du dialogue.

Tahureau peint une série de portraits verbaux où le geste s'allie à la parole pour camper un personnage, un type; que ce soit le courtisan, le chevalier, la dame galante, le divinateur ou le philosophe, il leur prête leur jargon et le geste révélateur. Il les fait parler au style direct, ce qui donne un dialogue inséré. On songe à Diderot qui saisit son personnage au moment critique. Le crayon de Tahureau croque ces types sans les caricaturiser.

Au portrait stylisé, Tahureau ajoute l'anecdote. C'est la raison pour laquelle on a pu le ranger parmi les conteurs. Ces contes, brefs et à propos, sont des anecdotes personnelles des deux interlocuteurs; du Démocritic la plupart du temps. Elles remplacent les autorités livresques tout en introduisant un air de véracité qui insiste surtout sur le ridicule. Ce n'est point un Henri Estienne satirisant la société du XVIe siècle en se servant des sermons d'Olivier Maillard, du siècle précédent. Le Démocritic nous parle de son passage à Genève (Saint-Claude) et des femmes suisses qui « ayment fort cela à raison de l'air de Lausanne qui leur souffle la belle parolle de Dieu (m'amie) toute deliee comme fleur de farine passee au plus menu sas » (26). Le Démocritic rend toujours cette impression du vécu. Ces anecdotes sont insérées dans un contexte dramatique – proche donc du dialogue – plutôt que narratif. Qu'il s'agisse de l'amour entre une dame et un militaire et cela amène une saynette entre ces deux personnages. Même quand le Démocritic s'embarque dans un long monologue, il le fait d'une telle manière que le déroulement dialogique ne se trouve pas interrompu. Il pose une question dans le genre de celle-ci: « Or me dis de grace où le Courtisan a appris... » (32) et n'attend pas la réponse du Cosmophile; c'est lui-même qui la donne.

C'est un monologue à écho qui produit un faux dialogue de schéma Q-R. La participation de l'interlocuteur est déduite de l'expression de visage: « Comment! il me semble à vous ouyr parler que... » (24); « Ha, ha, ha, ha, cet homme ci me fait rire » (84). Tahureau tire le maximum de comique de ces anecdotes; elles ne lui servent pas à convaincre mais à orner, faire rire pour « contenter l'esprit par la moquerie de ceux qui se pensent estre bien discrets » (27).

Je crois qu'on n'a pas assez insisté sur le caractère personnel du style de Tahureau. Qu'il y ait chez lui des reminiscences de lectures,

cela ne fait aucun doute. Jacques Tahureau du Mans a assimilé ses
auteurs à tel point qu'il ne s'en rend plus compte. Le point de départ
de l'inspiration peut être l'autorité livresque; le style l'élève au-dessus
de l'imitation. Faire œuvre morale et plaisante n'est pas à la portée
de n'importe quel auteur de vingt-sept ans. Parvenir à faire voisiner
la marotte et le sceptre de la raison, voilà ce que Tahureau s'est proposé
de faire. Qu'on n'y cherche point le franc rire de Rabelais ni l'humour
distillé de Montaigne. Parler d'érudition sans pédantisme, railler tout
en invoquant le bon sens, recourir au dialogue satirique sans se faire
d'ennemis, les mérites de cette œuvre, modérée malgré sa causticité,
sont multiples. Ces *Dialogues* sont, dans leur genre, originaux.

8. LE DIALOGUE SATIRIQUE DE TYPE LUCIANIQUE: BONAVENTURE DES PÉRIERS

Les réserves émises à l'encontre de la portée satirique des *Dialogues* de Tahureau tombent d'elles-mêmes devant les quatre dialogues poétiques, fort antiques, joyeux et facétieux du *Cymbalum mundi* de Bonaventure Des Périers:[1] c'est une réussite du genre. Deux événements ont contribué à faire la fortune de cette œuvre énigmatique: sa condamnation par le président du Parlement, Lizet (pourfendeur de réformés que Théodore de Bèze satirise dans son *Passavant*), et la fureur inquisitive déclenchée par Eloi Johanneau et continuée par Charles Nodier.[2] L'inconvénient de cette attention est que l'on s'est exclusivement penché sur l'exégèse thématique et sur l'onomastique au détriment de la forme; comme pour Érasme, certains critiques se sont entêtés, à tort ou à raison, à chercher des correspondances entre les noms fantaisistes ou expressifs des personnages d'une part, et des personnalités contemporaines d'autre part. En face de ces hypothèses, deux certitudes demeurent: il s'agit de dialogues réussis et d'un chef-d'œuvre satirique; l'unanimité des factions ennemies contre cet opuscule témoigne de sa vitalité et de son succès. Ne serait-ce que dans les milieux de la critique littéraire, le *Cymbalum*, au titre prédestiné, fait encore du bruit.

Enfantés dans un anonymat prudent, alors que tout n'était que prétexte à querelle et que la Réforme échauffait aussi bien les esprits que les biles, les quatre dialogues de Des Périers allaient jouer le rôle du baudet de la fable; on cria haro sur le *Cymbalum*. Les réactions furent trop partisanes pour léguer quoi que ce soit d'objectif sur l'énigme; même le

---

[1] Les deux éditions consultées pour cette étude sont a) Bonaventure Des Périers, *Contes ou nouvelles récréations et joyeux devis* suivis du *Cymbalum mundi*, éd. P. L. Jacob (Paris: Garnier, 1872); b) Bonaventure Des Périers, *Cymbalum mundi*, éd. Peter Nurse (Manchester: University Press, 1958). Sauf indication, les citations seront extraites de cette dernière édition.

[2] Les notes des divers éditeurs de l'œuvre de Des Périers sont reprises par Louis Lacour dans Bonaventure Des Périers, *Oeuvres françaises*, 2 tomes (Paris: P. Jannet, 1856).

jugement d'un Henri Estienne reste pour le moins suspect. Les études entreprises ultérieurement n'ont pas levé le voile d'incertitude qui entoure le titre, le sens de la dédicace, les noms des personnages et la nature des buts satiriques. Ces interprétations se basent sur des systèmes d'équivalences compliqués de transpositions onomastiques. Que le lecteur du *Cymbalum* ait deviné, en 1538, que le personnage de Mercure cachait celui du Christ, que les allusions aux Vestales et aux Druides étaient dirigées contre les nonnes et les moines, que le *Livre des Destinées* signifiait la Bible, cela est aisé à comprendre. Les amateurs d'anagrammes n'ont pas eu, non plus, de difficultés à lire Luther et Bucer dans Rhétulus et Cubercus. Mais le travail de décodage a été poussé un peu loin en ce qui concerne les personnages secondaires. Pourquoi Byrphanes, et Curtalius seraient-ils des représentants des autorités en place, des vendeurs d'indulgences? Pourquoi Phlégon représenterait-il le bas-clergé, Statius les abbés? Pourquoi Des Périers aurait-il eu recours aux symboles en plus de la transposition? Pourquoi Luther serait-il Rhétulus au deuxième dialogue, et Ardélio au troisième? Que dire de précis sur des noms comme Curtalius, Pamphagus, Byrphanes et même Drarig? Si l'anagramme est simple à deviner (Girard), l'identité reste douteuse. Les théories et les hypothèses s'affrontent et leur caractère contradictoire ne fait, le plus souvent, qu'aiguiser notre curiosité. On est en droit de se demander si Des Périers avait en tête un tel système ésotérique de clefs et d'équivalences. Cette étude n'a pas la prétention de formuler des hypothèses supplémentaires sur cette question.

Son but est plutôt de tenter de corriger l'injustice dont le *Cymbalum* a souffert, en tant que dialogues, aux mains de ceux qui n'ont voulu y voir que les idées. Avant de prêcher quoi que ce soit, l'auteur s'amuse, satirise. Il n'importe pas tant de savoir si Bonaventure Des Périers était libertin, athée, quiétiste avant la lettre ou si Origène plutôt que Dolet est sa source d'inspiration, que d'étudier le traitement des thèmes satiriques dans le cadre du dialogue. Le son du *Cymbalum* est un joyeux éclat de rire avant d'être un appel de tocsin.[3]

[3]   Un résumé succinct des diverses interprétations se trouve dans l'article de Wolfgang Spitzer, « The Meaning of Bonaventure Des Périers' *Cymbalum mundi* », *PMLA*, 66 (Sept. 1959), 795, n. 2. Cette étude consacre deux pages et demie sur vingt-quatre à la technique satirique et ce, sous l'angle thématique plutôt que stylistique. Les deux éléments notés qui soient dignes d'être relevés sont: « a Lucianesque spirit of relativistic levity and a genuine French gauloiserie » (817).

Pour l'interprétation onomastique, l'ouvrage de P. H. Nurse contient dans ses « Remarques onomastiques » (44-49), une synthèse acceptable.

Sans me couper complètement des diverses interprétations j'essaierai d'y recourir le moins possible pour l'étude formelle des quatre dialogues du *Cymbalum*.

Sur le plan stylistique la question de savoir s'il existe une unité entre les quatre dialogues du *Cymbalum* se pose avec moins d'acuité que sur le plan thématique. Mercure, le personnage central, constitue une constante pour les trois premiers. Le lien entre le troisième et le dernier s'opère par le procédé de la fable, si par ce dernier on entend la transmission d'un message moral par l'intermédiaire de personnages non humains se comportant et parlant comme de vraies personnes.

À ce procédé, il faut ajouter celui, analogue, de l'allégorie.[4] Quelle que soit l'interprétation qu'on lui donne, le *Cymbalum* est écrit à deux niveaux. L'auteur le laisse deviner dans sa dédicace, elle-même écrite dans un style à double sens: il se dit le traducteur d'un manuscrit latin, rejetant ainsi la responsabilité des attaques sur un tiers aussi anonyme que fictif. Cervantès usera de la même excuse pour introduire *Don Quichotte*. C'est un procédé satirique par excellence que le XVIIIe siècle poussera plus loin (genre *Lettres persanes*); bien manié, il allie le plaisir de la fiction au sérieux de la critique. Par son choix de la fiction, Bonaventure se distingue de Tahureau ou d'Henri Estienne[5] et se classe d'emblée dans la ligne des grands auteurs satiriques: Lucien, Rabelais. Les dialogues constituent les quatre volets d'un ensemble satirique dirigé contre certains éléments de la société de son temps. Comparé aux dialogues étudiés jusqu'ici et qui lui sont postérieurs, le *Cymbalum* s'en distingue à plusieurs égards.

Des Périers, à l'instar de Lucien, donne à ses dialogues une tournure franchement dramatique. Cette tournure est due aussi bien à la présence de certaines caractéristiques théâtrales qu'à l'absence de dominantes dialogiques purement verbales.

Contrairement aux dialogues de types didactique, polémique ou délibératif, l'argumentation, qu'elle soit simple conversation ou dialectique ascendante, ne joue pas dans le *Cymbalum* le rôle de principe moteur de la progression dialogique. Pas de méthode socratique, ni d'alternance continue de répliques contradictoires du type *pro et contra*. Les répliques, même quand elles semblent s'opposer (querelle Rhétulus-Cubercus-Drarig, 2e dialogue), ne font que se compléter dans le schéma total du *Cymbalum*; elles illustrent une même idée: le ridicule des possesseurs de pierre philosophale. Dans le premier dialogue, Mercure, par

---

[4] Par allégorie, j'entends la définition la plus large, à savoir l'expression d'une pensée où le sens véritable du discours se cache sous le sens littéral.
[5] Tous deux se targuent de reprendre les abus de leur temps en représentant un tableau réaliste de leur société alors que le plus souvent leurs sources sont autant livresques que réelles (cf. *Apologie pour Hérodote*).

son larcin, se place au même niveau que les comparses Byrphanes et Curtalius. Le dialogue est employé comme commentaire, les divers points de vue étant les facettes d'un même ensemble.

Cette conception du dialogue est appropriée à la satire, car les ridicules se peignent mieux qu'il ne s'expliquent; le rire est une attitude plutôt qu'un raisonnement. Elle se manifeste par l'emploi du monologue d'exposition en début de dialogue. Dans ce monologue sont donnés le ton et le *leitmotiv* du dialogue; ce qui suit n'est que variations et illustrations. Des Périers se sert de cette technique dans trois dialogues sur quatre (I, III et IV); l'exposition n'est pas absente du second dialogue, mais faite sous forme d'une contention entre Trigabus et Mercure, c'est-à-dire dans un style plus dialogique. La succession, après l'exposition, de petites scènes ou tableaux saisis sur le vif, donne un caractère pictural, une résonnance symphonique à chaque dialogue d'abord, puis au *Cymbalum* en tant qu'ensemble. On retrouvera plus tard cette technique accumulative dans les contes moraux de Diderot, où les tableaux dialogués s'allient à un minimum de passages narratifs. De cette succession de scènes découle une impression de déroulement linéaire qu'on associe généralement avec le genre narratif. Mais les dialogues du *Cymbalum* comme, par exemple, l'*Entretien d'un père avec ses enfants*, sont dans cette zone de transition où l'on ne sait s'il s'agit d'un dialogue philosophique ou d'un conte moral. Le nombre des événements et des anecdotes peut servir de facteur de différenciation.

Les événements dans le *Cymbalum* sont tout juste des incidents, des prétextes: le larcin de Mercure, comique en soi puisqu'il entre dans le cadre du thème du voleur volé, n'est en fait qu'un moyen technique – un alibi – permettant le vol du *Livre des Destinées*, plus essentiel aux rouages de la technique satirique; quant au miracle de Phlégon, il est accessoire, en tant que procédé allégorique, à l'importance du discours-réquisitoire qu'il prononcera. De mécanique événementielle, comme on en trouve dans les contes, il n'y en a point.

L'absence d'événements ne confère pas nécessairement de caractère statique aux quatre dialogues. La variété dans les scènes successives, le style et la langue, l'agencement des répliques en font des dialogues alertes et vivants. Dans le premier dialogue cette technique se traduit ainsi: monologue d'exposition de Mercure, duo des comparses Byrphanes et Curtalius; puis le duo devient trio par l'adjonction de Mercure dans une scène qui rappelle par la familiarité du ton les scènes de taverne du *Jeu de saint Nicolas*; de nouveau, duo des larrons qui redevient trio avec le retour de Mercure et, enfin, deux duos successifs, celui de l'hôtesse avec Mercure et celui de Byrphanes avec Curtalius, qui clôt le dialogue. Les rentrées et sorties de Mercure sont techniques, permettant, comme au théâtre, à des incidents concomitants (en ce cas, les deux vols) de se passer sans interférence. Un schéma de va-et-vient à rythme binaire et ternaire se dessine. On le retrouve, à quelques variations près, dans les deuxième et troisième dialogues. Cela donne dans le dialogue III les duos suivants: Mercure-Cupidon, Statius-Phlégon, Statius-Ardelio. Ce schéma générateur de légèreté permet, même quand le nombre des personnages dépasse deux (quatre dans le premier dialogue, cinq dans le second, six dans le troisième), de respecter l'unité dialogique: deux.

Cette unité est essentielle à la clarté et à la vivacité du dialogue; la confusion que le lecteur éprouverait à suivre le fil d'une conversation à plusieurs personnages est ainsi adroitement évitée. Cette confusion n'existe pas au théâtre, car le spectateur voit le locuteur et le destinataire d'une réplique. Grâce à ce procédé d'alternance, Des Périers réussit à donner la parole à tous ses personnages, sans les mettre simultanément en présence et sans avoir recours aux insérendes de concomitance, dialoguées ou narrées, destinées à rapporter l'entretien de personnages absents. Des passages de cette nature font parfois oublier, chez Platon, le thème central et demandent un effort de concentration. Des Périers suit Lucien.[6]

Au lieu de favoriser un personnage-idée au détriment d'un autre, l'auteur du *Cymbalum* les met tous à contribution pour brosser un tableau d'ensemble. Le dynamisme qu'une telle technique égalitaire entraîne, est accru par l'absence de verbiage, de formules de politesse, de discours rhétoriques qu'on retrouve fréquemment dans les dialogues d'inspirations cicéronienne ou néo-platonicienne (tels ceux de Le Caron et Pontus de Tyard, pour ne citer que ces deux-là). Chez Des Périers, la conversation est subordonnée à l'idée satirique et n'est pas une fin esthétique en soi. Il y a une raison supplémentaire à cela: le *Cymbalum mundi* est bâti autour du thème de la parole inutile.[7] C'est un dialogue engagé.

[6] Cf. Andrieu, *Le Dialogue:* «Les textes de théâtre, écrits pour un spectateur, reçoivent une mise en scène établie par des gens de métier; le dialogue dramatique doit se suffire à lui seul, et s'adresse à un lecteur qui se laissera guider par la lettre du texte. Le spectateur *voit*; le lecteur *déchiffre*; le spectateur complète son audition par la vision du spectacle, alors que le lecteur, même s'il devient auditeur, grâce à l'anagnoste, ne peut avoir recours qu'aux yeux de l'esprit» (314). «Les structures des dialogues dramatiques restent presque toujours à deux ou trois voix, et lorsqu' augmente le nombre des personnages, le récit se substitue à l'entretien» (315). Cela arrive chez Platon (voir le *Lysis*) mais non chez Lucien dont le dialogue est «écrit pour la lecture à haute voix, et bâti de façon à se suffire à lui-même» (309).
[7] Je souscris, en cela à la thèse de ceux, qui comme W. Spitzer («The Meaning of 'Cymbalum mundi'», cf. n. 2) voient dans le *Cymbalum* une satire des bavards philosophes, docteurs, théologues, etc. Ce serait une apologie du silence.

Ses caractéristiques dramatiques pourraient lui faire prétendre à la paternité du théâtre, au lieu de l'apparenter à la comédie. L'on pense au *Rhinocéros* ou à *La Leçon* d'Eugène Ionesco, ces pièces où rien ne se passe et qui ressemblent fort à des dialogues satiriques modernes.

La portée et la nature des attaques confirme cette classification. Par son inspiration, son onomastique, ses allusions, le *Cymbalum* se fait l'écho de certaines préoccupations du courant humaniste.

Bonaventure Des Périers se moque de ces bavards qui se croient dépositaires exclusifs de la vérité, ces faux humanistes qu'il fait parler sous des noms à consonance grecque et latine (pratique humaniste de latiniser son nom). La dédicace « Thomas du Clevier à son amy Pierre Tryocan S. » parodie le style humaniste. Le prétendu original du *Cymbalum* y est présenté comme un manuscrit latin « trouvé en une vieille librairie d'ung monastère » (3); c'est un traité; l'auteur y dénonce aristocratiquement l'imprimerie « lequel art (où il souloit apporter jadis plusieurs commodités aus lettres), parce qu'il est maintenant trop commun, faict que ce qui est imprimé n'a point tant de grace et est moins estimé, que s'il demouroit encore en sa simple escriture » (4). Des Périers insinue que l'imprimerie met l'expression à la portée des médiocres, entraînant la dévaluation par multiplication. Tout le *Cymbalum* pourrait être entrevu sous cet angle: un avertissement contre la vulgarisation de certaines idées spéculatives. Le livre de Jupiter tombé aux mains des larrons illustre cet avertissement (éd. Jacob, 308). Phlégon et Hylactor sont des illustrations supplémentaires des dangers de la libre expression. Que ce soit en religion, en philosophie ou en tout autre domaine de la connaissance, Des Périers semble laisser entendre que les intermédiaires (qu'il désigne sous le nom de philosophes) sont mûs par des considérations d'ordre personnel, souvent matérielles, et non par l'amour de la vérité en soi. Même s'il est question de religion, le contexte de cette façon de voir a des résonances nettement philosophiques. Bonaventure évite, en ne prenant pas parti, de s'enliser dans la polémique. Ce n'est pas sans raisons que son livre s'est attiré les foudres des frères ennemis, catholiques et protestants.

Qualifier Des Périers d'athée parce que sa satire s'en prend aussi bien à l'Église traditionnelle qu'à l'Église réformée, c'est un peu simplifier et déplacer la question. C'est n'accepter qu'à moitié le jeu des transpositions, selon les besoins de la logique d'interprétation. L'équation Mercure = le Christ n'a de sens que si Jupiter = Dieu, le *Livre des Destinées* = les Écritures. Or la question de l'existence de Jupiter et de son livre n'est pas posée. C'est plutôt ce que les hommes font ou veulent faire de ce livre et de la pierre philosophale, qui constitue le thème central des quatre dialogues. Que ce soit par Mercure, Phlégon ou les deux chiens du dernier dialogue, le verdict n'est pas flatteur. Recherches et propos inutiles sont les termes qui pourraient résumer les activités des hommes. Le *Cymbalum* est une fable sur les fables. Mercure en est la figure centrale, non seulement parce que son personnage se prête à l'équation Mercure = messager des Dieux = le Christ, mais surtout parce qu'il était aussi le dieu de l'éloquence. D'où l'ironie [8] de sa rencontre incognito au deuxième dialogue, avec les « badins et resveurs de philosophes » (20). Mercure fait son propre procès en se peignant comme « le grand aucteur de tous abuz et tromperie ... [qui] n'a que le bec » (18); il vitupère « la belle pure parolle » (20). La morale est que les hommes sont plus sensibles au verbe qu'à la vérité qu'il recouvre. Le *Cymbalum* débute par Mercure parlant de l'extérieur (la reliure) du *Livre des Destinées* et non de son contenu. L'illusion remplace la réalité, le sable la pierre philosophale, le son la cloche; les hommes, comme dans la fable de Psaphon mentionnée dans la conclusion du dernier dialogue, sont victimes de leurs propres paroles. Le *Cymbalum mundi*, qui pourrait se traduire par « Beaucoup de bruit pour rien », ressemble au regard olympien d'un sage sur le petit monde des hommes. Un coup d'œil à l'*Icaroménippe* suffirait pour faire ressortir la parenté des techniques satiriques de Lucien et de Des Périers; tous deux mettent les dieux et les hommes dans le même sac.

Accollée à la réputation d'auteurs comme Rabelais ou à des œuvres comme le *Cymbalum mundi*, l'épithète lucianique ne signifiait pas seulement une similitude de moyens d'expression (usage du dialogue); elle était surtout synonyme d'irréligion. Aux yeux de ses contemporains l'auteur de ce livret mérite cette étiquette puisque les références satiriques à la religion sont nombreuses. En accusant Des Périers d'impiété, La Monnoye allait fausser le point de vue de bon nombre de critiques. Il ne faut pas perdre de vue que la Faculté de théologie de Paris, en attendant de statuer sur le sort de l'éditeur Jean Morin, déclara le livre « *perniciosus, adeo supprimandus* »,[9] ce qui est un avis moins virulent que

---

[8] « Irony arises from contrast ... a device which uses contrast as its means. Its essential feature is a discrepancy or incongruity between expression and meaning, appearance and reality, or expectation and event » (Alan Reynolds Thompson, *The Dry Mock, a Study of Irony in Drama* [Berkeley: University of California Press, 1948], 10).

[9] Lucien Febvre, « Une histoire obscure: la publication du *Cymbalum mundi* », *Revue du Seizième Siècle*, XVII (1930), 12.

On a fait du *Cymbalum* un pamphlet anticatholique d'inspiration évangélique, une

celui d'un Calvin, d'un Henri Estienne et d'autres. Bonaventure écrit en pleine période humaniste; c'est du côté de Lucien – et de ceux qui, comme Érasme et More, l'ont remis à la page – qu'il faut se tourner. Son Mercure est celui de la tradition comique, le Mercure du *Vitarum auctio*, « qui vend aux enchères les porteurs de tous les systèmes philosophiques »;[10] c'est le maître Gonin, le dieu farceur qui joue à Protée. Le Mercure sérieux appartient à la conception didactique et édificatrice de la Renaissance. Le Mercure de Des Périers est celui de la comédie et non de la moralité. L'auteur du *Cymbalum* ne dogmatise pas; il satirise le dogmatisme verbal. Ainsi son Mercure, c'est avant tout comme dieu des orateurs qu'il se manifeste. Ironiquement, Mercure le déclare dans le second dialogue :

MERCURE: Et puis, qu'est-ce que cela? Le grand babil et hault caquet que vous avez en est cause, et non pas vostre grain de sable: vous tenez cela tant seulement de Mercure, et non aultre chose, car, tout ainsi qu'il vous a payez de parolles, vous faisant à croire [sic] que c'estoit la pierre philosophale, aussi contentez-vous le monde de belle pure parolle. Voyla de quoy je pense vous estes tenuz à Mercure.

(p. 20)

L'équation pierre philosophale = parole se trouve clairement posée. Elle est reprise un peu plus loin :

TRIGABUS: Voyla de mes gens; il sera assis au hault bout de la table, on luy trenchera du meilleur, il aurat l'audivit et le caquet par dessus tous, et Dieu sçait s'il leur en comptera de belles.

MERCURE: Et tout par le moyen de ma pierre philosophale!

TRIGABUS: Et quoy donc? Quand ce ne seroit jà que les repues franches qu'ilz en ont, ilz sont grandement tenus à toy, Mercure.

MERCURE: Tu voy de quoy sert mon art.

(p. 21)

---

apologie du scepticisme, un appel au « libertinisme »: « Il a reproduit les accusations ordinaires des évangélistes contre l'Église Romaine, le célibat ecclésiastique; les mauvaises mœurs des couvents, les attaques contre les 'sorbonnistes', les indulgences, la messe et la communion » (H. Busson, *Le Rationalisme*, 180).

Il est difficile d'attribuer une équivalence chrétienne aux dieux que Mercure mentionne: Junon, Vénus, Pallas. Mercure joue un rôle qui ne cadre pas entièrement avec la vie de Jésus-Christ; voleur, buveur, trompeur, moqueur et roué, voilà ce qu'il aurait été selon cette correspondance. Nul athée, nul infidèle n'oserait affirmer ni écrire chose pareille, si contraire à la vérité historique, sans passer pour un imbécile. Le secrétaire de Marguerite de Navarre, traducteur de Platon et de la Bible, était loin d'en être un. Le tort a été d'avoir trop insisté sur une caractéristique du personnage de Mercure, Mercure en tant que messager des Dieux, et d'avoir passé sous silence ses autres attributs.

[10]   Des Périers, *Cymbalum*, éd. Nurse, xli.

Vu sous cet angle, le personnage de Mercure constitue l'unité thématique des quatre dialogues du *Cymbalum*.[11] Dieu des marchands et des orateurs, sa présence au premier dialogue se justifie par le vol, à des fins commerciales, du livre de Jupiter (les mots écrits); au second dialogue il est naturel qu'il rencontre les philosophes plongés en des querelles de mots, mais qui vivent de cet art de la parole. Dans le troisième dialogue, il est question des astrologues « ces gallants [qui] promettent aux gens de les enroler au livre d'immortalité pour certaine somme d'argent » (28). Le sens même du titre s'éclaire sous l'angle de la parole monnayée; le *Cymbalum mundi*, comme le soutient le dernier critique en date qui se soit penché sur cette question, traite de ceux qui font résonner le monde d'un « babil et hault caquet » (20) dépourvu de raison.[12]

Les exégètes modernes du *Cymbalum* sont d'accord sur un point: le développement du thème de la parole.[13] Ce thème formel aurait pour

---

[11] Dans les traditions ésotériques des tarots, emblèmes et des encyclopédies de mythologie, Mercure apparaît sous diverses formes, pas toujours concordantes, mais pour la plupart « sérieuses ». Selon le *De natura Deorum* de Phornatus, les attributs virils de Mercure signifient la plénitude et la fécondité de la raison: « Chaque divinité planétaire préside, pour ainsi dire, une assemblée de personnages disposés au-dessous d'elles, en séries ou en groupes; ces personnages sont ses 'enfants' qui ont reçu d'elle leur vocation. Ainsi Mercure présidera une assemblée de prêtres et de marchands » (J. Seznec, *La survivance des dieux antiques* [Londres: Wartburg Institute, 1939], 76). Voir les types babyloniens du personnage de Mercure, pp. 137-140.

Dante établit, dans le *Convivio*, un parallèle entre les sept arts libéraux et les planètes: Mercure représente la dialectique. Une tradition orientale fait de Mercure un personnage savant, un écrivain, un professeur. Il est aussi le dieu des prêtres et des marchands, (Seznec, 67), le lieu des alchimistes, des orateurs des voleurs (Nurse, xli). Certaines de ces facettes de la personnalité de Mercure pourraient être décelées dans le *Cymbalum*: Mercure vole et est volé par ses brillants élèves Byrphanes et Curtalius qui se proposent de faire commerce de leur larcin; avec les alchimistes-philosophes, il argumente ironiquement à propos de l'authenticité de la pierre philosophale et se permet avec Trigabus de les railler. Mercure est le personnage dominant des dialogues. C'est à travers lui qu'on doit chercher à pénétrer le sens du *Cymbalum*.

[12] « In the light of Erasmus' commentary on *Cymbalum mundi*, one would expect the work to be about people who fill the world with asinine din. And that does seem to be what it is in fact about» (M. A. Screech, «The Meaning of the Title *Cymbalum mundi* », *Bibliothèque d'Humanisme et Renaissance*, XXXI (mai 1969), 343.

[13] W. Spitzer a basé son article (voir note 2) sur le thème de la parole. V. L. Saulnier considère le *Cymbalum* comme une apologie du silence. P. Nurse, en rattachant le *Cymbalum* à l'*Imitation de Jésus Christ* de Thomas à Kempis, nuance cette question; il voit un certain pessimisme chez Des Périers: « Les quatre Dialogues roulent en effet, sur l'anarchie morale, dans un monde où haine et violence sont monnaie courante, où loin de la paix oubliée, l'on se querelle et se bat sans cesse. Les habitants de cette terre sont devorés par l'ennui; leurs jours se passent à quérir les divertissements » (*Cymbalum*, xxiv).

Plus tard dans son article « Érasme et Des Périers », *BHR, 30* (1968), 57, Nurse dévelop-

substance le formalisme religieux. L'œuvre est assez sibylline, assez équivoque pour fournir les arguments nécessaires à la défense d'un tel point de vue. Il est toutefois plus aisé de voir ce que Des Périers satirise que de savoir où il veut en venir. Une interprétation littéraire basée sur l'emploi de procédés rhétoriques à des fins satiriques, tels que le paradoxe ou la prosopopée, permettrait de mieux saisir la nature des attaques qui se cachent sous la fable et l'allégorie.[14] Le contexte de cette satire nous semble plus accessible quand on se rappelle l'heureux projet de Lucien de fondre la comédie et le dialogue philosophique, et si l'on présume que Des Périers est son disciple en cela.

Lucien humanise ses dieux en leur attribuant des défauts terrestres, en les faisant se quereller pour des riens. Les hiérarchies sont renversées et les dieux se conduisent comme de simples mortels. C'est le procédé du monde renversé à la manière du Κυηικὸς Τρὸπος. Des Périers fait un usage analogue de ce procédé en faisant descendre Mercure sur terre et en lui attribuant un comportement humain. Les « Lettres venues des Antipodes » (Dialogue IV, 42) s'inscrivent dans ce contexte qui est celui du paradoxe et par conséquent de l'ironie. Le lecteur apprend que Mercure était, au premier dialogue, descendu « en l'hostellerie du Charbon Blanc » (24). Phlégon, Hylactor et Pamphagus, malgré leur condition animale, se conduisent raisonnablement (comme on aurait voulu que les hommes se conduisent), mais n'échangeraient pour rien leur condition pour celles de hommes :

PAMPHAGUS. A la façon des hommes? Je te jure par les trois testes de Cerberus que j'ayme mieulx estre tousjours ce que je suys, que plus avant ressembler les hommes, en leur miserable façon de vivre, quand ne seroit jà que pour le trop parler, dont il me fauldroit user avec eulx.

(p. 40)

Ce passage, rapproché de la conclusion du second dialogue, montre le renversement des attitudes; l'homme, qu'on croirait raisonnable, déraisonne dans ses aspirations :

Or je reviens à moy-mesmes et cognois que l'homme est bien fol, lequel s'attend avoir quelque cas de cela qui n'est point, et plus malheureux celuy qui espere chose impossible.

(p. 22)

---

pera cette idée en disant que la clef du thème central du Cymbalum est « une sorte de folie collective [faite] d'esprit de dogmatisme et d'égoïsme cynique ».

[14] « Notons en passant que les humanistes, après avoir creusé les fables pour y trouver des idées, devaient être tentés de cacher, à leur tour, des idées sous des fables. De fait, les mythes païens ont servi de véhicule à la pensée philosophique du Rinascimento » (Seznec, 88).

Il est à noter que c'est Trigabus, le trois fois moqueur, qui tient ce langage raisonnable à propos de l'outrecuidance humaine à vouloir pénétrer les desseins divins, à espérer le bonheur d'un au-delà qui se moque des mortels. Dix ans plus tard, utilisant l'apologue avec le même personnage de Mercure, un autre auteur lucianique tirera à peu près le même enseignement, d'une manière plus évidente: Rabelais dans le deuxième prologue de son *Quart Livre*:

Soubhaitez doncques mediocrité: elle vous adviendra; et encores mieulx, deument ce pendent labourans et travaillans. 'Voire mais, dictes vous, Dieu m'en eust aussi toust donné soixante et dixhuict mille comme la treizieme partie d'un demy. Car il est tout puissant. Un million d'or luy est aussi peu qu'un obole'. Hay, hay, hay. Et de qui estes vous apprins ainsi à discourir et parler de la puissance et præstination de Dieu, paouvres gens? Paix: st, st, st; humiliez vous davant sa sacrée face et recongnoissez vos imperfections.[15]

Des Périers termine ses fables sans moralité, laissant au lecteur le soin d'en tirer une qui lui convienne.

Le monde renversé se voit à d'autres attitudes. Mercure est fait homme: à Byrphanes et Curtalius, il apparaît comme un galant, un amateur de ripaille, un voleur et un farceur. Son humanité va jusqu'à lui faire préférer le vin de Beaulne au nectar de Phalerne. Les commissions dont il est chargé sont également humaines: s'enquérir des dernières productions poétiques, faire relier un livre, rapporter « quelque dorure, quelque jaseran ou quelque ceincture à la nouvelle façon » (5). Ironiquement, Mercure est tellement humain qu'il ne sait pas qu'il sera victime d'un vol, tout porteur du *Livre des Destinées* qu'il est. Si Mercure et les Dieux se conduisent comme de simples mortels, les hommes nourrissent des prétentions qui les dépassent: ils aspirent à des pouvoirs divins. Telles sont les ambitions des alchimistes et philosophes en quête de pierre philosophale. Comme Byrphanes et Curtalius, qui dérobent le *Livre des Destinées* pour en faire de l'argent, Rhétulus, Cubercus et Drarig veulent la pierre pour en faire commerce, en tirer puissance. Rhétulus, dans sa vantardise, se voit comme un démiurge:

J'en fay ce que veulx: car, non seulement je transmue les métaux, comme l'or en plomb (je vous dy le plomb en l'or), mais aussi j'en fay transformation sur les hommes, quand par leurs opinions transmuées bien plus dures que nul metal, je leur fay prendre autre façon de vivre.

(p. 18)

Parmi les fables qu'Hylactor veut apprendre à Pamphagus, on note celles de Prométhée, du grand Hercule de Lybie, de Saphon (Psaphon) et

15   Rabelais, *Oeuvres*, éd. Jourda, II, 28.

« de Erus qui revesquit » (43), dont le sujet est le pouvoir des Dieux.[16] Les Dieux, en la personne de Mercure, se conduisent comme des hommes, les hommes se conduisent comme des animaux et les animaux comme de vrais philosophes; la fable est complète.

Cette vision du monde renversé, que le mouvement baroque reprendra plus tard dans son esthétique architecturale et poétique, est un procédé de la satire philosophique ou sociale. Cyrano de Bergerac s'en servira dans son *Voyage dans la lune*. Si elle englobe la religion, elle n'en fait pas pour cela son sujet exclusif; ce que Des Périers satirise n'est pas tant la religion que l'attitude des hommes vis-à-vis d'elle. C'est l'importance que les hommes lui attribuent dans le cours de leurs affaires qu'il semble critiquer. C'est le monde devenu volière, un monde de stupidité, d'inefficacité et de mots. À ce niveau, le thème conceptuel et le motif formel se rejoignent: les humains sont dépeints comme des animaux bavards et bruyants, des perroquets injurieux, des ânes, des cigales, des veaux. Cette terminologie animale ne s'applique pas uniquement au clergé comme on a voulu le croire; elle englobe la société en général, les hommes et leurs institutions.

> Premierement, ung perroquet qui sache chanter toute l'*Iliade* d'Homère, un corbeau qui puisse causer et harenguer à tous propos; une pie qui sache tous les preceptes de philosophie; ung singe qui joue au quillard; une guenon pour luy tenir son miroir le matin, quand elle s'accoustre.
>
> (p. 25)

Les philosophes et les prêtres ne sont pas les seuls visés; les femmes, les poètes, les professeurs, les astrologues et tous ceux qui vivent de leurs paroles sont aussi la cible de Des Périers. Les poètes sont mentionnés par Mercure dès le premier dialogue, ainsi que dans le troisième où un passage leur est réservé:

> Memoire à Mercure de dire aux poetes, de par Minerve, qu'ilz se deportent de plus escrire l'ung contre l'autre, ou elle les desadvouera, car elle n'en ayme ny appreuve aucunement la façon; et qu'ilz ne s'amusent point tant à la vaine parolle de mensonge, qu'ilz ne prennent garde à l'utile silence de verité.... Et advertir toute la compagnie des neuf Muses, qu'elles se donnent bien garde d'ung tas de gens qui leurs font la court, faisant semblant les servir et aymer, mais ce n'est que pour quelque temps, afin qu'ilz acquerent bruyt et nom de poetes, et que par le moyen d'elles (comme de toutes aultres choses, dont ilz se sçavent bien ayder) ilz puissent trouver accès envers Plutus, pour les richesses, duquel elles se sont veu souvent estre mesprisées et abandonnées.
>
> (p. 26-27)

---

[16]   Voir ce qu'en dit P. L. Lacroix, *Contes*, 63.

Et voilà quelques flèches décochées à ceux qui sont mus par l'amour du gain et de la gloriole.

Les institutions auxquelles s'attaquent le *Cymbalum* ne sont pas, non plus, exclusivement celles de la religion. Les lieux de plaisir ont la priorité sur les couvents et les monastères :

> Puis il me faut aller mener à Charon XXVII ames de coquins, qui sont morts de langueur ce jourd'huy par les rues, et treze qui sont entretuez aux cabaretz, et dix-huict au bordeau, huict petits enfants que les Vestales ont suffocquez, et cinq Druydes qui se sont laissez mourir de manie et male-rage.
>
> (p. 5)

Les Athéniens sont dépeints comme des commerçants véreux et profiteurs (1-2), l'hôtesse comme sceptique (10). Mercure voleur se retrouve volé. Querelles, préoccupations mondaines, piperies, Mercure n'en croit pas ses yeux ; c'est un monde de tromperie où l'on fait passer des vessies pour des lanternes, un monde indigne de Jupiter.

> Je ne sçay à quoy il tient qu'il n'en a desja du tout fouldroyé et perdu ce malheureux monde, de dire que ces traistres humains non seulement luy ayent osé retenir son livre ... mais encores, comme se c'estoit par injure et mocquerie, ilz luy en ont envoyé ung au lieu d'icelluy contenant tous ses petits passetemps.
>
> (p. 23)

Les hommes par leurs larcins, leurs fredaines, leur vantardise et leurs ambitions, dépassent Mercure et Jupiter. L'enfer est sur terre. Les Dieux sont « pour chacun l'image de notre propre âme ».[17] La rencontre de Mercure avec l'heureux duo Cupido-Celia illustre l'autre façon de voir. Le paradis terrestre (vin de Beaulne) peut être aussi bon que le paradis divin (nectar de Phalerne) ; Byrphanes et Curtalius n'en croient pas leurs oreilles quand Mercure le leur dit. Ceux qui ont raison de se plaindre, Phlégon et Pamphagus, ont la patience et la sagesse de se taire malgré leur chienne de vie. Le *Cymbalum* se termine sur cette note philosophique proférée par Pamphagus :

> Ce follastre Hylactor ne se pourra tenir de parler, affin que le monde parle aussi de luy.
>
> (p. 43)

Hylactor se conduit comme un « homme desguisé en chien » (35), alors que Pamphagus est un « chien qui parle » *(ibid.)*, et qui parle peu.

Le *Cymbalum* est la satire d'une période et de sa mentalité. Que cette période ait été remplie de querelles religieuses et littéraires, que la Réforme ait multiplié le verbe, voilà une conjoncture que Des Périers

---

[17]   Nurse, « Érasme et Des Périers », 63.

saisit dans son contexte socio-philosophique et qu'il traduit par une satire vivante. Sa satire est d'autant plus vivante qu'il met à profit les nombreuses caractéristiques dramatiques du dialogue pour recréer le monde qu'il critique, plutôt que de le décrire comme un simple moraliste.

La dynamique des dialogues du *Cymbalum* n'est nullement basée sur une progression dialogique de type classique (platonicien, délibératif) même s'ils contiennent des exemples isolés de cette méthode; leur but n'est pas à proprement parler de débattre et résoudre des problèmes. Leur dramaturgie, d'ordre linéaire, procède d'une succession de petites scènes brèves et alertes qui atteignent leur but satirique par accumulation. Bien que chaque dialogue ou tableau dynamique (et à l'intérieur de celui-ci, chaque scène) puisse avoir une vie autonome, les quatre dialogues constituent un ensemble homogène dont l'unité n'est pas seulement thématique mais aussi stylistique. Cette unité d'ordre dramatique se fonde principalement sur le personnage de Mercure. Par sa présence, il établit un lien physique entre trois dialogues, permet une économie de personnages et fournit le prétexte au déroulement des scènes.

Ce prétexte est sa descente sur terre et ses rencontres avec divers personnages. Si les commissions dont il est chargé sont le prétexte initial, le vol du livre qu'il devait faire relier déclenche une quête qui est la raison fictive des deuxième et troisième dialogues; le quatrième étant une sorte d'épilogue. Pour cette visite terrestre Mercure est humanisé dans son comportement et ses apparences. Dans l'*Icaroménippe*, c'est Ménippe qui visite l'Olympe et en rapporte des impressions. Mercure sur terre, Ménippe en Olympe, Usbek à Paris, c'est un procédé satirique dont les écrivains philosophes font usage afin d'éviter l'énumération sèche et l'effet accumulatif de catalogue, qu'on retrouve un peu dans les dialogues de Tahureau. Cette technique, analogue au travelingue du cinéma, est génératrice de ce mouvement qu'on associe généralement à l'existence d'une mécanique événementielle.

Le *Cymbalum* donne l'illusion de la vie et manifeste une certaine théâtralité sans être pour autant une pièce de théâtre. Alors qu'au théâtre, le décor, les acteurs et toute la technique de la mise en scène tendent à la création de cette illusion, dans un dialogue qui se veut dramatique seuls sont disponibles les procédés de langage exprimés uniquement à travers des personnages. Ces derniers, par le procédé du miroir verbal, fournissent au lecteur les renseignements concernant leurs gestes et déplacements et le décor; par le procédé du vocatif un personnage est présenté par un autre.

Des Périers n'utilise point cette recette aussi systématiquement qu'Érasme. Au premier dialogue, Byrphanes et Curtalius sont présentés comme individus louches, mais ce n'est que par l'hôtesse, en fin de scène, qu'on apprend leurs noms. Alors que Trigabus ouvre le second dialogue en s'adressant à son divin interlocuteur: « Je puisse mourir, Mercure, si tu es qu'un abuseur » (12), Mercure ne dit rien au sujet de son partenaire. Il en est de même de Rhétulus, Cubercus et Drarig: rien n'est dit sur leurs noms; seul leur comportement est révélé. On trouve, toutefois, un vocatif dans le troisième dialogue:

MERCURE. Qui est cestuy-là, qui vole là? Pardieu! je gage que c'est Cupido. Cupido!

CUPIDO. Qui est-ce là? Hé bon jour, Mercure! Est ce toy? Et puis, quelles nouvelles?

(p. 27)

Au dernier dialogue, après un échange d'insultes assez comique, les deux chiens se présentent ironiquement comme le feraient des personnes. Le vocatif n'est pas de mise, puisque il s'agit d'une rencontre accidentelle entre deux personnages inconnus l'un à l'autre:

HYLACTOR. Dy, hé! matin, parles-tu point?

PAMPHAGUS. Qui appelles-tu matin? Matin toy-mesmes!

H. Hé mon compagnon, mon amy... Dy-moy ton nom, s'il te plaît.

P. Pamphagus

H. Est-ce toy, Pamphagus, mon cousin, mon amy? Tu connais donc bien Hylactor.[18]

(p. 37)

La fin du premier dialogue annonce un personnage qui n'apparaîtra qu'au troisième, et ce, par le procédé du miroir verbal et non du vocatif:

CURTALIUS. St, st, cache ce livre, car j'oy Ardelio qui vient, lequel le vouldroit veoir. Nous le verrons plus amplement une autre foys tout à loysir.

(p. 11)

En ce qui concerne Mercure, il fait sa propre présentation dans le monologue d'introduction du premier dialogue. Cette exposition analogue à celle d'une pièce fournit assez de détails pour permettre d'identifier le messager des Dieux. Ce procédé d'exposition se répète au quatrième dialogue, dans lequel Mercure n'apparaît pas.

Le procédé du vocatif est, dans l'ensemble, moins utilisé pour l'identification des personnages que pour attirer l'attention sur leurs caracté-

---

[18]   Les abréviations par initiales n'existent pas dans le texte. C'est moi qui abrège.

ristiques morales; il est question de compagnons, d'abuseurs, de badins de philosophes. Même si les noms sont expressifs, ils ne révèlent, à part ceux de Trigabus et des deux chiens, rien sur le comportement des personnages. Ce sont des commodités d'ordre satirique; l'onomastique n'étant pas, en ce cas, basée sur la dualité fondamentale des dialogues à contention, on n'y retrouve pas ce contraste ou cette opposition du genre Cosmophile et Démocritic, Celtophile et Philausone, ou Théorique et Pratique. L'expressivité est rendue par les épithètes plus que par les noms. Cette technique est ainsi plus fertile que le simple procédé du vocatif qui identifie sans peindre. Elle procède de l'invective dont Lucien a fait grand usage et s'apparente plutôt au procédé du miroir verbal.

Celui-ci est employé d'une façon suivie pour marquer les changements de scènes, les gestes et déplacements à l'intérieur de chacune d'elles et pour indiquer la conclusion d'un tableau. Ces petites touches créent l'illusion du mouvement.

Au premier dialogue, on assiste, par l'intermédiaire de Byrphanes et Curtalius, à la descente de Mercure sur terre:

B. Que regardes-tu là, mon compagnon?
C. C'est Mercure, le messagier des dieux, que j'ay veu descendre du ciel en terre.

(p. 6)

Ce procédé est également employé pour permettre la concomitance de deux scènes:

MERCURE. Or messieurs, tandis que le vin viendra, je m'en voys ung petit à l'esbat; faites reinsser des verres cependant et apporter quelque chose à manger.

(p. 7)

Le vol de son livre a lieu durant cette absence technique qui est une pure ficelle de théâtre. Des exemples de déplacements verbalement indiqués fourmillent; qu'il suffise d'en citer quelques-uns:

TRIGABUS. Vien-t-en, je te meneray au theatre, où tu verras le mistere et en riras tout ton beau saoul.
MERCURE. C'est tres bien dit, allons-y.

(p. 14)

RHETULUS. Or, messieurs, il ne vous desplaira point si je prens congé de vous, car voyla monsieur le Senateur Venulus

(p. 21)

ARDELIO. Qu' y a-il là, que tant de gens y accourrent et s'assemblent en ung troupeau?

(p. 31)

CUPIDO. Qui est ceste belle jeune fille que je voy là-bas en ung verger seullette .... Il faut que je la voye en face.

(p. 29)

De la même façon, les gestes essentiels au comique du dialogue sont exprimés en évitant l'insérende ou la description:

MERCURE. Madame, que je vous dye ung mot à l'oreille, s'il vous plaît.

(p. 9)

TRIGABUS. Voy-tu cestuy-là qui se promène si brusquement... Tien, là; comment il torne les yeuls en la teste! Est-il content de sa personne!

(p. 15)

MERCURE. Et voyla son mémoire et sa recepte en pieces!

(p. 15)

Un autre élément essentiel au mouvement d'un dialogue est la langue. La langue du *Cymbalum mundi* est une langue parlée. Les répliques sont en général brèves. Quand elles ne le sont pas, comme dans le cas des monologues de Mercure et d'Hylactor, le rythme en est léger grâce à un style de questions et de réponses faites de phrases assez courtes:

M. Quant auray-je faict toutes ces commissions? Où est-ce que l'on relie le myeulx? À Athenes, en Germanie, à Venise ou à Romme? Il me semble que c'est à Athenes. Il vault mieulx que je y descende.

(p. 5)

Il existe des passages ou l'alternance question-réponse est mise à profit pour l'exposition des idées à satiriser, et non pour la résolution d'un problème. Il n'est pas surprenant d'en trouver surtout dans le deuxième dialogue, puisqu'il a pour cible les philosophes; d'où l'emploi à des fins comiques d'une méthode pseudo-socratique à base de fausse logique dans laquelle les rôles sont inversés: Rhétulus est plus qu'affirmatif dans un domaine qui le dépasse et Mercure, qui est au courant, joue à l'ignorant et brouille les cartes à dessein. L'effet de cette inversion est très ironique:

MERCURE. Et puis ne dictes-vous pas que ce fut Mercure qui la vous brisa et respandit par le theatre?

RHETULUS. Voire, ce fust Mercure.

M. O povres gens! vous fiez-vous en Mercure, le grand aucteur de tous abuz et tromperies?

R. Et que diroyent les juges, advocatz et enquesteurs. Que feroient-ils de tous leurs codes, pandectes et digestes, qui est une chose tant honeste et utile?

M. Quand il y auroit quelcun qui seroit malade et on vous manderoit, vous ne feriez que mettre une petite piece d'icelle pierre philosophale sur le patient, qu'il seroit gary incontinent.

R. Et de quoy serviroient les medecins et apothicaires?   (p. 18-19)

On se serait attendu à trouver dans le *Cymbalum* ce mode familier d'expression du XVIe siècle qu'est le proverbe. Les exemples de Rabelais, et même de Tahureau, sont là pour illustrer les effets stylistiques que l'on peut en tirer. Aussi est-on étonné de n'en relever aucun. Tout juste, si l'on rencontre une dizaine d'expressions proverbiales du genre de celles-ci: faire « entendre de vessies que sont lanternes, et de muees que sont poilles d'arain » (18) ou, « le loup en la paille » (36).

Le caractère populaire et vivant de la langue est, par contre, rendu par les jurons; ceux-ci sont nombreux et proférés dans un contexte ironique. On ne s'attend pas, en effet, à entendre Mercure lancer des « sambieu », « corbieu », « vertubieu » et encore moins un « je reny-bieu ». L'ironie découle également de l'emploi anachronique (signalé par l'auteur dans la dédicace) de ces jurons. Si la scène est censée se passer à Athènes le fait que Byrphanes s'écrie: « Et que dyable est-ce? » (6) devient comique; ce comique est redoublé par la réponse de Curtalius: « Par le corbieu » (6).

Cette utilisation de l'anachronisme à des fins comiques se retrouve à travers les quatre dialogues et ne se limite pas au domaine du vocabulaire. Mercure se rend chez des « libraires pour chercher quelque chose de nouveau à Pallas » (5). Trigabus compare Protée à un magicien, maître Gonin. Rhétulus pense avoir « trouvé la feve du gasteau » (15). Ces anachronismes se retrouvent concentrés dans l'introduction du troisième dialogue; ce monologue de Mercure est typique par leur nombre; il y est question des *Cent Nouvelles nouvelles*, de « miroir d'acier de Venise » (25), de détails vestimentaires (les touretz de nez) qui situent indubitablement l'époque.

Alors que dans son adaptation du *Lysis* de Platon, Des Périers modernise le langage des personnages dans un but sérieux, dans le *Cymbalum* le même procédé devient un rouage essentiel du comique. C'est par lui que la transposition de la fable et de l'allégorie s'éclaire et que les intentions satiriques de l'auteur sont découvertes au lecteur. C'est le lien entre le sérieux et le comique.

Les limites du sérieux et du comique n'ont pas toujours été faciles à établir en ce qui concerne le *Cymbalum mundi*. L'allégorie est parfois équivoque pour le lecteur moderne. Le message l'est aussi parce qu'il n'y en a pas un, mais plusieurs. Le mérite de l'auteur est d'avoir astucieusement habillé ce qu'il avait à dire au lieu d'en disserter, de moraliser et d'en traiter. Il a fait un tableau là où d'autres auraient voulu un dessin. Et comme pour tout tableau, l'interprétation dépend de l'angle sous lequel on se place. Le *Cymbalum* est, en soi, une énigme. Et dehors et au-delà des références à la religion, il m'a semblé y déceler une certaine vision sceptique du monde, une certain tranquillité « d'esprit conficte en mespris des choses fortuites » (Rabelais, Prologue du *Quart Livre*, éd. Jourda, II, 12). Ces choses fortuites et humaines sont l'amour du gain (Byrphanes, Curtalius), la curiosité et le désir d'en savoir plus qu'il n'est possible (Rhétulus, Cubercus, Drarig), le babil et le haut caquet de tout le monde. Chacun éprouve le besoin de se distinguer d'autrui; même le chien Hylactor a une vision cosmique de soi. Byrphanes et Curtalius veulent inclure leurs noms au *Livre des Destinées*; Trigabus tente d'obtenir de Mercure une formule magique qui lui permette d'avoir des pouvoirs surhumains; les philosophes sont à la recherche d'une pierre miraculeuse. À la lumière de ces comportements, la fin du dernier dialogue sert de conclusion appropriée à tout le *Cymbalum*:

P. Ce follastre Hylactor ne se pourra tenir de parler, affin que le monde parle aussi de luy. Il ne sçauroit dire si peu de parolles, qu'il n'assemblist tantost beaucoup de gens et que le bruit n'en coure incontinent par toute la ville, tant sont les hommes curieux et devisans voluntiers des choses nouvelles et estrangeres!

(p. 43)

Auparavant, l'auteur a pris soin de tempérer la portée sceptique de ce jugement sur les hommes en laissant entendre que, malgré tous leur défauts, ils sont faits pour vivre ensemble:

CELIA. Que Nature est bonne mère de m'enseigner par vos motetz et petitz jeux que les creatures ne se peuvent passer de leurs semblables.

(p. 29)

Ainsi les quatre dialogues du *Cymbalum mundi* abordent des problèmes humains sur un plan général, sans tomber dans le dogmatisme des systèmes; ils sont philosophiques puisqu'ils nous communiquent une certaine vision des hommes. Parmi les dialogues que nous avons, jusqu'ici, passés en revue, ce sont les seuls qui puissent mériter cette étiquette. À cela, il faut ajouter que le comique ne fait aucun doute. Sur ce plan, l'œuvre est une réussite. La concision et la diversité des pointes satiriques, la simplicité des moyens stylistiques et de la langue donnent à ces dialogues la permanence du chef-d'œuvre.

9. LE DIALOGUE ENCYCLOPÉDIQUE DOXOGRAPHIQUE: LOYS LE CARON

Autour de 1550, on assiste à la convergence et à l'arrivée à maturité de courants d'influences qui s'étaient manifestés dès les débuts de la Renaissance: traductions de dialogues de Platon et de Cicéron et de leurs commentateurs, établissement de sommes systématiques dans une matière déterminée (sur la mythologie pour Giraldi, sur les correspondances de l'univers pour Giorgio), influence des cénacles d'humanistes et des salons. Jusqu'ici les œuvres de Symphorien Champier, de Geoffroy Tory et de Pasquier apparaissent comme des phénomènes isolés, indépendants d'un système d'ensemble, quoiqu'elles traitent de médecine, de géographie, d'astrologie et de bien d'autres disciplines. C'est dans un tel contexte qu'on pourrait également placer le *Dialogue de l'Ortografe* de Peletier du Mans, ou la *Recepte véritable* et les *Discours admirables* de Palissy qui font figure de manuels spécialisés. Même les *Dialogues* de Tahureau, malgré la diversité des questions abordées, et à cause de leur intention satirique, ne s'inscrivent pas dans un cadre général ayant pour but l'appréhension et la discussion des connaissances dans leur totalité. Avec Du Bartas, Le Fèvre de la Boderie et Scève en poésie, Brués, Le Caron, La Primaudaye et Pontus de Tyard en prose, la conception de la connaissance comme un tout, de l'univers dans son ensemble, se fait jour et se traduit par des œuvres d'envergure encyclopédique.[1]

La conséquence immédiate de projets d'une telle envergure est que l'auteur envisage, au lieu d'une production unique, plutôt une série de plusieurs centrées, chacune, sur un sujet donné. Ces esprits ambitieux et, parfois, non exempts de pédantisme, rêvent, non seulement d'em-

---

[1] Bien que l'épithète n'apparaisse qu'en 1752, le mot « encyclopédie » se trouve, dès 1532, sous la plume de Rabelais. Dans *Pantagruel*, Thaumaste, après la fameuse dispute par signes, attribue à Panurge le mérite de lui avoir « ouvert le vray puys et abisme de encyclopédie » (Rabelais, *Oeuvres*, éd. Jourda, I, 325).

Pour l'origine et la définition du terme voir Albert Dauzat, *Nouveau dictionnaire étymologique* (Paris: Larousse, 1964), 264: « instruction circulaire, c.-à-d. embrassant le cercle des connaissances ». Notons que l'encyclopédie remonte au Moyen Age.

brasser l'ensemble des connaissances entrevues au cours de leurs lectures et de leur discussions, mais encore de toucher un public plus large. L'usage du français n'est plus disputé et le dialogue leur semble le moyen le plus efficace d'atteindre de tels buts. En effet, par ses structures dynamiques (plus d'une voix, jeu de l'argumentation), le dialogue permet d'exposer simultanément plusieurs matières, de les opposer ou de les concilier et de les dépasser jusqu'à un niveau épistémologique qui les englobe. Il permet également par le jeu de personnages réels de reproduire, et, le plus souvent, d'imaginer des discussions fertiles entre spécialistes de disciplines différentes, ou de faire discourir un expert devant une oreille profane et commode, avide de s'instruire. On ne s'étonnera donc pas devant le nombre de ces dialogues encyclopédiques qui surgissent vers et après 1550, souvent l'un après l'autre d'abord, puis en édition collective. Loys le Caron, Pontus de Tyard et Guy de Brués sont les représentants incontestés de cette tendance.

Plus que dans tout dialogue étudié jusqu'ici, on parle de philosophie, de dialectique et de rhétorique, de raison et d'opinion. Les dialogues encyclopédiques en arrivent ainsi à poser la question de la hiérarchie des connaissances, de la connaissance en elle-même et des instruments de son appréhension. C'est dans un tel contexte que les trois *Dialogues* de Brués, publiés comme une seule œuvre, s'inscrivent, étant donné leur matière et l'angle sous lequel elle est entrevue. Pour Le Caron et Pontus de Tyard, leurs intentions déclarés sont encyclopédiques même si leur ardeur n'est pas toujours venue à bout d'une entreprise aussi vaste. Ces entreprises sont parallèles à bien des égards, cependant le sort fut moins clément à la renommée du premier. L'oubli qui l'entoure n'est pas toujours mérité.

Le premier dialogue de Loys Le Caron, dit Charondas, date de 1554: c'est *La Claire, ou de la Prudence de Droit*.[2] Le Caron a dix-huit ans. Né dans une famille de magistrats dont les origines grecques remontent au siècle précédent, il est reçu avocat à seize ans et se lance dans la poésie amoureuse de tendance pétrarquiste.[3] Imitateur plutôt qu'inno-

---

[2]   *La Claire, ou de la Prudence de Droit. Dialogue premier Plus La Clarté amoureuse par Lois Le Caron Droit conseillant Parisien et Advocat au souverain senat des Gaules. A Paris, par Guillaume Cavellat, à l'enseigne de la Poulle Grasse devant le Collège de Cambray. Avec privilège du Roy, 1554.*
[3]   Voir sur cette question l'article de Lucien Pinvert, « Louis le Caron, dit Charondas », *Revue de la Renaissance*, 2 (1902: rpt. Genève: Slatkine, 1968), 2-3. Pinvert est parmi les premiers à avoir attiré l'attention sur le Caron dans une série d'articles publiés dans la *RR* et dans *RER* (I, 1903, 193-201). Pinvert considère la *Poésie de Loys le Caron*, 1554, comme le premier recueil de sonnets dédiés à Claire, or le privilège

vateur, il ne perce pas dans l'arène littéraire dominée par ses aînés de la Pléiade. Ses efforts se tournent vers des sujets plus sérieux: la philosophie et la jurisprudence. En 1555, il dédie à Marguerite de France un opuscule intitulé *La Philosophie de Loys Le Caron Parisien*.[4] Quoique cet ouvrage ne soit pas un dialogue, il permet de cerner ses intentions encyclopédiques et les raisons de l'emploi du dialogue.

Les deux livres de *La Philosophie* sont placés sous l'égide de Platon. Les indications marginales et les références insérées lavent Le Caron de toute accusation de plagiat:

> Il m'a semblé de choisir entre les philosophes Grecs Platon pour l'imiter, non comme asservi à la traduction d'aucuns de ses dialogues, mais épuisant des claires fontaines de sa pure et sacrée philosophie ce que je cognoistrai plus philosophique, c'est-à-dire convenable à la cognoissance de la vraie sagesse.
>
> (*La Philosophie*, ff. 33-34)

Cette imitation avouée est faite d'une connaissance sûre et directe des œuvres du philosophe grec. Au lieu donc de développer les idées de Platon transmises par un tiers (je pense à Ficin), Le Caron se fait lui-même commentateur. Son commentaire s'appuie non seulement sur Platon, mais se réfère à d'autres philosophes. Sa démarche prend des allures scientifiques: il définit, analyse, compare, inventorie avant d'émettre son avis personnel sur la question. Cette rigueur et cette précision sont peut-être la cause de la sécheresse de style qu'on lui a reprochée.

Ces deux livres pourraient à première lecture donner l'impression d'une somme, d'une accumulation *d'exempla*; mais ce n'est pas le cas. Le Caron après avoir passé en revue Platon, Aristote, Zénon, Pythagore et d'autres philosophes, après avoir été de l'un à l'autre, émet une opinion personnelle et se place au-dessus des écoles ou sectes. Il prend son miel où il le trouve, malgré sa prédilection pour Platon.

Cette méthode nous vaut plusieurs définitions, un historique des écoles philosophiques agrémenté d'un jugement personnel, et une évaluation de la philosophie par rapport aux autres disciplines. Partant ainsi de la simple définition platonicienne de la philosophie comme étant « l'amour de sagesse, laquelle retirée des choses corporelles, contemple les divines et recherche la vérité » (f. 10), il l'élargit pour en faire « la science de la vérité » (f. 13); or, plus haut, il avait défini l'objet de cette

---

accordé à Gilles Corrozet, à la fin de *La Clarté amoureuse* qui est ajoutée à la fin du dialogue *La Claire* porte la date du 7 décembre 1553.

[4] *La Philosophie de Loys Le Caron Parisien* (Paris: Vincent Sertenas, 1555). Nous avons consulté un microfilm établi sur une copie du British Musuem, catalogue 521, i-25.

science comme étant « la cognoissance des choses qui sont cachées es secrets de Nature ou qui sont cachées à la vie et mœurs des hommes » (f. 5). Cette définition revendique pour la philosophie le domaine des sciences physiques et des sciences morales ou sociales. Le Caron y inclut également les mathématiques dans lesquelles il se prétend versé puisqu'il a, écrit-il, « mis en français les *Elemens géométriques* d'Euclide » (f. 52).

Après l'objet de la philosophie, Le Caron en arrive à ce que certains considèrent son instrument: la logique. Son point de départ est Aristote, dont il expose les vues sur la question:

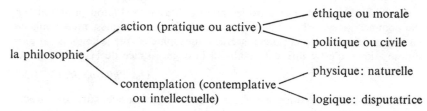

Mais au lieu de se contenter, sans examen, de ces divisions, Le Caron laisse entendre que la logique, qui à l'origine et selon Zénon comprenait rhétorique et dialectique, n'est devenue « qu'une industrie de bien dire ou subtilement disputer » (f. 19). Il renverse les hiérarchies et remet la dialectique en honneur:

> La Dialectique est celle qui monstre par subtile dispute, ce qui doit estre jugé vrai ou faux, et enseigne la manière de traicter, et deviser, par ordre, et raison.
>
> (f. 20)

Aussi anodine qu'elle puisse paraître, cette définition est révélatrice d'un état d'esprit moderne. Elle se base sur la raison (et non l'autorité), englobe la logique et la rhétorique, faisant de la dialectique non un instrument indépendant de la philosophie, mais une étape pédagogique préparatoire. La dialectique, comme les mathématiques, est une discipline; la philosophie la science qui coiffe toutes les connaissances. *La Philosophie* et *La Dialectique*, tout en étant contemporaines, présentent des analogies frappantes. Plus ouvertement que La Ramée, Le Caron tourne le dos à Aristote et à ses adeptes, « ces farceurs de sommes, bastiers de termes, quodlibétaires d'indissolubles, sophistes modalisez » (f. 52). La vision que Le Caron a de la philosophie explique sa tentative encyclopédique. Ses intentions se manifestent à la fin du second livre de *La Philosophie*.

> L'ordre proposé au commencement de cète dispute m'invite à la description du monde, laquelle je délibère traicter à l'imitation des anciens philosophes,

lesquels recherchent la disposition, les mouvements, les actions, les regards des estoilles et de leurs globes, non seulement par les raisons qu'ils pouvoient comprendre des choses présentées à leurs yeux: mais aussi par leurs nombres, grandeurs, harmonies et autres semblables: desquelles j'escrirai ci-après, si j'ai une fois vaincu le pernicieux conseil des ennemis de la chose publique et les miens.

(f. 69)

Le dialogue qui suit immédiatement *La Philosophie* et qui se trouve dans le même opuscule, fait figure d'appendice: *Le Philosophe, ou que la Philosophie est toute roïale*. Son premier dialogue, *La Claire*, est un exercice de débutant, la gourme de l'étudiant de droit fraîchement reçu avocat; il y mêle l'amour, la profession et ses ambitions littéraires. Que ce dialogue n'ait pas eu un grand retentissement, on peut comprendre pourquoi: a-t-on idée d'entretenir sa belle des *Pandectes* et *des Digestes*? Heureusement il semble avoir compris la leçon puisque par la suite il promet plus de variété.

C'est en 1556 que s'opère le changement d'orientation de sa pensée. Il se tourne vers la philosophie en général, morale en particulier. L'envergure de son entreprise encyclopédique s'étale dans la table des matières qu'il mit en tête de ces *Dialogues*.[5]

Dialogues du premier livre.
1. *Le Courtisan premier, ou que le Prince doit philosopher.*
2. *Le Courtisan second, ou de la vraie sagesse et des louanges de la philosophie.*
3. *Valton, de la tranquilité d'Esprit, ou du souverain bien.*
4. *Ronsard, ou de la poësie.*
5. *Claire, ou de la beauté.*

Dialogues du Second livre:
6. *Le Chaldéan, ou des divinations.*
7. *Pasquier, ou de l'Orateur.*
8. *Le Solitaire, ou de la description du monde.*
9. *Le Sophiste, ou de la science.*
10. *Faulchet, ou de l'utilité, qu'apporte la connaissance des choses naturelles.*

Dialogues du Tiers livre:
11. *Le nouveau Narcisse, ou de la nature de l'homme.*
12. *Le nouveau Heraclite, ou des secrets de la Philosophie non encore congneus ne revelez.*
13. *Le nouveau Parmenide, ou de l'estant des Idées.*
14. *Le nouveau Pytagore, ou des nombres et de l'harmonie.*
15. *Le Senateur, ou de la Chosepublique.*

[5] *Les Dialogues de Loys Le Caron, Parisien. A Paris pour Vincent Sertenas ... 1556.* Microfilm sur la copie du British Museum, catalogue 8402-e-l. Nous numérotons les dialogues pour la commodité des références.

C'est tout un programme. Ces quinze titres devaient comporter plus de quinze dialogues: cinq pour *Claire*, deux chacun pour *Le Chaldéan*, le *Pasquier* et *Le nouveau Narcisse*, quatre pour *Le Solitaire*, trois pour *Le nouveau Heraclite*, six pour *Le nouveau Pytagore*, et pour finir, dix pour *Le Senateur* soit quarante et un dialogues au total. Tel est son programme. Cependant, en tout et pour tout, il en aura publié sept, *La Claire* et *Le Philosophe* inclus. À la fin de la seconde *Claire* (5e dialogue du premier livre), une note de l'éditeur nous promet d'autres dialogues.[6] Ils ne verront jamais le jour.

Les dialogues publiés ne manquent pas de variété dans leur sujet malgré l'idée obsédante que tout tombe sous la coupe de la philosophie. Les deux *Courtisan* continuent le thème du *Philosophe*; c'en est le second volet en quelque sorte. Le courtisan, qui n'avait pas dit grand-chose dans *Le Philosophe*, a l'occasion de se rattraper dans les *Courtisan* et surtout dans le second. Ces deux dialogues font l'effet d'un commentaire du *Cortegiano*. Le Caron se sert de Platon (la *République*) pour répondre à Castiglione. L'atmosphère de la rencontre rappelle plus celle des jardins d'Urbino que celle du Portique. L'issue du débat est à l'avantage de la philosophie comme l'avaient laissé prévoir les titres. Il n'y a pas, cependant, attaque de la qualité de courtisan comme l'écrit si catégoriquement Pauline M. Smith;[7] encore moins de technique satirique imitée de Lucien.[8] Le *Valton*, où Rabelais est l'interlocuteur d'une conversation rapportée, continue cette idée de la suprématie de la philosophie en tant que sagesse. C'est par la bouche même de Rabelais que Le Caron s'attaque aussi bien aux Épicuriens qu'aux Stoïciens pour prôner une position toute platonicienne. Ici aussi on s'est empressé de

[6]   « Par ce que la grandeur des dialogues ensuivants de la beauté et des autres livres mérite plus ample volume, on a différé de les imprimer jusques à ce que l'auteur aiant plus grande commodité mette tous ses œuvres en lumière » (*Dialogues*, f. 175)

[7]   Pauline M. Smith, *The Anti-Courtier Trend in Sixteenth Century French Literature* (= *THR*, tome 84) (Genève: Droz, 1966): « One of the most interesting of these partial attacks on the theory of the *Cortegiano* is that contained in the second dialogue of Louis Le Caron's *Dialogues* » (147).

Le Caron, comme Brués, condamne les opinions non fondées. Pour le reste ses vues concordent avec celles de Castiglione puisque ce dernier lui aussi veut que son courtisan soit philosophe: « Therefore the soule [the Courtier's] ridde of vices, purged with the studies of true Philosophie, occupied in spirituall, and exercised in matters of understanding ... openeth the eyes that all men have, and few occupie, seeth in her selfe a shining beame of that light... » (*The courtier*, 611, in *Three Renaissance Classics*, introduction and notes by Burton A. Milligan [New York: Scribner's, 1953]).

[8]   « Much of this advance in satirical technique may be attributed to the influence of Lucian » (P. Smith, 150). Nulle part dans les *Dialogues* de Le Caron, nous ne trouvons le souffle lucianesque.

prendre ce que dit Rabelais-personnage pour une transcription exacte.[9] Un peu de circonspection est de mise; quand on a lu tout Le Caron et qu'on connaît les conventions du dialogue, on est plus près de la vérité si l'on dit que c'est Le Caron qui parle. En plus de Platon, Le Caron s'inspire des idées de Plutarque et de Sénèque. L'entretien fictif et savant du *Ronsard* fait l'éloge de la poésie française moderne. C'est un coup de chapeau à la Pléiade qui se trouve placée au rang des illustres Anciens. Le dernier dialogue, *Claire, ou de la beauté*, développe le thème de l'amour platonique dégagé de ses entraves corporelles. Par beauté, il faut entendre celles des intelligences célestes, des idées. Le Caron force le raisonnement jusqu'au bout: du moment que les corps n'ont pas d'importance, et que seul l'idéal de la beauté est le but de toute quête amoureuse, un amoureux, qui papillonne à la recherche de ce nectar, ne peut être accusé d'inconstance. Ce dialogue était considéré par son auteur comme une introduction, « l'argument ou épitomé des autres » (*Dialogues*, f. 1). Malheureusement, il ne verra pas de continuation.

Pourquoi Le Caron s'est-il arrêté là? Son excuse est qu'il est pris par les devoirs de sa charge. Cette réponse ne satisfait pas la curiosité surtout quand l'on sait qu'il a pu trouver assez de temps pour écrire des ouvrages juridiques. Découragement devant l'apathie du public? Renonce-t-il parce que Pontus de Tyard le précède dans son entreprise? La question n'a pas encore été éclaircie à la satisfaction de tous. La similitude de certains titres (Les *Solitaire*, *Le Chaldéan, ou de la divination* qui pourrait être rapproché du *Mantice* de Pontus), et des sujets traités (poésie, astrologie, description du monde, etc.) a induit certains à soutenir cette hypothèse. Hypothèse soutenable puisqu'avant 1556, Tyard avait déjà publié trois dialogues: les *Solitaire premier* et *Solitaire second* et le *Discours du temps*. De plus, le premier dialogue de Pontus précède de deux ans le premier de Le Caron. Les apparences font du parisien Charondas un imitateur de Pontus; mais rien n'a été prouvé, car il y a autant de divergences que d'analogies. Le programme de Charondas est très vaste: philosophie, poésie, esthétique, astrologie, rhétorique, physique, métaphysique, politique, droit. Pontus du Tyard n'en avait pas envisagé autant. Le Caron a été, peut être, trop ambitieux. Son projet, plutôt que Pontus, semble avoir eu raison de lui. La question du parallélisme des deux œuvres mérite plus ample discussion.

[9]   Par exemple Walter Kaiser, *Praisers of Folly* (= *Harvard Studies in Comparative Literature*, 25) (Cambridge: Harvard University Press, 1965), 182: « The words attributed to Rabelais are not an invention by Le Caron, but a transcription of a conversation ».

Sur le plan des sources, Le Caron a le mérite de les avouer; elles se placent sous le signe des Anciens. C'est, cependant, une imitation sélective, raisonnée et limitée. De plus, elle se passe des sources secondaires. Le Caron rejette les commentateurs modernes, les Italiens en particulier, ainsi que les traducteurs:

Je n'imite ces mercenaires traducteurs qui balancent leurs escrits au pris du gain.

(*Dialogues*, f. 3)

Son attitude vis-à-vis des Anciens dénote autant d'admiration que de réserves:

Maintenant je te présente trois livres de Dialogues desquelz tu rapporteras et ce que les anciens ont congneu et ce qu'ilz ont ignoré. Car je ne suis pas trop serf admirateur ne trop arrogant despriseur de l'Antiquité.

(*Dialogues*, f. 2)

Parmi les Anciens ses préférences vont aux auteurs de dialogues et surtout à Platon et Cicéron; Platon pour la matière et la manière, et Cicéron surtout pour la manière:

Il m'a semblé de choisir entre les philosophes Grecs Platon pour l'imiter, non comme asservi à la traduction d'aucuns de ses dialogues, mais épuisant des claires fontaines de la pure sacrée philosophie, ce que je cognoistrai plus philosophique, c'est-à-dire convenable à la connaissance de la vraie sagesse.

(*La Philosophie*, ff. 33-34)

Je pense qu'aucuns de vous ont leu les Dialogues de ce divin Platon, lequel disputant de filosofie (laquelle a telle majesté qu'elle ne doit estre que gravement traitée) entremesle plusieurs propos joieux, familiers, domestiques et fabuleus … Doi je taire Ciceron lequel je me suis principalement proposé… Ne veons nous ses Dialogues remplis d'infinis discours, lesquels les personnes induites égarent de la principale matière, pour descendre aus propos qui touchent plus leur estat?

(*La Claire*, f. 2)

Sans l'écrire expressément, Le Caron a choisi le dialogue pour des raisons d'écriture. Le dialogue lui permet d'introduire de la variété et de la diversion dans le discours suivi. Il lui permet aussi de faire parler des spécialistes. Veut-il parler de gouvernement et de philosophie? Il choisit un courtisan (proche du prince) et un philosophe. Veut-il parler de poésie et de rhétorique? Il imagine un entretien fictif entre deux poètes célèbres et deux orateurs de son temps: Ronsard et Jodelle contre Pasquier et Fauchet. Le Caron situe même ce débat fictif dans la grande salle du Palais Royal à Paris. De la même façon, il introduit comme personnages, son oncle maternel et Rabelais et bien d'autres personnalités contemporaines moins connues de nos jours, comme l'Escorché ou Cotereau *(Valton)*. Comme Peletier du Mans dans le *Dialogue de l'Ortografe*, Le Caron choisit dans son époque des noms pour leur célébrité. Plus que Peletier et contrairement à la plupart des auteurs de dialogues jusqu'ici entrevus, Le Caron occupe souvent, trop souvent parfois, le devant de la scène. Contrairement à Platon, il est partie dans les deux *Courtisan* et défend la philosophie contre l'incrédulité du courtisan. Dans *La Claire, ou de la Prudence de Droit*, il joue le rôle d'éducateur sous le nom de Solon. Dans un préambule assez poétique d'ailleurs, Le Caron donne les raisons de ce choix:

> Je mis en dispute un propoz, lequel jusques à la nuit continuasmes. Et l'ai depuis son commandement écrit en dialogue. J'ai fait parler non Minos, ou Rhadamante (comme aucuns) affin que nostre deviz ne feut destitué d'autorité, comme fable; mais Solon legislateur, affin que nôtre discours eust plus grande autorité.
>
> (f. 7)

Il est également présent dans le second *Claire*, jouant un rôle actif dans la discussion.

Le Caron a choisi le dialogue pour une raison linguistique souvent invoquée alors: illustrer la langue française:

> Je m'efforcerai d'enrichir nostre langue et piller de toutes nations, les plus vives couleurs desquelles elle pourra estre embellie.
>
> *(La Claire*, f. 4)

Il veut ouvrir au français le sérieux domaine de la philosophie contrairement à « ceus qui veulent enserrer nostre langue en l'étroite prison de la vulgaire usance » (*La Claire*, f. 2).

Le dialogue lui permet aussi de sacrifier à la mode du temps, aux conversations amoureuses et mignardises. Le Caron s'en excuse à plusieurs reprises dans les avant-propos de *La Claire* et des *Dialogues*. Sa marotte est la philosophie, mais il regrette, comme Tahureau, qui écrit à la même époque, d'avoir à faire cette concession. L'excuse lui est facile dans *La Claire*, puisque le dialogue est dédie au personnage féminin, Claire; c'est donc à sa requête qu'il consent d'enlasser « quelques mignardes courtoisies [entre] les graves et sérieuses disputes de la loi » (f. 3). Le lecteur moderne est redevable à cette égérie inconnue de ces pauses qui permettent de souffler dans un dialogue qui, sans elles, serait entièrement indigeste. Mais Claire n'est pas la seule excuse:

> Au moins si je desire mes ecritz guagner la faveur de ceus de nostre eage, lesquelz sont tant amorcez d'amour, qu'ilz ne s'exercent qu'es deviz d'icellui.
>
> *(La Claire*, f. 3)

Ces excuses réitérées de Le Caron contiennent une critique sous-jacente. Lui qui se réclame continuellement de Platon, désapprouve ces cercles qui, au nom du même Platon, se complaisent dans les inutiles bavardages sur l'amour. L'imitation et le commentaire des œuvres du divin philosophe s'inscrivent dans une tentative de réhabilitation. « Si donc pour allecher noz François, studieus de l'amoureus exercice, [il a] hors de propos, plus que ne vouloi[t], inseré quelques devis d'amoureuse dispute » (f. 3), ce n'est pas pour son propre plaisir; il se trouvera des gens assez sérieux et philosophes qui « blasmeront la forme et manière de laquelle [il] use en [ses] discours comme asiane, Poëtique et trop numereuse » (ff. 3-4). A ces détracteurs, Le Caron répondra en alléguant l'exemple du Maître :

> Davantage nous veons les Dialogues de ce filosofe enrichis de figures Poëtiques, les dispositions des motz si gracieusement ordonnées que les oreilles sont merveilleusement de leur douceur remplies.
>
> (*La Claire*, f. 4)

C'est encore derrière Platon qu'il se retranche pour expliquer la présence de personnages féminins dans une dispute philosophique sur la beauté :

> Autant me plaît le nom de Claire, qu'à Platon celui de Phèdre.
>
> (*Dialogues*, f. 3)

Les raisons souvent invoquées par Le Caron pour excuser ses digressions ou les passages non philosophiques – donc non sérieux – dénotent un certain malaise de sa part vis-à-vis de sa technique du dialogue. Ce malaise est le reflet d'une confusion de valeurs. Assis sur deux chaises, Charondas ne sait pas que la portée utilitaire d'un dialogue peut se concilier avec sa valeur littéraire. Implicitement, il sépare la poésie de la philosophie au profit de celle-ci. Il se défend, hélas, de ce qui fait le charme de ses dialogues. Ce divorce montre que Le Caron, malgré sa profonde connaissance des dialogues de Platon, n'en a vu que le côté philosophique.

Loys Le Caron semble dominé par ce souci du sérieux, du vrai, de l'utile. Tous ses dialogues sont censés être des entretiens rapportés, excepté le *Ronsard* qu'il place néanmoins dans un contexte sérieux puisque ses personnages sont des personnalités contemporaines. Au début de chaque dialogue, il prend toujours soin d'établir les circonstances, le lieu, le temps de la rencontre et l'identité des interlocuteurs. Il prend autant de précautions en fin de dialogue; et tout cela, sans longueurs. L'introduction de *Valton* en donne un exemple intéressant à deux titres :

le dialogue est une recomposition d'un entretien entre son oncle et un certain L'Escorché et comporte lui-même un autre dialogue rapporté entre l'Escorché, Cotereau et Rabelais; il y a donc ici un cas très net de dialogue dans le dialogue:

> Me pourmenant quelquefois avec mon oncle en un parc spatieux et plaisant pour la diversité des couleurs de la fleurissantes prérie, après plusieurs propos nous entrâmes en la dispute de la tranquilité d'esprit et du souverain bien. Il lui resouvint de ce que auparavant il avoit ouï reciter à Monsieur L'Escorché d'une mesme question discouriüe entre lui, Cotereau et Rabelais, et humainement me la declaira toute. Depuis repensant à ces discours il m'a semblé de les traitter plus amplement faisant parler ceux desquelz les sentences estoient propres, et exprimant sous le nom de mon oncle nostre commune pensée.
>
> (*Dialogues*, f. 82)

Ce souvenir de Platon se manifeste de nouveau au début du dialogue rapporté.[10] Le seul dialogue où la vraisemblance coïncide avec le déroulement de l'entretien rapporté est le dernier, *Claire, ou de la beauté*. Le Caron surprend une discussion entre jeunes sur la question de la beauté, et n'est, que vers la fin, appelé à arbitrer le débat. C'est un petit tableau vivant, et le rythme est à la mesure du décor et de la jeunesse des interlocuteurs: primesautier. La conversation semble naturelle. Pour ce qui est des autres dialogues, les ficelles de la composition sont trop grosses pour que la prétention au naturel demeure valide: les discours expositifs prononcés à tour de rôle sont trop longs et trop documentés. C'est de la rhétorique. Il faut, toutefois, signaler qu'il évite un défaut fréquent des dialogues de l'époque (voyez Castiglione, Peletier ou Tyard, par exemple), qui consiste à indiquer les changements de répliques par les insérendes du type « dit-il », « répondit-il », etc., qui alourdissent des discours assez lourds sans elles.

Les dialogues de Le Caron démarrent assez rapidement et se terminent également avec netteté. Le lecteur n'éprouve aucune difficulté à déterminer qui est le locuteur et qui est l'auditeur. Leur déroulement interne est, cependant, loin d'être naturel, inattendu, ou dialectique. Il n'y a pas de dialectique ascendante bien que l'auteur soit au courant de la méthode, puisqu'il l'utilise intentionnellement à quelques reprises pour

---

[10] *Dialogues*, f. 96: « L'ESCORCHE. Ce propos, lequel asses me contente, remet en ma mémoire la question, qui feût dernierement traittée en mon logis entre les seigneurs Cotereau, Rabelais et moi de la tranquilité et pertubation de l'esprit et du souverain bien ... si tu ne trouves ennuieux que je la recite, je prendrai grand plaisir à la discourir ». Voir: Pinvert dans « Un entretien philosophique de Rabelais, rapporté par Charondas (1556) », *RER*, I, (1903), 193-201.

varier la cadence. Les deux types de démarche généralement usités sont :
celui de la question-réponse et celui du *pro et contra*.

La démarche par question et réponse ne s'inscrit pas dans un ensemble
discursif de type socratique, mais plutôt dans un cadre expositif du type
maître-élève. À l'inverse du procédé dialectique, c'est l'élève-ignorant
qui s'informe auprès du maître-savant. Dans *La Claire*, c'est Le Caron,
alias Solon, qui traite du droit devant Claire qui l'écoute sagement.
Dans le *Courtisan premier*, Philarète fait office de disciple et Le Caron,
encore, celui de maître. Narcisse-élève écoute Claire-maître discourir
sur la beauté dans la *Claire* des *Dialogues*. Ronsard et Jodelle partagent
la chaire, Pasquier et Faulchet le pupitre dans le *Ronsard*. Eût-il écrit
le *Pasquier, ou de l'Orateur*, Le Caron aurait simplement inversé les
rôles de ces mêmes interlocuteurs. Cela va dans la logique de son choix
des personnages ; en choisissant de faire parler des experts d'une discipline, il allait de soi que le rôle de maître leur échût. Bien sûr l'élève
se permet de dresser une oreille interrogative ; l'attitude est alors rarement
dubitative. Le disciple demande des éclaircissements qui ne sont que
prétextes à d'autres développements. Les diversions, qu'on ne doit pas
confondre avec les digressions sur le sujet traité, sont artificielles et
tombent comme un cheveu dans la soupe. Bien que voulue, l'opposition
entre la légèreté (interruptions de Solon amoureux) et le sérieux (le
droit) est trop abrupte, et discontinue dans *La Claire* ; le résultat est
un manque d'équilibre. Ce n'est que dans le second *Claire* que Le Caron
parvient à cet équilibre entre le motif central et les interruptions du
motif secondaire.

Quand Le Caron met en présence des experts de camps opposés, le
dialogue est une dispute du type *pro et contra*. L'exemple le plus net est
celui du *Courtisan second*. Le Courtisan, jusqu'à présent silencieux,
ouvre le débat par une bordée en prenant le contrepied de Philarète
face à Le Caron :

> Je te prie de me declairer en un mot ta conception sans user de si long circuit.
>
> (*Dialogues*, f. 45)

Le début de ce dialogue est le plus allègre, le plus dialogique de tous les
dialogues de Charondas. Piqué au vif, Le Caron étale son savoir, a recours
aux grands moyens, à savoir la dialectique socratique par questions et
réponses. Le Courtisan préfère la méthode rhétorique et veut donner une
oraison. Suit un long discours *contra philosophiam* terminé par le traditionnel « j'ai dit », auquel succède la réplique *pro philosophia* par Le
Caron. Après le dernier « j'ai dit », alors que rien n'a été résolu, on

se retire pour dîner. Le dernier mot, cela s'entend, reste au dernier orateur, en l'occurrence et comme toujours, notre cher avocat-philosophe parisien.

Le Caron désigne ces entretiens sous le nom de disputes, qu'ils soient du type maître-élève ou *pro et contra*. Même quand il termine un long discours farci de *loci*, il dit avoir disputé. Par dispute, il entend démonstration par recours aux autorités. La conclusion du dialogue est le point de départ. Dans *Le Philosophe* et *Le Courtisan premier*, Le Caron part de l'axiome que la philosophie est royale puis accumule les arguments tirés de sources diverses: Platon, Xénophon, Plutarque, les poètes Homère, Hésiode, Pindare. Le tout est une excuse camouflée pour étaler la suprématie de la philosophie platonicienne. Ce thème, qui domine la moitié des dialogues de Le Caron, a pour origine un *topos* de Platon (les rois doivent philosopher et les philosophes régner) tiré de sa *République* (Livre V). Pour le Caron, qui trie et agence ses sources, le problème est d'actualité, mais il n'insiste pas trop sur les rapprochements à faire avec son époque. Il reste le disciple admirateur au lieu de voler de ses propres ailes. Il peut le faire parfois comme en témoigne le passage suivant:

LE CARON. Si quelque chose répugne à la loi ou Justice, n'est-elle pas appellée violence: au contraire ce qui est selon la loi ou Justice n'est pas ce que nous disons droit?

PHILAR. Il est ainsi.

LE CARON. Qui dira donc la violence estre injuste, laquelle ne s'emploie qu'à la conservation de la Justice?

PHILAR. Ton opinion bien que de premiere face sembleroit dure et non asses populaire, me plaist maintenant plus que celle de Xenophon.

(*Dialogues*, f. 22)

Plus loin, il se sert de métaphores fréquentes chez Platon (celles du médecin ou du capitaine de navire) pour de tels développements socratiques; mais ces passages sont, hélas, rares.

En résumé, il est difficile de se prononcer sur la qualité des dialogues de Le Caron. Ils ont autant de défauts que de qualités et il serait injuste de ne voir, comme l'ont fait certains, que les premiers. Le Caron n'est pas un plagiaire, encore moins un glossateur. Néanmoins la fréquence de ses références, au lieu d'embellir et d'illustrer selon son projet initial, finit par agacer, fatiguer le lecteur. J'aurais voulu moins de lieux et plus de commentaires personnels. Le Caron n'est pas le seul à mériter ce reproche. Tous les auteurs de dialogues, à l'exception de Des Périers

et de Palissy, sont coupables de ce défaut. De plus, ce type de dialogue –
genre de dictionnaire des idées philosophiques – le veut et l'excuse.
Il ne faut pas oublier que Le Caron veut faire œuvre sérieuse plutôt
qu'œuvre littéraire; d'où la sécheresse de certains passages où l'idée prime
sur son expression. Mais au moins il est clair dans ce qu'il veut dire.
C'est surtout quand on lit ses dialogues à la suite qu'on prend conscience
des redites, de la répétition de certaines idées maîtresses: que la philosophie morale est suprême, que la raison nous distingue des bêtes, que
l'état de nature et l'âge d'or sont équivalents. Pris indépendamment,
chaque dialogue a son charme et son caractère propre. Le Caron varie
plus sa technique que ses idées. Cette variété et cette évolution de la
manière sautent aux yeux quand on va d'un dialogue comme *Le Philosophe* à celui de *Claire, ou de la beauté* qui est, sur le plan du style, son
chef-d'œuvre.

Dans ses défauts, Le Caron est de son temps; dans ses qualités, il est
presqu'unique comme imitateur de Platon. Seuls ses dialogues montrent
une connaissance profonde des idées et de la technique du divin grec.
Il a su être moderne tout en regardant vers l'Antiquité.

10. LE DIALOGUE ENCYCLOPÉDIQUE DE CÉNACLE: PONTUS DE TYARD

Si le nom de Le Caron est tombé dans l'oubli, celui de Pontus de Tyard a connu une meilleure fortune. Contemporain de Le Caron et ami de Scève, Pontus a des attaches étroites avec les membres de la Pléiade. C'est d'abord par de la poésie que se fera connaître ce lettré, philosophe, curieux et mathématicien à ses heures. Depuis l'ouvrage biographique d'Abel Jeandet,[1] de récents travaux entrepris surtout hors de France ont été consacrés à son œuvre en prose. Si l'on exclut les rééditions, cette production littéraire comprend:

1. *Le Solitaire premier* (1552)
2. *Le Solitaire second* (1555).
3. *Le Discours du temps, de l'an et de ses parties* (1556).
4. *L'univers* (1557).
5. *Mantice* (1558).

Tous ces ouvrages sont des dialogues. Comme l'indiquent les titres,[2] ces dialogues traitent de questions proches de celles que Le Caron projetait de développer; Pontus a le mérite d'avoir moins promis et plus réalisé. Ce programme traite de la fureur poétique, de la musique, de l'astronomie, de la description du monde et d'astrologie. Il a donc pour l'époque une envergure encyclopédique. Tyard groupera ces dialogues et les publiera, en 1587, sous le titre de *Discours philosophiques*.[3]

Bien que les intentions encyclopédiques se dessinent pour nous

---

[1] Abel Jeandet, *Pontus de Tyard Seigneur de Bissy, depuis évêque de Chalon* (Paris: Aubry, 1860).

[2] Voici les titres des ouvrages: 1. *Solitaire premier, ou, prose des Muses, et de la fureur poétique* (Lyon: Jean de Tournes, 1552); 2. *Solitaire second, ou prose de la musique* (Lyon: Jean de Tournes, 1555); 3. *Discours du temps, de l'an, et de ses parties* (Lyon: Jean de Tournes, 1556); 4. *L'Univers, ou, discours des parties, et de la nature du monde* (Lyon: Jean de Tournes et G. Gazeau, 1557); 5. *Mantice ou discours de la vérité de divination par astrologie* (Jean de Tournes et Gazeau, 1558).

[3] *Les Discours philosophiques de Pontus de Tyard ... Premier Solitaire. Second Solitaire. Mantice. Premier Curieux. Second Curieux. Scève, ou discours du temps...* (Paris: L'Angelier, 1587).

après la publication du *Discours du temps*, ses ambitions à l'époque du *Solitaire premier* sont vagues et moins nettes que celles de son rival parisien. Tout comme Charondas et d'autres auteurs de l'époque, il se dit le premier à traiter en français de choses nouvelles :

> Voici toutefois que, comme un autre Dédale trop heureux sinon un second Icare, j'entrepren avec des aesles nouvelles, sortant d'un Labirint Grec, et Latin, voler par cest air, et chargé de marchandises estranges, vous apporter choses non jamais veües (que je sache) en vostre region Françoise.

(Dédicace de 1552 du Solitaire Premier, IX)[4]

À l'époque de la publication de son premier dialogue, c'est-à-dire trois ans après celle du manifeste de la Pléiade, les préoccupations littéraires sont à la poésie, la défense de la femme et l'apologie de la langue française. Le *Solitaire premier* est l'expression de ces dominantes ; une phrase du Solitaire à sa muse Pasithée les résume à merveille :

> Aumoins par tel exemple seront contrains les severes censeurs, ennemis de nostre vulgaire, de rougir (s'ils ne sont plus impudens que la mesme impudence) et de confesser, que l'esprit logé en delicat corps feminin, et la langue Françoise, sont plus capables des doctrines familieres et abstruses, que leurs grosses testes coiffées de stupidité : et quant aux langages, que le nostre peut estre haussé en tel degré d'eloquence, que ny les Grecs, ny les Latins, auront à penser qu'il leur demeure derriere.

(S.P., 66)

S'il y a mention d'encyclopédie, elle est vague et ne spécifie pas de programme :

> Toutesfois ny la peur de telles empesches, ny encor la cognoissance, que j'ay de mon insuffisance (trop suffisante pour me donner crainte et retirer arriere) ont jamais peu me commander avec assez d'imperiosité, pour faire que les lettres, tant en respect des sciences particulieres, que de la spherique Enciclopedie, et plus haute imagination, ne m'ayent appellé à leur service.

(S.P., 4)

Ce n'est qu'à la fin du *Solitaire premier*, au moment de la séparation des deux diserts et savants amoureux, que le lecteur se doute qu'un dialogue sur la musique suivra peut-être :

> Je ... vous tien pour excusé ce coup, souz condition toutefois, que vous n'espagnerez vostre peine pour faire tant qu'encores les trois autres fureurs, ne me demeurent incogneües.
>
> Je ne sçay (luy respondy-je) quelle cognoissance je pourray vous donner des deux suivantes.

(S.P., 74)

---

[4] Pontus de Tyard, *Oeuvres. Solitaire premier*, éd. Silvio F. Baridon (Genève : Droz, 1950), p. xix. Nous nous référons à cette édition sous l'abbréviation *S. P.*

Si un plan d'ensemble existe dans la tête de Tyard, le lecteur l'ignore; il se dégage au fur et à mesure. Les *Discours philosophiques* peuvent faire figure d'encyclopédie, une fois groupés et publiés ainsi; mais il serait présomptueux d'attribuer à Tyard des vues encyclopédiques claires et nettes dès le début.

Son projet se place dans un cadre littéraire et philosophique plutôt que scientifique. Par la connaissance de l'Homme et du monde qui l'entoure, Pontus de Tyard n'entreprend pas l'inventaire des connaissances de son temps. Il vise à « attaindre à la jouissance de la lumiere eternelle, et vraye felicité » (*S.P.*, 2). C'est plus une attitude qu'un programme.

À l'origine des intentions de Pontus de Tyard, telles qu'elles se dégagent du *Solitaire premier*, domine cette notion néo-platonicienne de la félicité du monde des idées.[5] Il la christianise et, faisant de la philosophie le point d'aboutissement de toute connaissance, la coiffe par la théologie qui est, selon lui, la philosophie par excellence. Cette idée est reprise dans l'*Univers* par son porte-parole le Curieux:

Car, disoit-il, les mathemates sont le vray moyen, s'il s'en peut trouver un, pour former quelque certitude aux spéculations theologiennes, & naturelles, incertaines pour la continuelle mutation, & veritable inconstance des matières de cestes & pour la difficulté, voire incomprehensibilité des autres. Quel autre chemin, je vous prie, plus droit nous meine à la theologie, que l'astronomie et ses servantes. Veu qu'elles seules en leurs demonstrations, qui ont hors tout doute la raison pour fondement, descouvrent, comme vous diriez à nud, la prochaineté des substances immuables, perpetuelles, & impassibles; aux mouvantes, temporelles, muables & passibles, & comme favorisant, pour non dire prevenant, la theologie, nous eslevent au plus haut degré de perspicacité, enamourant nos âmes de la divine beauté.[6]

L'emploi de Hieromnine, savant versé aussi bien dans les Écritures que

[5] « De tous ceux (veux-je dire) qui ont tasché de s'acquerir l'intelligence des choses celestes et divines, et acheminer leur entendemens jusques au plus hault siege, où repose l'object de l'eternelle felicité, les voyes ont esté diverses, comme les doctrines, disciplines, sciences, et arts leur ont esté devant les yeux diversement presentez » (*S.P.*, 3).

Parlant du système des idées de Platon, Chambry écrit dans son introduction au *Phèdre*: « Les âmes divines, qui se nourrissent d'intelligence et de science sans mélange, montent au point le plus élevé de la voûte des cieux, pour goûter les délices du banquet divin; elles la franchissent et s'arrêtent sur sa convexité; là est le séjour des essences, de la justice en soi, de la sagesse en soi, de la science parfaite » (Platon, *Oeuvres*, éd. Chambry, 198).

[6] John C. Lapp, *The Universe of Pontus de Tyard. A Critical Edition of L'Univers* (Ithaca, N.Y.: Cornell University Press, 1950), 3-4. Les références au *Premier Curieux (P.C.)* et au *Second Curieux (S.C.)* se rapporteront à cette édition.

dans la littérature patristique, pour donner la réplique au laïc Curieux, confirme cette orientation théologique de la pensée de Tyard. Cette tendance syncrétique typique de toute la Renaissance, ayant pour but de concilier la philosophie grecque et la théologie chrétienne, n'est pas particulière au futur évêque. On la retrouve chez Le Caron, entre autres. Son point de départ est la formation néo-platonicienne de Pontus.

Avant la parution du *Solitaire premier*, la plupart des dialogues majeurs de Platon avaient été édités en grec ou traduits en latin: le *Timée*, le *Phédon*, le *Cratyle*, le *Charmide* et le *Criton*; le *Convito* de Ficin est également antérieur au premier dialogue de Pontus. Tyard subit cette influence néo-platonicienne même si l'inventaire de sa bibliothèque détonne par la quasi absence de ces dialogues.[7] L'édition de Pétrarque annotée de sa main, ainsi que sa traduction, en 1551, des *Dialoghi d'amore* de Léon Hébreu, sont là pour confirmer sa connaissance de l'italien – en plus du latin, du grec et de quelques rudiments d'hébreu – et ses attaches néo-platoniciennes avec l'Italie. Si l'on partait de l'hypothèse ténue que le Curieux représente l'auteur, on pourrait, sur la foi d'un passage du *Solitaire second*, penser que Tyard s'est rendu « en meints lieus d'Italie ... principalement en la Pouille ».[8] La preuve de cette influence dans la formation intellectuelle de Pontus n'est plus à faire. Les *Erreurs amoureuses* (1549) en sont une preuve suffisante. Étant donné ses relations étroites avec les membres de la Pléiade (avant et après la publication de ses dialogues), son amitié avec Maurice Scève, ses fréquentations parmi « l'école » lyonnaise et dans le cadre du salon de Catherine de Retz, Pontus de Tyard avait maintes occasions d'évoluer dans une ambiance néo-platonicienne:

Il platonismo di Pontus de Tyard, evidentissimo nella sua produzione poetica, pervade anche l'opera scientifica che si manifesta, e viene portata a compli-

---

[7] Voir. Silvio F. Baridon, *Inventaire de la Bibliothèque de Pontus de Tyard* (Genève: Droz, 1950). Il faut signaler que si un tel inventaire peut être, à certains points de vue, révélateur, des erreurs peuvent être commises en ce qui concerne les omissions. Achetons-nous tout ce que nous lisons et lisons-nous tout ce que nous achetons? Un fait est certain: les commentaires plutôt que les éditions originales dominent au chapitre de la philosophie grecque. Les ouvrages sur la religion, occupent la première place; mais beaucoup sont postérieurs au dernier dialogue, *Mantice*. Certains sont même postérieurs à la mort de Tyard. Les dictionnaires, compilations et encyclopédies occupent également une place importante. Notons la présence d'Érasme et parmi plusieurs dialogues connus et inconnus, l'*Utopie* de More (No 454), un *Dialogue* de Vivès (no 662), un *Cortesiano* (sic) de Castiglione (no 713), et les *Athanasii dialogi quinque de Sancta Trinitate* de Théodore de Bèze (no 751).
[8] Pontus de Tyard, *Solitaire second, ou prose de la musique* (Lyon: Jean de Tournes, 1555), 117. Microfilm x 840.8, F889 de l'Université d'Illinois.

mento, in pochi anni, dal 1552 al 1558. Sono gli anni della più intensa e severa meditazione gli anni dello studioso ritiro tra le mura del castello de Bissy.[9]

Ses références à Platon sont d'ailleurs plutôt des allégations que des citations textuelles. Les études sur l'aspect néo-platonicien chez Tyard étant nombreuses, il semble superflu d'y insister.

Les raisons de l'emploi du dialogue sont aussi vaguement formulées que ses intentions encyclopédiques. Tous ses dialogues sont présentés comme des conversations rapportées. En cela, il ne diffère ni de Tahureau, ni de Peletier du Mans ni de Loys Le Caron. La tradition remonte à Platon. Son choix de ce mode d'écriture est cependant moins délibéré que celui d'un Peletier qui en use pour la commodité qu'il offre à développer des points de vue contradictoires. La différence avec Peletier et Le Caron est que Tyard se soucie peu de suivre la convention cicéronienne de faire parler des personnes contemporaines ou célèbres. À l'exception de Scève, dans le *Discours du temps*, tous les personnages de Tyard portent des noms symboliques. Le souci de vraisemblance ou de crédibilité n'existe pas pour lui, quoiqu'il dise cacher des personnes réelles sous des noms d'emprunt:

> Mais me souvenant que Platon, et apres luy Ciceron (pour ne dire les autres) deux diserts, s'il en fut oncques, n'ont effacé ceste mode d'escrire; et que je voulois reciter nuement un deviz tel, que souvent il s'en rencontre entre celle, que je cache souz le nom de Pasithée (vrayement Pasithée) et moy.
>
> (*S.P.*, 4)

Son adhésion déclarée à la technique des maîtres du dialogue antique est ainsi toute superficielle. Il n'en exploite pas les possibilités d'écriture tel que l'emploi de la langue parlée. Celle-ci, qui fait la vivacité du *Dialogue de l'Ortografe*, est écartée dans le *Solitaire premier* comme entretien vulgaire. Son emploi de la conversation recréée n'est, en fait, qu'un prétexte camouflé à une vulgarisation au second degré. À vingt ans de distance, il avoue, encore, que son premier dialogue est « plus remply de beaux discours tirez de l'ancienne Mythologie, que coulant en facilité d'un entretien vulgaire » (« Dédicace de 1575 », *S.P.*, xxviii). Parce qu'il l'emploie mal, le dialogue le gêne aux entournures:

> Restoit de m'excuser de quelques, dy-je, dit-elle, respondy-je, adjoutay-je, demande elle et autres semblables, qui empireront l'aspre rudesse de mon stile grossier.
>
> (*S.P.*, 4)

---

[9] Silvio Baridon, *Pontus de Tyard (1521-1605)* (Milan: s.e., 1950), 172. Préface de V. L. Saulnier.

Il est le seul avec Palissy parmi les auteurs de dialogues que nous avons passés en revue à formuler une telle excuse. Et il ne pallie pas ce défaut dans ses dialogues ultérieurs. Ces insérendes s'expliquent quelques fois quand elles s'accompagnent d'indications explicatives ou gestuelles dans le genre de celles-ci:

> Haa, Solitaire, ostez ces paroles de facheux presage (dit elle, couvrant le serain de sa beauté d'une nuée meslée de pitié et ennuy de mon mal).
>
> (*S.P.*, 6)

> C'est assez (dy-je pour entrerompre ce propos, lequel je voyois se continuer à quelques loüanges, que je ne desirois d'ouir), c'est assez Pasithée.
>
> (*S.P.*, 7)

> Pensez (Solitaire) a ce que vous dites (dit-elle avec un mouvement de main menaçante).
>
> (*S.P.*, 66)

Ces explications insérées, même quand elles sont gestuelles, ne confèrent pas au texte un caractère dramatique; d'abord parce que ce sont des parenthèses d'ordre narratif et ensuite à cause de la longueur des répliques.

L'emploi, apparemment affectif, du vocatif dans les exemples précédents rend superflus les « dit-elle » et « dy-je » dans ce dialogue à deux personnages aux rôles bien distincts. Le Caron et Tahureau évitent cet écueil; le mouvement de leurs dialogues n'en est que plus vif. Les escarmouches amoureuses présentées comme des digressions frivoles dans une discussion sérieuse donnent un air primesautier au premier *Claire* alors qu'elles ne font que ralentir le rythme du *Solitaire premier*. Entre ces deux dialogues, analogues à bien des égards, la comparaison penche en faveur de Tyard, non à cause de la technique mais à cause du sujet.

Comme la *Claire*, le *Solitaire premier* est un dialogue expositif de type maître-élève. Il n'est ni dialectique, ni scolastique; la progression Q-R ne se fonde ni sur une argumentation de type *pro et contra*, ni sur une maïeutique où l'élève aboutit. L'élève, en ce cas Pasithée, est un prétexte au développement discursif des connaissances du Solitaire sur le chapitre de la fureur poétique. Ce type de développement engendre de longs discours, ou exposés, d'où est exclu tout dynamisme. Le *Dialogue de l'Ortografe* présente la même caractéristique, mais au moins il y a

---

10   Voir: Robert J. Clements, *Critical Theory and Practice of the Pléiade* (Cambridge, Mass.: Harvard University Press, 1942); Robert V. Merrill, « Platonism in Pontus de Tyard's *Erreurs amoureuses* », *Modern Philology*, 35 (1937); Robert V. Merrill *Platonism in French Renaissance Poetry* (New York: New York University Press, 1957). Verdun L. Saulnier, « Maurice Scève et Pontus de Tyard: Deux notes sur le Pétrarquisme de Pontus », *Revue de Littérature Comparée*, 22 (1948).

opposition entre les deux discours qui occupent le centre de l'œuvre de Peletier. Le caractère statique du *Solitaire premier*, et cela s'applique également au premier dialogue de Le Caron, est renforcé par la nature de ces exposés. À l'inverse de Socrate, le Solitaire (de même que Solon) part d'une définition préétablie et pêchée dans une source livresque puis en tire des exemples ou des conclusions qui n'ont rien d'argumentatif. Ce sont de tels passages qui, chez Le Caron, Tyard et Brués, donnent ce caractère encyclopédique à leurs dialogues.[11] Quelques interruptions du genre « continuez Solitaire (dit elle) car vous voyez comme je suis toute intentive à voz paroles » (*S.P.*, 36), sont de pure forme et n'ajoutent rien au sujet ni ne suppriment l'impression de monotonie. Cette monotonie disparaît quand une atmosphère badine s'instaure entre les locuteurs en début et en fin de dialogue. Dans ces mignardises du hors-d'œuvre et du dessert, les rôles sont inversés: l'élève devenant, c'est le cas de le dire, la maîtresse. Cette technique illustrée par Tyard et Le Caron découle de la combinaison néo-platonicienne de l'amour et d'un sujet sérieux. En ce sens, seul Brués, dont les personnages sont tous masculins, peut prétendre au titre de platonicien.

Si la technique verbale de Pontus n'est ni réaliste ni dramatique, il faut signaler un aspect visuel et pictural qui donne du charme à un dialogue assez rébarbatif par son sujet, au moins pour le lecteur moderne. En effet, en plus du pointillisme gestuel dont il parsème ses répliques (la main menaçante, le sourire approbateur, le regard désapprobateur), Tyard commence le *Solitaire premier* par un tableau et le termine de la même manière:

> J'allay au lieu de son ordinaire demeure. Où je la trouvay assise, et tenant un Leut en ses mains, accordant au son des cordes, que divinement elle touchoit, sa voix douce et facile: avec laquelle tant gracieusement elle mesuroit une Ode Françoise, que desja je me sentois ravi comme d'une celeste harmonie, et, sans entrer plus avant, demeurois coy pour n'entrerompre son plaisir, ny le contentement, que je recevois à la contemplation de ses graces.
>
> (*S.P.*, 5)

Plus qu'une introduction, ce tableau donne non seulement le ton de la rencontre, mais aussi le prétexte: la poésie. Repris en fin de dialogue, avec cette fois-ci le Solitaire comme musicien, le tableau sert de charnière en annonçant le *Solitaire second* dont le sujet est la musique. Diderot, plus tard, tirera des effets plus dramatiques de la technique des tableaux

---

[11]   Voir par exemple dans le *Solitaire premier* les définitions des Muses et des diverses disciplines pages 35 à 38.

dans « Ceci n'est pas un conte » ou « Madame de La Carlière ».[12] Cette technique se retrouve dans les dialogues ultérieurs. Dans le *Solitaire second*, Pasithée est surprise dans des travaux d'astronomie; plus tard, dans le même dialogue, le Curieux les surprend tous deux devant une table couverte de dessins et d'instruments scientifiques. Cette atmosphère de salon et de cabinet scientifique se retrouve même quand les femmes sont absentes. C'est ainsi que l'auteur est surpris par les deux autres interlocuteurs du *Premier Curieux*:

> Le Curieux & Hieromnime m'estoient venus veoir, comme ils font ordinairement, &, entrez en la chambre où je suis coustumier de me retirer pour les heures moins perdues, me trouverent r'assemblant un metheoroscope, lequel l'on m'avoit apporté.

(P.C., 3)

Et naturellement la conversation roule sur les mathématiques et les disciplines apparentées.

Malgré les titres et la similitude des techniques de présentation, un changement notoire s'opère du *Solitaire premier* au *Second*. Alors que Le Caron, dans *Le Philosophe* et les deux *Courtisan*, continue l'usage du dialogue binaire, Tyard adopte la conversation triangulaire dès le *Solitaire second* par l'introduction du Curieux. Cela suppose l'abandon de l'alternance Q-R de type informatif, au profit d'une progression argumentative de type *pro*, *contra* et conclusion.

Ce genre d'argumentation trilogique n'exclut pas le caractère expositif des répliques. Elles occupent souvent plusieurs pages et enlèvent par leur longueur tout caractère dramatique à un dialogue comme *Mantice*. Les points de vue opposés sur l'astrologie y sont développés à tour de rôle selon la manière cicéronienne du *De Divinatione*, qui lui sert également de source quant au sujet.

Un autre changement apparaît avec l'adoption de cette méthode: Tyard abandonne le Solitaire et Pasithée pour de nouveaux personnages: le Curieux, Scève, Mantice; l'auteur participe toujours aux débats. Cette nouvelle orientation dénote un progrès sur le plan de la technique du dialogue. En effet la discussion n'a plus lieu entre un maître et son disciple, mais entre des experts. La transmission de connaissances puisées dans les livres cède le pas à l'échange de vues où la réflexion personnelle occupe plus de place. L'emprise néo-platonicienne s'estompe en faveur d'une attitude plus réfléchie et moins dogmatique.

---

[12] « J'arrivai chez lui précisément sur la fin de cette scene fâcheuse. Le pauvre Tanié fondait en larmes. Qu'avez-vous donc, lui dis-je, mon ami? » (Diderot, *Contes*, éd. Proust, 79).

Aux sources purement livresques du *Solitaire premier* succèdent, dans le *Premier Curieux*, des observations qu'on peut qualifier de scientifiques:

Vrayment, suyvis-je, Jacques Peletier estant icy, pour, en m'honorant de sa gracieuse familiarité, se rafraischir après le travail qu'il avoit presté à son *Euclide* ... le vingt-quatriesme de May, 1557, après la minuict, comme il peust imaginer, car en sa chambre il n'avoit aucun instrument pour s'en asseurer, apperceut Jupiter esclairant de raiz si lumineux que l'ombre apparoissoit.

(P.C., 28)

Bien discernois-je les couleurs dessus un astrolabe, duquel l'ombre estoit rapportée contre la muraille aussi visiblement qu'on la pourroit juger sous la lune en l'un de ses quarts. Je puis encores vous asseurer d'avoir observé le corps de Mars estre assez lumineux pour faire raiz, & le chien Syrien n'estre de moindre clarté.

(P.C., 28-29)

Ces observations expérimentales s'accompagnent encore de nombreuses références aux autorités livresques, mais celles-ci, malgré leur ennuyeuse énumération, sont faites à titre d'information et non comme preuves à l'appui. Elles ne sont pas exclusives; le cas échéant, l'auteur les oppose. Traitant de la rotondité de la terre, le Curieux fait appel à Démocrite, Épicure, Métrodore, Platon, Aristote, et à d'autres moins connus comme Hipparque de Nicée et Calippe; les Égyptiens et les Chaldéens sont aussi mis à contribution.[13] Mais ces rappels sont écartés d'un revers de la plume et qualifiés de songes, fables ou «diverses fantasies assez impertinentes » (*P.C.*, 10). C'est donc un travail de déblayage pré-critique qui traîne souvent en longueur. On a l'impression que, plus qu'une conclusion, c'est la confrontation d'opinions contraires qui intéresse Tyard. L'inconvénient naît de ce que cette confrontation prend souvent l'aspect d'un étalage d'érudition. Certains passages se lisent comme un dictionnaire d'idées reçues dans un domaine donné. Voilà, ce me semble, un autre aspect encyclopédique des dialogues de Tyard.

L'usage de ces allégations livresques s'opère dans un esprit d'accumulation plutôt que de sélection. Hieromnime avancera les opinions théologiques, le Curieux celles des philosophes grecs et l'auteur ne craindra pas d'illustrer ses idées par un poème de Ronsard.[14] Tout argument est bon. Aussi ne faut-il pas s'étonner si la discussion s'abaisse au niveau des mots et des croyances:

---

[13]   Voir le *Premier Curieux*, 7-10.
[14]   *P.C.*, 6-7: *Hymne de l'Éternité*.

C'est que par experiment prouvé, le soleil éclipsant en ce signe, presagit sur
les Moutons une pestilence mortelle & dangereuse.

(*P.C.*, 18)

Cette explication vient du Curieux. Hieromnime appelle ses connaissances
de l'hébreu à la rescousse et établit des liens entre des étymologies qui
n'en ont pas:

Je puis adjouster ce que j'ay noté à ce propos du soleil, lequel ils nomment
diversement, car à cause de sa lumiere, ils l'appellent *Aor*, d'où les Latins
tirent le mot *Aurore* & les Egyptiens leurs *Aotos* ou *Horos*, c'est à dire Apollo.

(*P.C.*, 23)

Ce passage est une addition de 1587. C'est de la même époque que date
également un avis rectifié sur le *De revolutionibus* de Copernic, dans
lequel Tyard nous met en garde contre les conclusions hâtives basées
sur les apparences.[15]

Tyard essaie d'atténuer l'aridité de ces batailles à coups d'*exempla*
par des interruptions, des sourires et des pointes humoristiques d'où
l'acharnement est exclu. Hieromnime veut toujours mettre son grain
de sel théologique dans une discussion qui se veut scientifique:

Ce n'est chose estrange, dit Hieromnime, si les mathématiciens, coustumiers
de n'atteindre plus haut qu'à ce que les aesles de leurs demonstrations les
peuvent elever, se sont esblouis à la clairté trop resplendissante pour l'humaine
raison.

(*P.C.*, 10)

Aussi se lance-t-il dans de longs développements qui lui valent des rappels
à l'ordre teintés d'ironie:

Hieromnime s'apprestant d'en dire davantage, fut entrerompu par le Curieux.
Aucuns des astronomes, dit-il souriant, ausquels vous en voulez tousjours,
Hieromnime, ont bien haussé leur vol jusques à vostre dixiesme crystalin.

(*P.C.*, 11)

Ces escarmouches verbales anodines ont surtout lieu entre le Curieux et
Hieromnime, l'auteur se cantonnant, en tant qu'hôte, dans une attitude
moins engagée. Les discussions sont censées se passer au château de
Bissy et Tyard tente ainsi de recréer l'atmosphère de cénacle qui y régnait.
L'atmosphère des *Solitaire* est celle d'un salon néo-platonicien de
conception ficinienne.

L'influence néo-platonicienne, plus évidente dans l'atmosphère des
réunions que dans le déroulement dialectique des idées, ne s'efface pas

---

[15]   *P.C.*, 104-105.

complètement après le *Solitaire second.* Malgré leur caractère trilogique, les discussions ont encore le caractère médiéval des débats. Dans l'*Univers* la confrontation a lieu surtout entre le Curieux et Hieromnime, l'auteur (nullement mentionné par son pseudonyme Solitaire) abondant dans un sens ou dans l'autre. Le contraste entre le porte-parole de la méthode expérimentale (le Curieux) et l'adepte de la théologie (Hieromnime) ne traduit pas un conflit irréconciliable entre la raison et la foi. Elle exprime plutôt une dualité de la vérité telle que l'entrevoit l'homme de science et d'église, le savant et le poète qu'est Pontus de Tyard. Le châtelain de Bissy est à la fois le Solitaire, le Curieux et Hieromnime. Pontus est convaincu de l'existence d'une vérité qui fait la part de la réflexion sans exclure celle de la révélation. Il n'y a pas à proprement parler de résolution de problèmes dans les *Discours philosophiques.* Toutes les opinions, même les plus contradictoires, sont dignes de son intérêt. Aussi les rôles des personnages ne sont-ils pas toujours tranchés comme voudraient le croire les partisans d'un Tyard rationaliste. Le Curieux utilise autant d'arguments livresques que Hieromnime et souvent pour soutenir une thèse contraire à celle qu'il soutenait antérieurement. On a l'impression d'avoir toujours affaire au dialogue rhétorique de type médiéval où les rôles sont interchangeables. Il défend par exemple la théorie de la musique des sphères dans le *Solitaire second* et l'attaque dans le *Premier Curieux.* Il est pour l'astrologie dans ce même dialogue et contre elle dans *Mantice.* La méthode est donc encore celle du Moyen Age, bien que ces sources gréco-latines et modernes, et leur emploi à titre d'arguments, soient de la Renaissance.

Sur le plan des questions débattues et de la méthode d'argumentation, Pontus de Tyard n'est pas plus moderne, pas plus original que Le Caron. Tous les deux s'intéressent à la recherche de lois éternelles à travers «les sciences honnestes et libérales disciplines».[16] Ces compilations d'ordre métaphysique laissent dans l'ombre ce qui fait la grandeur des *Essais* de Montaigne: l'homme. Tyard examine le monde, le ciel, les éléments *(Premier Curieux),* l'âme, les rapports de Dieu et de l'homme *(Second*

16 « Toute personne accomplie ... doit declarer et mettre en evidence avec toutes les graces de bien dire, les disciplines acquises, et ce qu'avec jugement non deceu il peult eslire de bon et recevable par ses inventions... » (*S.P.*, 1552, p. 56; cité par K. Hall, *Pontus de Tyard and his 'Discours philosophiques'* [Oxford: Oxford University Press, 1963], 35).

Cette idée est le thème central du *Philosophe* (en appendice à *La Claire*); cf. f. 128 par exemple.

C'est toujours l'idéal du courtisan parfait de Castiglione. Voir la note 7, ch. 9, de cette étude.

Curieux), la relation macrocosme et microcosme *(Discours du temps)*, mais l'homme en tant qu'animal raisonnant, en tant que psychologie, est absent. L'idée qui domine les *Discours philosophiques* est plutôt la connaissance de Dieu. L'emploi du terme discours au lieu de dialogues est révélateur. Tyard expose plus qu'il ne discute.

La preuve de ses emprunts n'est plus à faire. Tous ses critiques, de Silvio Baridon à Kathleen Hall en passant par V. L. Saulnier et J. C. Lapp, sont d'accord là-dessus.[17] Il se sert d'œuvres néo-platoniciennes telles que les *Dialoghi* de Léon Hébreu, la *Theologia Platonica* et le *Commentarium in Convivium* de Ficin, et de sommes telles que le *De Deis Gentium* de Lilio Giraldi et le *De Elementis* de Gaspar Contarini, pour ne citer que celles-là; Tyard fait œuvre de compilateur. Il distance Le Caron du fait que ses compilations sont plus nombreuses et à jour. Même quand ses idées reflètent un contact direct avec des personnalités de son temps, comme Peletier du Mans ou Scève, les points de références sont encore livresques.

Ce qui sauve les dialogues de Tyard de l'ennui est la langue. Malgré l'hermétisme de certains sujets, sa langue reste claire et compréhensible. Les interruptions teintées d'ironie et de sous-entendus, tout en reflétant les réactions des interlocuteurs, contribuent à rompre la monotonie des longs développements et évitent la sécheresse des discours du genre de ceux de l'Académie du Palais. La multitude des sources et leur amalgame produisent une certaine variété qui fait défaut aux dialogues de Le Caron. L'atmosphère des *Solitaire* et des *Curieux* dénote un certain souci artistique de composition, de plaire autant que d'instruire. Aussi les dialogues de Tyard, malgré le manque d'originalité de beaucoup de ses idées, gardent-ils une certaine fraîcheur qui leur donne droit aux considérations de la critique littéraire. Le matériau est bien de la Renaissance, mais la manière est celle de Pontus de Tyard. Il n'est peut-être pas de la race des génies supérieurs, mais il est bien de celle des écrivains de talent.

---

[17]   Baridon, *Pontus*, 184: « La sua scienza è certo in gran parte libresca ». Dans la préface du même ouvrage, V. L. Saulnier pense que les *Discours philosophiques* équivalent à des sommes médiévales (p. xx). Voir le chapitre III, « Sources » (60-104), de l'étude de K. Hall, *Tyard and his 'Discours philosophiques'*.

11. LE DIALOGUE ENCYCLOPÉDIQUE RATIONALISTE: GUY DE BRUÉS

Composés vers 1555 et publiés deux ans plus tard, les *Dialogues contre les Nouveaux Académiciens* [1] de Guy de Brués appartiennent à cette décennie, fertile en dialogues originaux, qui a vu paraître les œuvres de Peletier du Mans, de Le Caron et de Pontus de Tyard. À une année près, ils ont été écrits à la même époque que ceux de Tahureau. Il n'est donc pas étonnant de trouver des analogies entre l'œuvre de ce juriste languedocien et celles de ses illustres contemporains. [2]

Comme le *Dialogue de l'Ortografe*, les trois dialogues de Brués se présentent sous la forme d'une polémique; ainsi que le sous-titre nous le laisse entrevoir, il s'agit d'un débat sur la question de l'opinion en matière de science et de philosophie. Comme chez Peletier des personnalités contemporaines en vue assurent la défense de points de vues contradictoires. Cette analogie ne suffit pas, toutefois, pour classer les deux ouvrages dans la même catégorie. Brués, comme Tahureau, mais avec le mordant de la satire en moins, s'en prend aux autorités livresques et ne ménage pas les philosophes et leurs contradictions. Avec Le Caron

---

[1] *Les Dialogues de Guy de Brués, Contre les Nouveaux Académiciens Que tout ne consiste point en opinion. Dediez A Tresillustre et Reverendissime Cardinal, Charles de Lorraine. A Paris, Chez Guillaume Cavellat, à l'enseigne de la poulle grasse, devant le college de Cambray. MDLVII. Avec privilège du Roy, pour dix ans.* Nous utilisons l'édition de Panos Paul Morphos, *The Dialogues of Guy de Brués, A Critical Edition with a Study in Renaissance Scepticism and Relativism* (Baltimore: The Johns Hopkins Press, 1953). Abbréviation: *DCNA*.

Le privilège du roi est daté du 30 août 1556. L'auteur situe son dialogue rapporté à l'époque de la réconciliation de Ronsard et Baïf, soit en 1555.

[2] Malgré les références, dans le texte, à d'autres ouvrages écrits par Brués, les *Dialogues* sont la seule œuvre qui nous reste de lui. Ses attaches avec les membres de la Pléiade sont confirmées par la mise en scène de Ronsard et de Baïf comme personnages centraux, et par ses références aux membres du cercle plus élargi de la Brigade (Aubert, Nicot, Paschal). Comme Belleau, Peletier, Des Masures, Pasquier et quelques autres, il participa, à l'invitation de Pierre de La Ramée, à la traduction de certains passages d'auteurs latins pour l'édition française de la *Dialectique*. Un sonnet de Baïf mentionne Brués expressément: « Pourquoi à tout propos, Brués, me vien-tu dire? » Sur cette question et la biographie de Brués, voir l'introduction de P. P. Morphos, *DCNA*, p. 22

et Tyard, il partage des sources communes, un intérêt particulier en la philosophie et une connaissance profonde des œuvres platoniciennes et néo-platoniciennes; comme eux, il traite du droit, de l'astronomie et de l'astrologie. Cependant, malgré les similitudes, les divergences l'emportent sur le plan du contenu et de la technique.

Contrairement à Le Caron et à Pontus de Tyard, il ne fait ni l'apologie du droit, ni une tentative de conciliation entre la philosophie et la théologie. Il ne se contente pas d'aligner des autorités. Il est le seul parmi eux à ne pas tomber sous l'emprise néo-platonicienne. La variété de ses sources et sa méthode d'argumentation le mettent à l'abri de toute servitude idéologique. Alors que Le Caron et Tyard nourrissent des intentions encyclopédiques, Brués est plus modeste. Son projet est plus immédiat, plus dogmatique:

> Or voyant que les opinions que nous avons conceües, nous rendent amys ou bien ennemys de la verité, qui est le vray but de toutes sçiences, j'ay mis peine en ces miens dialogues de prevenir la jeunesse, et la destourner de croire ceux qui disent que toutes les choses consistent en la seule opinion, s'efforçans par mesme moien d'abolir et mettre à mespris la religion, l'honneur de Dieu, la puissance de nos superieurs, l'autorité de la justice, ensemble toutes les sçiences et disciplines.
>
> (Epistre, p. 88)

L'orthodoxie de ses intentions n'est qu'une précaution, une apparence. Les *Dialogues* de Brués se placent sous le signe de la philosophie dans son acception générale. Dans l'épître au Cardinal de Lorraine, comme dans le privilège du roi, l'ouvrage est présenté comme une œuvre philosophique.[3] Le résultat est cependant différent de ceux de Le Caron ou de Tyard.

Contrairement aux auteurs de dialogues étudiés jusqu'ici, Brués est le seul dont l'œuvre se place sous l'égide de la dialectique. Dans chacun des trois dialogues, deux points de vue s'affrontent; mais cet affrontement s'opère avec ordre et raison. Le pour et le contre sont présentés rationnellement même si les deux camps se battent à coups de *loci* et de *topoi*. Les références aux autorités ne servent que d'illustrations. Elles sont nombreuses et variées, anciennes et modernes. Nul autre auteur, pas même Tyard, ne montre une telle diversité dans ses sources. C'est l'emploi de ces lieux qui donne ce caractère encyclopédique aux *Dialogues contre les Nouveaux Académiciens*. Qu'il y ait de la part de l'auteur un désir d'étaler ses connaissances, la possibilité ne peut être exclue les

---

[3]   Voir Brués, *DCNA*, éd. Morphos, Epistre, p. 3 et privilège, p. 312.

exceptions sont rares à l'époque.[4] Un fait demeure: malgré le nombre
de ces références, les dialogues ne se lisent pas comme un dictionnaire.
D'ailleurs ces références sont des allégations sans indications de livres
ni de pages. Brués annonce Montaigne en cela et diffère de Le Caron.
Nulle part ne trouve-t-on une intention avouée d'imiter les maîtres du
dialogue classique, Platon et Cicéron. Les dialogues de Brués se présentent comme une œuvre philosophique et littéraire malgré elle. Ils sont
les seuls, jusqu'ici, à pouvoir supporter une comparaison avec les dialogues de type classique.

Derrière les *Dialogues contre les Nouveaux Académiciens* plane
l'ombre de la *Dialectique* de Ramus, publiée deux ans plus tôt. Brués
cite cette œuvre à plusieurs reprises ainsi que les *Animadversions contre
Aristote*.[5] Non seulement il connaît l'auteur et son œuvre, mais aussi
les problèmes qu'ils posent. Il y a donc, en dialogue, un écho de la
querelle Platon-Aristote ainsi que la prise en considération de l'importance de la dialectique dans l'appréhension de la connaissance.

La dialectique est abordée en tant que méthode et non comme sujet
d'étude. Si l'on rapproche la définition qu'il en donne dans le premier
dialogue, qui traite de l'aspect épistémologique du scepticisme, de ce qu'il
dit de ses intentions dans la préface, on remarque chez lui un souci de
la méthode qui passe avant celui du contenu:

> La dialectique est un art, par lequel nous aprenons de ratiociner, c'est à dire,
> d'user de la raison: car elle nous baille les reigles generales, de l'invention,
> de la disposition et du jugement en toutes disciplines ... ainsi la dialectique
> est un art, pour comprendre et cognoistre les choses contingentes et les neces-
> saires, comme tu peus voir deduit tresdoctement en la *Dialectique* de Pierre
> de La Ramée, et en ses *Animadversions contre Aristote*.
>
> (p. 146)

---

[4] Paul Morphos envisage cette possibilité dans son étude, p. 35: « A final possibility
is that the author, in his desire to make a parade of his knowledge, accumulates all
he knows about the subject and presents it to the public, conscious of the inconsisten-
cies involved, and determined to accept, in the face of the insoluble contradiction
between philosophical and theological truth, the latter, as a matter of faith ».

[5] Brués, *DCNA*, éd. Morphos, 161-162: Nicot allègue un passage déterminé: « Pierre
de La Ramée, l'un des plus excellens de nostre temps, respond à Menon au premier
livre de sa *Dialectique*, et dit, que nostre esprit a naturellement en luy celle puissance
de pouvoir aprendre les sciences et les autres choses qui luy seront monstrées, moienant
qu'on l'ait disposé à les pouvoir comprendre, parquoy ayant devant ses yeux l'art
d'inventer, qui luy representera comme un miroüer les idées universelles, il pourra
facilement recognoistre les especes singulieres, ou bien inventer et aprendre ce qu'il
cherchoit et qu'il ne sçavoit pas ». Rapprocher du passage de la *Dialectique*, éd.
Dassonville, 68-69. Voir une autre référence page 146.

Mais je me suis contenté, d'avoir monstré que tout ne gît point en la seule opinion, et qu'il ne faut desperer de parvenir à la cognoissance des choses, combien que nous ne sçachions rien quand nous venons en ce monde.

(p. 91)

Les intentions de Guy de Brués et de Pierre de La Ramée sont ainsi parallèles puisque tous deux essaient de « poser les critères dont l'usage permet de distinguer la science de l'opinion ».[6] Les *Dialogues* font figure d'illustration pratique des idées maîtresses de la *Dialectique*. À l'instar de son ami, Brués pense que l'« affectivité et l'opinion détournent … l'esprit humain de la vérité ».[7] Il préfère la raison à l'argument d'autorité. Les *Dialogues* sont une réponse optimiste au scepticisme des philosophes anciens et modernes. L'attitude de Brués est une attitude moderne qui croit au progrès et à la perfectibilité:

Et il me suffira d'avoir osé descouvrir le sentier, par lequel un autre pourra cheminer plus aisément, et de luy avoir donné le moien de parfaire, ce que j'ay tellement quellement commencé, attendu que les dernieres inventions aydent tousjours les premieres, et les amenent à une plus grande perfection, estant chose tresfacile d'ajouter à ce qui a desjà esté inventé.

(p. 91)

Sa position en faveur de la raison et sa défiance à l'égard des autorités livresques sont nettes. Il rejoint par là Tahureau et le dépasse; car au lieu de se contenter de condamner en bloc tous les philosophes, Brués examine les points faibles de leurs systèmes et les passe au crible de la raison. Alors que l'attitude satirique de Tahureau est négative, celle du gentilhomme languedocien est constructive. Il est le seul, selon moi, à mériter l'étiquette de rationaliste attribuée par ailleurs au Manceau. Plus qu'une critique, l'ouvrage de Brués est une démonstration; des « opiniâtres » comme Baïf et Aubert sont amenés par le raisonnement à se rendre à l'évidence: bien que les opinions soient nombreuses, *tout* ne consiste point en opinion; il existe des faits et des vérités qui peuvent servir de points de départ à la science. Tel est le corollaire sous-entendu dans le sous-titre.

Pour cette démonstration, les autorités à la mode, Platon et Aristote entre autres, vont lui servir de sources d'opinions et d'illustrations. Brués instaure à travers ses personnages un dialogue entre les deux maîtres à penser de la Renaissance, débat qui était à l'ordre de jour à l'époque et dont on retrouve un écho chez La Ramée. Cette querelle à propos des Anciens se retrouve à travers les trois dialogues, mais un

---

6 Pierre de La Ramée, *La Dialectique*, éd. Dassonville, 19.
7 La Ramée, *La Dialectique*, 22.

passage du premier, teinté d'humour et d'ironie, l'illustre sous la forme d'un jeu entre les champions Baïf et Ronsard:

R. Mais je te prie, mettons quelque fin à ceste dispute, de Platon et d'Aristote...
B. J'en suis content, car tu vois bien que Platon n'a pas bonne cause, et qu'il y a plus d'apparence en ce qu'Aristote dit.

(p. 159)

Et voilà la bataille engagée dans un style moliéresque avant la lettre:

R. Platon te respondroit...
B. ...l'opinion de Platon me semble peu vraysemblable.
R. Platon te respondroit...
B. Platon pourroit bien respondre ainsi, mais Aristote luy repliqueroit...
R. Platon diroit...
B. Platon ne respondroit donq sinon à la derniere similitude, et encore il le feroit assez froidement...

(pp. 159-160)

Seule l'intervention d'Aubert et de Nicot met fin à cette apparente impasse:

A. Il n'y a donq aucune repugnance entre Platon et Aristote.
N. Mais vous ne devriés pas vous arrester tant sur ce propos: et RONSARD, tu as assez soustenu l'opinion de Platon, pour voir ce que BAIF voudroit dire au contraire...

(p. 161)

Quoique ce soit Ronsard qui ait le dernier mot dans le premier dialogue, l'issue de la querelle n'est pas à l'avantage de Platon.[8] Brués, pas plus que La Ramée, n'est pas platonicien. Quand Baïf prend à partie la théorie de la réminiscence, Ronsard est d'accord avec lui tout en nuançant son assentiment:

B. ... Et combien que je disputasse contre Socrate, il l'auroit perdu tout content: car si nostre sçavoir n'est qu'une resouvenance, il respondroit fort impertinemment, attendu que je ne sçaurois pas ce que je n'aurois jamais sçeu, mais bien plus tost je sçaurois ce que j'aurois oublié.

---

[8]   En même temps que certains aspects de la doctrine platonicienne, Brués s'en prend aux disciples de Platon, Aristote entre autres; c'est à dire à la « nouvelle Académie » d'où le titre de ses dialogues. Cette idée est corroborée par le nombre et la fréquence des attaques contre les philosophes grecs. Les attaques contre les modernes sont très rares et voilées sous des termes imprécis tels que « malheureux libertins », « pauvres gnostiques » (284).
   Je ne pense pas, comme Frances Yates (The French Academies, 95), que Brués vise l'académie de Coqueret dont Ronsard fait partie. En effet la position de Ronsard est anti-académique.

R. ... mais je t'ay desjà dit, que je ne veux pas proceder ainsi, et que nostre science n'est point une resouvenance, ains que nostre ame sçait et aprend les disciplines par une propre et divine vertu qu'elle a en elle...

(p. 169)

On n'a, nulle part, l'impression que Brués fait l'apologie des idées platoniciennes, comme dans le cas d'un Le Caron. Brués est maître de son dialogue et de ses idées. Il se place au-dessus de ses sources en ne s'en servant pas comme arguments de base.

La liberté de pensée de Guy de Brués se voit au nombre, à la diversité de ses sources et à sa manière de les utiliser. L'absence d'indications marginales (voir Le Caron) et textuelles (voir Tyard) pour les localiser, renforce cette distance entre l'auteur et les autorités livresques et empêche son dialogue de ressembler à une énumération doxographique.

Parmi les Anciens, ses mentions et références trahissent une fréquentation des auteurs de dialogues philosophiques. Platon, Aristote et Cicéron viennent en tête, suivis de Xénophon et de Diogène Laërce. Il semble avoir une connaissance directe de la *République*, des *Lois* et du *Ménon*, tandis que les traductions de Ficin lui servent d'intermédiaires pour le *Timée*, le *Phédon* et le *Banquet* ainsi que pour les commentateurs de Platon: Iamblique, Proclus et Porphyre. Aristote et ses principales œuvres, l'*Éthique à Nicomaque*, la *Métaphysique*, la *Physique*, la *Politique* lui sont aussi familiers que les *De Finibus*, *De Officiis*, *De Legibus* et *De Re Publica* de Cicéron. De Xénophon, il semble bien connaître la *Cyropédie* et les *Mémorables*; le portrait de Socrate tel que le peint Brués s'inspire plus de cet auteur que de Platon. Les *Vies* et les *Oeuvres morales* de Plutarque lui servent également de sources d'anecdotes. D'autres philosophes et auteurs anciens sont cités moins fréquemment pour illustrer les idées que l'auteur condamne.[9] Ces attaques, reprises à la fin de chaque dialogue, visent surtout les Sceptiques et les Épicuriens. Pyrrhon, Démocrite, Empédocle, Épicure, Épictète, Héraclite, Archelaos de Milet et même Euripide sont ses cibles.

Brués puise des exemples chez les poètes et grammairiens: Homère, Horace, Ovide, Virgile, Macrobe. Ces emprunts ornementaux sont faits en français et sans longueurs. Pour les *Métamorphoses*, il se sert de la traduction de Marot; pour l'*Iliade*, il a recours à des intermédiaires tel que Stobée (le *Florilège*). Beaucoup de ces vers de l'*Iliade* et de l'*Odyssée* sont des citations incorporées dans les œuvres de Diogène Laërce,

---

[9]   Pour l'étude des sources consulter la partie de l'introduction de P. P. Morphos consacrée à cette question (« The Sources », 73-76). Les notes, nombreuses, et l'index complètent remarquablement cette étude très documentée.

de Xénophon et de Platon, que Brués reprend ainsi de seconde main. Parmi les poètes modernes, Ronsard seul à l'honneur de la citation par l'intermédiaire de ses amis.

Les philosophes modernes lui servent également d'intermédiaires. Brués se sert de la plupart des commentaires néo-platoniciens de Ficin et principalement de la *Theologia Platonica* qu'il cite. Il connaît le *Adversus Astrologos* de Pic de la Mirandole et y réfère. Quoiqu'il ne cite pas expressément le *Tractatus de Immortalitate Animae* de Pomponazzi, des idées semblent en provenir quand Ronsard attaque la doctrine averroïste. Il mentionne par contre la réfutation de ce traité, à savoir le *De Immortalitate Animae* d'Augustin Nyphe (1518) écrit à la demande de Léon X. Comme contemporain, en dehors du poète Ronsard, le seul philosophe amplement et favorablement cité, est son ami Pierre de La Ramée. En passant, Brués parle de lui-même à la troisième personne comme quelqu'un de très occupé et qui s'intéresse à ces questions philosophiques. Coups d'encensoir indirects ou coups d'œil malicieux au lecteur? La question reste posée. Il fait cela à trois reprises dans le premier dialogue, ce qui semble amusant, du moins pour le lecteur moderne.

En dehors des sources philosophiques anciennes modernes, Brués a recours à la Bible. La plupart des citations bibliques sont faites en français, succintement, et proviennent des Psaumes (dans la traduction de Marot), de l'Ecclésiaste et de la Genèse. Elles sont ornementales et souvent incorporées. Dans le Nouveau Testament, saint Paul est le seul à être cité. Ces références d'ordre théologique sont moins nombreuses que chez Tyard et, en contraste avec les sources païennes, rares. Elles ne sont pas moins révélatrices de l'orthodoxie protestante de Brués.

Conscient des répercussions des théories sceptiques sur la religion, et traitant de philosophie, Brués prend soin, par petites touches, de défendre la religion sur un terrain rationaliste plutôt que théologique. La conclusion du troisième dialogue concilie les philosophes et les Écritures en faisant des lois un don divin et des rois « les vrays ministres de Dieu ... ordonnez pour nous regir et gouverner selon sa volonté » (286). Ces intentions apologétiques sont exprimées dans l'épître et la préface comme étant une des raisons principales de son ouvrage. Il écrit contre ceux qui s'efforcent par le moyen du scepticisme de « mettre à mespris la religion [et] l'honneur de Dieu » (88). Cependant dans le cours du débat la distinction est faite entre la théologie et la discussion philosophique par celui-là même qui soutient le point de vue sceptique, Baïf:

Toutesfois puis que nous ne parlons pas des choses qui concernent nostre foy, de laquelle sans aucun doubte, nous devons estre tresasseurez, et que telles questions appartiennent aux theologiens, revenons à nostre premier propos, et parlons des autres choses, ez quelles je dy n'y avoir qu'opinion.

(p. 119)

Ce n'est qu'en fin de chaque dialogue que le triomphe du point de vue dogmatique sert de glorification de Dieu. Le point de départ de Brués, évident dans la conclusion, est que Dieu a créé l'homme à son image et l'a doué de raison, faisant de lui un être privilégié; rejeter cette raison, c'est être impie:

O bourreau de ton impieté Epicure, qui dissimulant la grandeur de Dieu et l'excellent aornement du monde, as tout attribué à la fortuite et concurrence de tes attomes! O miserables vous tous, qui par vos folles imaginations avez mescognu le createur du monde!

(p. 178)

Pour Brués l'attitude d'un Pyrrhon, par son indifférence, limite la liberté de l'homme et le condamne à la passivité. Épicure, Empédocle, Pyrrhon sont qualifiés d'irraisonnables. Les lois, qu'elles soient d'ordre éthique (dialogue II) ou juridique (dialogue III), sont l'expression de cette raison. Contre le chaos idéologique, social, politique, le bastion principal de l'homme est sa faculté de raisonner et d'ordonner. Tel est le principe moteur à la base des trois dialogues.

Plus que Tahureau ou Tyard, Brués mérite l'appellation de rationaliste. En opposition au scepticisme philosophique, son attitude est constante à travers les trois dialogues et s'inscrit comme une réfutation. La technique dont il use dans cette forme reflète son désir d'exposer les théories qu'il désapprouve et de les combattre une à une. Le dialogue, par sa dualité, lui permet de mener à bien cette confrontation.

Cette dualité se retrouve sur le plan de la composition. Au lieu d'exposer un point dans un dialogue et de le réfuter dans un autre, comme Peletier dans l'*Ortografe*, Brués oppose au fur et à mesure le point de vue dogmatique au point de vue sceptique à travers les trois dialogues, dans un ordre logique: le premier dialogue traite de l'aspect épistémologique de la question, le deuxième de l'aspect éthique et le troisième du juridique. Cette méthode s'avère plus dynamique et lui permet d'éviter les longs exposés. Ce souci de la composition se voit au soin qu'il prend à assurer la transition d'un dialogue à l'autre. À la fin du premier dialogue, Baïf, après s'être avoué battu, annonce les sujets des deux autres dialogues et les participants du deuxième:

Mais je voudrois bien avoir mis en jeu nostre AUBERT: car jaçoit qu'il ne soit pas d'avis que les sciences ny les disciplines desquelles nous avons parlé consistent seulement en l'opinion, neantmoins je l'ay veu autresfois en disputant soustenir le parti de ceux-là, qui disoient n'y avoir point de difference entre l'honeste et le deshoneste, ny entre le vice et la vertu, et que c'estoient mots de nostre opinion, de laquelles semblablement les loix despendent... Et je te prie NICOT, d'en dire ce qu'il t'en semble.

(p. 179)

Même précaution en fin du dialogue II:

B. Encores que nous ayons mis fin à ceste dispute, je cognois à la contenance de RONSARD, qu'il voudroit bien qu'AUBERT reprint le propos des loix...

R. ...

A. Ce me sera encore plus grand plaisir qu'à vous autres ... j'espere ... que NICOT n'aura pas sur moy l'avantage qu'il a eu ce matin.

(p. 239)

Et à la fin du dernier dialogue, contrairement à beaucoup d'auteurs qui laissent entendre une suite au dialogue sachant qu'elle ne viendra pas, Brués clôt le débat en indiquant la résolution du problème posé:

R. Or mes amys, puis qu'il a pleu à Dieu de nous faire la grace d'avoir amené nostre dispute à une si honeste fin, vous ne serez marris s'il vous plait, que je laisse maintenant la compaignie.

(p. 286)

La netteté et la clarté de la composition se voient à de petits détails. Bien que d'un dialogue à l'autre il s'agisse toujours des mêmes personnages, l'ordre dans lequel ils sont donnés en tête de chaque dialogue diffère, reflétant l'ordre de participation: BAÏF, RONSARD, NICOT, AUBERT (I); AUBERT, NICOT, RONSARD, BAÏF (II); RONSARD, NICOT, AUBERT, BAÏF (III). De plus, les indications externes de personnages par initiales contribuent à l'allègement du texte et évitent les lourdeurs de l'insérende qui gêne tant Tyard, et rendent moins superflus les vocatifs du type « Amy RONSARD » (93), « amy NICOT » (181) qu'on retrouve fréquemment, surtout quand il y a une tierce intervention au débat.

Le souci des transitions, la netteté du développement s'accompagnent également d'un souci de l'introduction. En plus du décor, chaque personnage est amené puis présenté naturellement, par le miroir verbal:

B. ... Mais n'est ce pas NICOT et AUBERT, qui viennent vers nous?

(p. 94)

B. ... Ilz s'avancent fort et avec un maintien (ce me semble) de nous vouloir aborder.

(p. 95)

La présentation se continue, à travers les personnages, dans le domaine de la personnalité. Ronsard et Baïf se présentent mutuellement en évoquant leurs rapports personnels et une querelle éteinte, ce qui ajoute à la réalité des participants. Puis ils présentent les deux autres, sans les interminables louanges d'usage:

R. Aucun (dont encore j'aye eu connoissance) n'a plus heureusement estudié que NICOT en tous bons ars et en la philosophie, aussy est il par son sçavoir estimé l'honneur et l'excellence de l'Anguedoc, et AUBERT tant pour sa singulière erudition que pour les loüables vertus qui sont en luy ...

(p. 95)

Vient ensuite l'exposition brève du sujet à débattre. Les préliminaires se limitent donc à l'essentiel; en quatre pages (dans le manuscrit) le lecteur se trouve de plain-pied dans le débat. Seul Palissy fait montre d'un telle concision dans ce type de dialogue.

Les dialogues de Brués se présentent ainsi comme une composition musicale comparable à un quadrille à trois figures; Ronsard et Baïf jouent la première, Aubert et Nicot la deuxième, la troisième et dernière incluant les quatre participants. Ronsard assume le rôle de maître de quadrille. La distribution des rôles fait ressortir cette orchestration et la nature ludique de la rencontre.

Guy de Brués prévient le lecteur, dans la préface, de la nécessité des rôles pour l'exposition des points de vue adverses, faisant remarquer la commodité du dialogue pour une telle entreprise:

Je supplie aussi le bening lecteur, qu'avant faire jugement de ces miens livres, il luy plaise considerer, comme les propos sont deduiz ez dialogues, à celle fin qu'après avoir leu à l'entrée les arguments de celuy qui pour mieux cognoistre la verité, soustient la mauvaise opinion, il ne desiste pas d'en lire plus avant.

(p. 92)

Baïf est présenté comme un personnage qui contrarie par principe et illustre ironiquement l'opinion en faisant l'opiniâtre; cette attitude est poussée jusqu'à la mauvaise foi. Baïf défend l'incertitude des connaissances par des certitudes personnelles allant jusqu'à nier l'évidence:

B. Il me plaist de le dire par maniere de dispute.

(p. 101)

Le terme qui revient fréquemment à la bouche des personnages pour désigner leurs discussions est « dispute ». Cette désignation indique une attitude agonistique qui donne autant de place à l'aspect diégétique (expositif) qu'à l'aspect anatreptique (ou réfutatif) du dialogue. La rencontre se poursuit par objections continuelles, coup pour coup. Ce n'est pas un débat du type procès, mais plutôt un combat de boxe, plus animé; l'échange suppose l'égalité des combattants et l'acceptation de l'issue. Ceci est surtout visible dans le premier dialogue:

> B. Pour parvenir à l'asseurée preuve de la verité, j'ay fait l'opiniastre en ce j'estimois mensonge, vous asseurant que je suis fort aise d'avoir esté vaincu en ce combat, duquel la perte donne sans comparaison plus de proffit que la victoire.
>
> (p. 179)

Aubert exprime, à la fin des deux autres dialogues, autant de joie dans la défaite que Baïf.

Le caractère ludique de la dispute se voit à d'autres éléments que Brués fait adroitement ressortir tout au long des trois dialogues. L'idéologie n'écrase pas l'humanité des champions. L'entêtement de Baïf, l'ironie de Ronsard, son impatience aussi, la patience de Nicot et l'humilité d'Aubert montrent leurs différences de tempérament et mettent une note gaie dans une discussion qui aurait pu être oiseuse. Par ces touches multiples, l'auteur donne un caractère dramatique et artistique à son dialogue. On a affaire à des personnages et non à des porte-parole désincarnés. Chaque personnage a un style. Baïf prend le mot « opinion » pour *leitmotiv* et lors même qu'il semble concéder sa défaite, son « en cela n'y a qu'opinion » (exemple: p. 127) relance, comme un sursaut, la discussion. Ronsard le démasque; Baïf joue sur les mots:

> R. Tout te semblera tousjours opinion.
> B. Je n'en sçaurois penser autre chose, toutefois si ce mot d'opinion te fache tant, appelle le resverie ou bien imagination.
>
> (p. 138)

La familiarité se mêle à l'ironie:

> B. C'est doncques une chimere?
> R. Ouy à toy, qui ne veus considerer les choses, sinon tout ainsi que tu les vois exterieurement.
>
> (p. 130)

> B. ... Bref, ils nous ont si bien apris à voir, que nous ne sçavons si nous voions ou si nous ne voions point.
>
> (p. 147)

L'agacement et l'énervement ne sont pas absents, même entre amis:

> B. Tu te ne contenteras pas seulement d'estre sçavant en toutes choses, mais encore tu voudras juger de ma pensée.

R. Non fay non, et je ne m'estime pas tel que tu dis.
B. Or sus donc, je pense ce que je pense.

(p. 152)

De tels passages sont nombreux; aussi est-il superflu de vouloir les signaler tous. En plus des réactions humaines des personnages, ils nous montrent la familiarité du ton et le caractère parlé des dialogues. Les longs exposés, à deux ou trois exceptions près, sont très rares et consistent en une énumération d'autorités. Ils ne détruisent pas le rythme alerte qui domine l'ensemble. L'aisance de l'expression, le rythme des répliques et l'absence d'exposés dénotent la familiarité de Brués avec les maîtres du dialogue antique. Sa maîtrise du genre montre, au-delà des idées, sa connaissance de la technique.

Le soin qu'il prend à décrire le décor, à indiquer les circonstances temporelles qui entourent chaque dialogue et à recréer le ton naturel de la conversation, trahit chez lui la présence de soucis artistiques quoiqu'il prétende n'avoir fait qu'ébaucher son ouvrage.[10] Sans être explicitement exprimées, les préoccupations littéraires des cénacles et salons que ce provincial fréquentait à Paris, filtrent à travers son désir de donner un vernis mondain à ce qui est une discussion humaniste.[11] Ces mêmes soucis se retrouvent, bien entendu, chez les autres auteurs de dialogues contemporains, mais à un degré moindre, plus par convention que par besoin esthétique. Que ce soit une réminiscence des conventions du dialogue antique, ou une concession à la mode, le fait est que ces passages ajoutent une note poétique à des dialogues essentiellement entrevus sous l'angle dialectique. La convention se fait d'autant moins sentir que les passages poétiques sont exprimés par des poètes. Le procédé a donc sa justification.

Puisque la matière des deuxième et troisième dialogues laisse voir une filiation avec le De Legibus de Cicéron, on est en droit de penser qu'il en existe une aussi sur le plan des procédés. En effet les similitudes existent entre les deux auteurs dans leur façon de concevoir le décor. À Cicéron, également, il semble emprunter le procédé consistant à mettre en scène des personnalités contemporaines et éminentes, expertes dans un domaine donné: ici deux poètes-philosophes et deux juristes pour

---

[10] Brués, DCNA, éd. Morphos, Préface, 90: « Non pourtant qu'après avoir un peu plus qu'ebauché trois dialogues touchant ce propos, j'eusse encore volonté de les mettre en lumiere, esperant recouvrer quelque peu de loysir pour les mieux limer ».
[11] Il est à noter que Brués prétend avoir été poussé à publier son œuvre par le même Jean de Morel dont il a été question au chapitre des salons et dont la maison servait de lieu de rencontre aux beaux esprits (surtout les poètes) de l'époque (cf. Brués, DCNA, éd. Morphos, 91).

discuter de lois et de philosophie. Mais il va plus loin que Peletier du Mans ou que Le Caron en n'en faisant point de simples porte-parole. Malgré leur présence, les rôles ne sont pas, comme dans le dialogue-débat de type médiéval, interchangeables. On comprend, après la lecture du premier dialogue, pourquoi Baïf et Ronsard ont pu se brouiller.

Il est à noter aussi que Brués, à l'inverse de Tyard, de Peletier du Mans et de Le Caron, ne se met pas en scène. L'effet artistique n'en est que plus accru, car nulle part ne sent-on la présence de l'auteur. Des interventions de sa part auraient créé des coupures dans le rythme, détourné l'attention et rappelé au lecteur, pris par la réalité du dialogue, qu'il avait affaire à de la fiction. En cela, Brués est classique – dans l'acception du XVIIe siècle – puisque, tout en établissant une distance entre son œuvre et lui, il parvient à recréer, selon les règles du genre, une œuvre autonome centrée autour d'un conflit autant idéologique que psychologique. Il est le seul jusqu'ici qui semble avoir lu Platon, être allé au-delà des idées, et avoir saisi les ficelles techniques et apprécié le côté littéraire de ses dialogues.

Le principe de l'argumentation est d'essence platonicienne; ses dialogues sont du type colloque. Ceci suppose égalité des personnages et exclut l'alternance maître-élève. L'alternance existe toujours mais selon le schéma socratique question-réponse et la progression dialectique affirmation-négation parfaitement adaptée ici à la nature du débat dogmatisme-scepticisme. La plupart du temps les deux schémas coexistent et alternent, soit dans le même dialogue, soit d'un dialogue à l'autre; la méthode socratique prenant la relève quand l'autre schéma mène à l'impasse. Il y a donc amalgame des formes diégétique et zététique dans les genres théorique d'espèce rationnelle (dialogue I), et pratique d'espèces morale (dialogue II) et politique (dialogue III).

Le premier dialogue s'ouvre d'abord sur la confrontation Ronsard-Baïf, confrontation riche en paradoxes et en ironie (qualités du dialogue philosophique platonicien), en impasses et en feintes:

B. Je t'ay desjà dit, que les choses qui tombent ès sens, ne consistent point en opinion seulement: parquoy sans nul propos tu ne fais maintenant telles demandes.

R. J'ay opinion que tu ne me dis rien, et que je suis tout seul: car je ne sçay pas si estre en compaignie, est estre seul, et estre seul, est estre en compaignie.

B. Tu ne peux douter en cela: toutesfois si tu le fais, il n'y a nulle repugnance entre nous, et nous serons d'accord qu'en tout n'y aura qu'opinion.

(pp. 120-121)

Il n'est pas rare, dans de telles passes, de voir l'un des contestants se servir des armes de son adversaire. Quand l'opiniâtreté de Baïf mène à l'impasse, Ronsard assume le rôle de Socrate et le fait « accoucher » malgré lui :

R. La ligne droitte estant donques ses deux extremitez en un plus court espace que ne font pas les autres?
B. Cela est trop evident.
R. Nul mouvement peut-il estre fait s'il n'y a quelque lieu et quelque temps, puis que le temps est tousjours?
B. Puis qu'il y a mouvement, il faut qu'il ait quelque lieu, et quelque temps aussi...
R. Puisque l'espace qui est entre nous deux est borné, pourrois tu en aucune sorte venir à moy sans passer par le mylieu du chemin?
B. Je ne pourrois.
R. Si de deux choses esgalles on en oste quelques parties esgalles, celles qui resteront ne seront elles pas tousjours esgalles? Si tu as douze escuz, et moy j'en ay autant, et qu'on en oste six à un chascun, n'en resteront ils pas autant à toy comme à moy?
B. Il en restera six à chascun de nous.

(pp. 166-167)

De tels passages déductifs existent également dans le deuxième dialogue entre Nicot et Aubert, Nicot jouant le rôle de Socrate; les non-participants interviennent à leur tour pour remettre sur pied la discussion, à titre d'arbitres et de témoins: Nicot et Aubert dans le premier, Ronsard et Baïf dans les deux autres. Dans l'ensemble, étant donné le degré de participation et la fréquence des interventions, la stature socratique est attribuée au personnage de Ronsard. Les deux derniers dialogues, n'ayant pas Ronsard pour locuteur central, contiennent plus de passages à alternance affirmation-objection que de passages de maïeutique socratique. Cette variété des schémas d'argumentation est une qualité de plus des dialogues de Brués; car un dialogue tout en maïeutique est aussi monotone qu'un dialogue tout en demandes et réponses ou tout en affirmations et objections. Montaigne le dira à propos de Platon.

Les caractéristiques qui viennent d'être passées en revue confèrent une certaine originalité aux dialogues de Brués. Parmi les dialogues non comiques, il est le seul qui ait réussi à combiner harmonieusement une technique dramatique avec un sujet philosophique. Par la présence de personnages autonomes, la brièveté des répliques et leur rythme de succession, par l'utilisation de la dialectique comme méthode et non comme objet du discours, cette œuvre se distingue de la plupart des dialogues de la même époque. La variété des thèmes et de leur développement rend difficile toute catégorisation. Brués allie le dynamisme de Des Périers à l'érudition de Peletier du Mans et de Pontus de Tyard, la franchise du ton de Palissy à l'ironie de Tahureau. À l'étalage d'érudition d'un Le Caron, Brués, plus modeste, préfère la raison et le bon sens. Alors que tous ceux qui se mêlent d'écrire en dialogue de sujets sérieux jurent par Platon et Cicéron, Brués atteint, sans cette prétention à l'imitation, un degré de perfection qui fait de lui un maître plutôt qu'un élève. Ses dialogues sont les plus finis et les plus artistiques. On ne sait pas trop quelle a été la réaction des lecteurs de l'époque ; l'absence de commentaires ou de références à ses dialogues laisserait supposer un succès limité dans le temps et l'espace. Le nom de Brués est moins connu de nos jours que celui de Peletier ou de Tyard. Si l'on devait évaluer ces auteurs exclusivement dans le domaine du dialogue, on ne pourrait ne pas décerner la palme à Guy de Brués. La simplicité et l'économie du style, l'envergure des questions débattues, l'absence de pédantisme empêchent son œuvre de dater et rendent son auteur sympathique aux lecteurs d'aujourd'hui.

12. TOPOGRAPHIE ET CHRONOLOGIE DANS LE DIALOGUE

Bien que certains chercheurs aient établi une filiation entre le dialogue d'une part, la comédie et le mime d'autre part,[1] bien que certains dialogues aient été mis en scène dans l'Antiquité grecque, la plupart, sinon la totalité, de ceux que nous avons passés en revue ont été écrits pour la lecture. L'étude détaillée de leurs composantes techniques fait ressortir non seulement la différence qui existe entre le genre dramatique et le genre dialogique mais aussi les liens de parenté que ce dernier a avec des genres lyriques.

Pour des genres poétiques utilisant le dialogue comme procédé, tels le jeu-parti, le débat amoureux ou la pastorale, le décor et les données circonstancielles contribuent un apport affectif au thème du débat.[2] Souvent le développement des concepts formel et thématique est synchrone. Le dialogue, qu'il soit philosophique, satirique ou polémique, est essentiellement une confrontation ou un échange d'idées; la topographie et la chronologie qui accompagnent son déroulement y sont accessoires et non essentielles. Certains s'en passent, d'autres s'en passeraient sans mal. Théoriquement le décor ne se justifie qu'en fonction d'une éventuelle mise en scène ou d'un souci de vraisemblance qui n'est pas elle-même indispensable au dialogue. Puisque le souci de la mise en scène n'existe pas pour ce genre destiné à la lecture, il faut chercher dans la tradition la perpétuation de cette structure comme convention artistique.

Les dialogues du XVIe siècle, qu'ils soient de Tahureau, de Peletier, de Tyard, de Le Caron ou de Brués, usent de la convention de la conversation

---

[1] Cf. Dupréel, *La légende socratique*, 289.
[2] « Sous l'ombre d'un bois trouvai pastoure à mon goût; contre l'hiver était bien protégée la fillette aux blonds cheveux... À cause du froid, serrée dans sa cape, elle était blottie contre un buisson ... 'Pastourelle, mon amie, de bon cœur je me rends à vous: faisons tonnelle de feuillage, gentiment nous nous aimerons'. Aé! » Dans: Lagarde & Michard, *Les grands auteurs français du programme*, tome I: *Moyen Age* (Paris: Bordas, 1964), 183.

rapportée. Qu'ils portent des pseudonymes ou des noms réels, les personnages de ces dialogues sont tirés de la réalité contemporaine. La convention du décor se trouve liée ainsi à celle de personnages réels. C'est
un élément supplémentaire de cette réalité qu'on insufle au dialogue
par souci de crédibilité. Alors que le dialogue socratique en général, et
platonicien en particulier, est postérieur à Socrate, le dialogue philosophique du XVIᵉ siècle est un dialogue contemporain, et partant il
reflète l'atmosphère de l'époque. Avant, donc, de remonter aux sources
antiques de la tradition du décor, il semble plus juste de chercher les
influences plus proches et plus récentes: les salons et la littérature néo-
platonicienne.

Un des buts du décor est de suggérer une atmosphère amicale, plaisante et familière telle qu'on pouvait la trouver dans les réunions savantes
à Lyon, Paris et Poitiers. En mettant une telle atmosphère dans ses
dialogues, Pontus de Tyard n'invente pas; les réunions du château de
Bissy lui fournissent un cadre tout trouvé pour les *Curieux*: le salon de
Mme de Retz, celui des *Solitaire*. Ce décor oscille entre la chambre et
le jardin:

> J'avois au plaisir, que les champs me donnent aucunefois ores à l'exercice
> de la chasse, ores au solitaire sejour, auquel le plus souvent ou le fraiz d'un
> bois ombrageux, ou la verdeur des gracieux coustaux m'invitoit, passé quelques
> jours, quand, rappellé par la commodité de mes domestiques, et privez affaires,
> et encore plus urgemment par le desir, qui me solicitoit à toute instance de
> revoir Pasithée, et retourné à la ville, j'allay au lieu de son ordinaire demeure.
>
> (*S.P.*, p. 5)

Dans le *Premier Curieux*, la conversation démarre « en la chambre où
[il est] coustumier de [se] retirer pour les heures moins perdues » (3),
et se poursuit « après disner ... sous le couvert d'une petite fustaye,
fermée en parc joignant [sa] maison ... au destour d'une allée ... sous
un grand plane, hors de l'incommodité du vent & du soleil (*Second
Curieux*, 131). Peletier du Mans et les interlocuteurs du *Dialogue de
l'Ortografe* choisissent, pour son isolement et sa tranquillité, la demeure
d'un ami parisien ami des lettres.[3] Brués publie son œuvre sur la recommandation et l'encouragement du fameux Jean de Morel dont nous
avons mentionné le salon parisien [4] et ses attaches avec les membres
de la Pléiade. Son décor est cependant plus bucolique et fait moins salon.

---

[3] Chez l'imprimeur Vascosan. Le choix est aussi pratique que symbolique étant
donné le sujet traité. Peletier du Mans est le seul à négliger le décor au profit des détails
circonstanciels. Il donne un aspect documentaire à son dialogue-polémique.
[4] Voir Brués « Preface de l'auteur », *DCNA*, 91.

Chez Le Caron et Tahureau, le décor est à peine esquissé en passant, mais suggère toujours l'extérieur champestre.[5]

Ce type de décor tendant à évoquer une atmosphère de bonne société avait des antécédents dans la littérature italienne néo-platonicienne. C'est l'ambiance du palais d'Urbin et des jardins Oricellari de Florence,[6] importée d'outremont à travers le *Courtisan* de Castiglione, le *Philaletha* d'Ortensio Lando, le *Pérégrin* de Caviceo, les *Dialogues d'amour* de Léon Hébreu pour ne citer que ceux-ci. Cette influence d'ordre tant social que littéraire se combine et se revivifie aux sources du dialogue antique. Les Italiens autant que les Français sont, dans ce domaine, des continuateurs plutôt que des innovateurs.

« Plutarque nous apprend que c'est une manie dans les préambules de dialogues que d'évoquer 'les prairies et les ombrages des poètes, et aussi leurs entrelacs de lierre ou de liseron' ».[7] Rien de nouveau sous le soleil, question de décor; nous sommes en face d'un *topos*. Cicéron use de cette convention et sert d'intermédiaire plus que Platon. Platon consacre rarement de la place au décor. Les deux types de dialogues fréquents chez lui sont le dialogue-banquet et le dialogue-promenade (*Phèdre, Protagoras, Ion, Lois*). Platon signale le site et néglige les détails visuels. Le dialogue commence toujours par une rencontre: on vient de quelque part, des connaissances surviennent, et on va quelque part.[8] La nature du lieu se dessine au fur et à mesure de la discussion, à travers les répliques, en même temps que la personnalité des locuteurs:

Il semble que Platon ait volontairement réalisé un éclairage progressif, qui porte autant sur la personnalité des personnages que sur la mise en scène du dialogue. Le lecteur, comme le spectateur, assiste d'abord à un entretien dont

---

[5] « Je t'en diray après nous estre assis sur cette herbe verte quelques unes pour nous recréer... »

« D. Mais cependant je suis de cet advis que nous allions prendre le frais ici dehors.

C. C'est bien dit, voyés s'il ne semble pas que ce bel ombrage de lauriers nous semonde pour nous y aller refraîchir, & deviser de quelque gracieus propos » (Tahureau, *Dialogues*, 22 et 107).

« Nostre coustume (ô mon hoste) est telle que souvent nous entreconvions les une les autres, ou en banquet, ou en ce verdoiant bocage, pour disputer ensemble ... des plus excellentes questions de la philosophie » (Le Caron, *Le Philosophe*, 69).

[6] Voir Yates, *Academies*, 6.

[7] Bompaire, *Lucien écrivain*, 307.

[8] Voici quelques exemples tirés de Platon, *Oeuvres*, éd. Chambry (Paris: Garnier, 1919):

« Salut à Ion. D'où nous reviens-tu cette fois? d'Ephèse, ton pays? » (*Ion*, 7); « D'où viens-tu Socrate? sans doute de la chasse, de la chasse à la beauté d'Alcibiade? » (*Protagoras*, 100); « Mon cher Phèdre, où vas-tu donc, et d'où viens-tu? – De chez Lysias, fils de Céphale, Socrate, et je vais me promener hors des murs » (*Phèdre*, 208).

il distingue les acteurs, sans les connaître. Peu à peu la lumière se fait et les échanges s'organisent. Le lecteur antique, au contraire du lecteur moderne qui exige d'être renseigné avant même la première réplique, avait une ingéniosité, un sens de la découverte qui lui donnaient le plaisir perdu pour nous, de la lecture active.[9]

Sur ce point, les auteurs du XVIᵉ siècle sont directs puisqu'ils révèlent une bonne fois pour toutes le décor en début de dialogue et ne s'en préoccupent plus par la suite, à moins de passer d'un dialogue à un autre.

La variété des sites et la qualité progressive du cadre platonicien empêche de réduire le décor à un type statique conventionnel. Cicéron offre une source plus facile à identifier. Un exemple classique de décor-type, du genre mentionné par Plutarque et qu'on retrouve fréquemment au XVIᵉ siècle, se trouve dans le *De Legibus*: des amis discutent tout en se promenant le long des berges du Liris, à l'ombre d'un chêne ou de peupliers. L'eau et les rives verdoyantes rafraîchissent les personnages en un jour d'été, propice par sa longueur aux longues discussions. Ce décor est lui-même analogue à celui des *Lois* de Platon, à la différence que les peupliers romains ont remplacé les cyprès de Cnossos.[10] Traitant des lois, Brués aura un antécédent trouvé. Chaleur, rivière, prés, arbres, tout y est. La mise en place du décor lui prend plus d'une page au premier dialogue:

B. Il y a tout auprès de ces saules que tu vois là-bas en grand nombre, un petit ruisseau, à la rive duquel nous nous assoirons, sans que le chaut nous puisse offenser, parce que les autres arbres qui y sont, font une feuillée si épesse, que les rays du Soleil ne la peuvent forcer: et là couchez sur l'herbe, nous pourrons deviser tout à nostre aise.

(p. 94)

Suggéré alternativement par deux poètes, Baïf et Ronsard, ce paysage idyllique ne semble nullement plaqué ni conventionnel bien qu'il suive apparemment la convention cicéronienne. C'est un décor poétique d'atmosphère, où le détail pittoresque masque la convention: Ronsard se réjouit d'avance de la vue de « la verdure, et [des] petits poissons qui sautellent dessus l'eau » (94).

Parfois, comme dans le cas de Tahureau, le décor est donné en fin de dialogue; il sert de charnière à celui du dialogue suivant où le site n'est plus alors localisé. Le Manceau est le seul à aligner autant de détails

---

[9] Andrieu, *Le Dialogue antique*, 305.
[10] Voir: Brués, *DCNA*, éd. Morphos, Introduction, 29.

visuels sur le domicile où ses deux personnages vont se restaurer après la discussion:

D. Tu peux voir là au dessus en ce petit lieu montueus une maison quarree faitte en terrasse appuiee de deus tourelles d'un costé, & de ce costé mesme une belle veuë de prairie en bas couppee & entrelassee de ces petis ruisseaus qui ont ainsi le cours vague & tortu: de l'autre costé ceste touche de bois fort haute & umbrageuse, dont l'un des bouts prent fin à ces rochers bocageus que tu vois à un des detours de cette prée, & l'autre au commencement de ceste grande plaine qui est un peu au dessous de cette maison que je t'ai monstrée: La vois-tu bien là par entre ces deus chesnes tirant un peu sus la main gauche?

(p. 103)

Le Caron, comme Brués et Tahureau, suggère la promenade dans ses dialogues. Dans *Claire, ou de la beauté*, son dernier dialogue, l'auteur se promenant le long d'une rivière, rencontre une troupe de jeunes gens. Le tableau vivant qu'il nous fait de leurs folâtreries lui sert d'introduction à la question de la beauté et de l'amour. *Valton* également comporte une introduction sous forme de dialogue-promenade:

Me pourmenant quelquefois avec mon oncle en un parc spatieux & plaisant pour la diversité des couleurs de la fleurissante prérie, après plusieurs propos nous entrâmes en la dispute sur la tranquillité d'esprit et du souverain bien.

(*Dialogues, Valton*, f. 81)

Mais la promenade n'est pas intégrée au dialogue proprement dit, qui est rapporté au troisième degré: son oncle Valton lui rapporte ce que l'Écorché lui a raconté d'une discussion antérieure entre Rabelais, Cotereau et lui. Le décor fait donc partie d'un dialogue d'encadrement qui a été éliminé au profit du dialogue central traitant du sujet de la tranquillité et du souverain bien.

Dans l'ensemble, à l'exception de Tahureau, la majorité de nos auteurs se servent du décor comme prétexte et introduction sans inclure le mouvement dans la discussion comme le fait Platon dans le dialogue-promenade. Le décor finit où la discussion commence. Tous font discuter leurs personnages dans la position assise. Tous oublient le décor une fois le dialogue engagé et ne l'évoquent même pas à la fin.

Malgré la position assise, il n'y a pas de vrai dialogue-banquet même quand la conversation débute à la sortie de table comme dans le cas du second dialogue de Tahureau. Mieux, les repas, chez Tahureau, servent de point d'aboutissement:

D. Je te prierai bien fort de venir prendre le disner jusques en ma petite maisonnette ... veu que l'heure du disner s'approche.

(p. 103)

C. Car je voi le soleil qui commence là fort à s'abbaisser, & qui nous advertit que l'heure du souper nous pressera tantost.

(p. 177)

Même technique chez Tyard. Bien que la dispute ait été, dans un style bien platonicien, assimilée à un « repas plantureux … [et] spirituel » (*P.C.*, 126), Pontus fait arrêter son dialogue à l'approche du souper. Brués se sert une fois sur trois (dans le second dialogue seulement) de ce prétexte. Dans le premier, « il est desjà haute heure, et le soleil commence de s'en aller » (180); dans le dernier, Ronsard allègue un rendez-vous avec son ami Pierre Paschal. Brués montre ainsi de la variété dans ses procédés.

Avec les repas, la notation temporelle la plus fréquente est l'approche de la nuit ou le coucher du soleil. Nulle indication de temps n'est fournie en début de dialogue; elle se devine en fonction de la fin, par rapport aux repas. Le premier dialogue de Brués, s'ébranle à l'heure où « le soleil est encores fort aspre, et enflamme la terre d'une grande chaleur » (94), à savoir quelque temps après midi. On pourrait donc dire que l'unité moyenne de temps d'un dialogue est la période qui s'écoule d'un repas au suivant.

Les repas ne sont cependant pas les seuls prétextes de fin de dialogue. Souvent la nature de ces prétextes jette la lumière sur celle du dialogue lui-même. Le dialogue de salon du *Solitaire premier* se termine par le départ de l'amoureux-savant, départ dicté par la décence et l'amour platonique:

Ce pendant, pour ne vous ennuyer de ma tristesse (bien que vous en soyez la cause) vous me donnerez congé de vous laisser user du repos, auquel la nuit survenue vous appelle (Pasithée) à fin que je m'en aille, accompagné de ma solitude familiere et avec elle, rendre ma peine plus facile à porter.

(p. 77-78)

Le dialogue de cénacle du *Premier Curieux* prend fin à l'arrivée d'une compagnie féminine, débouchant ainsi sur une réunion de salon qui ne nous est pas relatée:

Les dames, qui auront la musique, & les autres gracieus plaisirs desquels vous essayerez de les contenter, plus agreables, s'employeront à un autre entretien.

(p. 126)

Brués se sert du rendez-vous intellectuel pour mettre fin au second et au dernier dialogue: Baïf a promis d'aller voir un certain Bernardin de Saint-François (II), Ronsard de lire une histoire de l'historiographe Pierre Paschal. Les dialogues-études de mœurs de Tahureau se terminent

sur l'annonce du « voyage sur mer » (102) que Le Cosmophile doit faire
et qui va durer sept ou huit mois. Ce prétexte justifie la critique satirique
de la société que Le Démocritic fait ainsi au Cosmophile, voyageur curieux, habitué aux longues absences hors du pays.

Des exemples précédents il ressort que le décor occupe plus de place
que les données temporelles. Les constantes du décor sont d'ordre
statique, visuel et thermique : verdure, fraîcheur, ombre. La saison
est le printemps ou l'été; plutôt ce dernier puisqu'il permet une unité
de temps (l'entre-repas) plus grande tout en éliminant l'inconvénient
des averses. Ce décor prend une valeur symbolique : la tranquillité de
la nature sied à la sérénité de la discussion intellectuelle; il établit un
rapport d'harmonie. Sa fonction est donc rhétorique alors que chez
Platon elle est dialectique, la marche ensemble et la discussion étant
synchrones. Il est justifié par le besoin d'isolement et de tranquillité,
conditions propices à la discussion philosophique. C'est un décor de
réunion intime d'où sont éliminées les surprises de l'intrusion, telles
qu'on les trouve dans le dialogue antique du type banquet. Sis dans la
nature, il sert de refuge :

B. Nous sommes icy en beau lieu, car nous voyons davant nous la belle praîrie,
et de l'autre costé l'epesseur des arbres empeche qu'on nous puisse voir.

(Brués, *DCNA*, p. 94)

À la fin du siècle, Guillaume du Vair se sert du décor-refuge dans son
traité *De la Constance* : ses amis fuient les troubles de l'époque pour
trouver un hâvre de paix dans un jardin isolé.

Ces caractéristiques dominantes montrent que la littérature antique
et les dialogues italiens ne sont pas les seules sources dont s'inspirent
les auteurs français pour leur décor. Il existe une tradition médiévale
d'origine plus lointaine qui se perpétue en dehors du genre dialogique.
Le jardin de Déduit du *Roman de la Rose* en est un exemple, l'abbaye
de Thélème un autre. E. R. Curtius a analysé le lieu commun du *locus
amoenus*.[11] Ce genre de décor a même un antécédent dans la Bible : le
Cantique des cantiques, qui est lui-même un entretien suave entre l'époux
et l'épouse. Les cours d'amour le perpétuent au Moyen Age et, plus

---

[11] « An outdoor scene of particular loveliness with flowers, trees, singing birds and
gurgling brooks ». Dans Stanley G. Eskin, « Mythic Unity in Rabelais », *PMLA*,
79 (Dec. 1964), 551.
Cette question a été reprise plus tard, toujours à propos de genres poétiques par
David Evett dans « 'Paradice's Only Map' : The *Topos of the locus amoenus* and the
Structure of Marvell's Upon Appleton House », *PMLA*, 85 (May 1970), 505-513.
Beaucoup de mes conclusions son t antérieures à la publication de cet article.

près de nous, Louise Labé se sert aussi bien du cadre que du thème du jugement dans son *Débat de Folie et d'Amour*. Bernard Palissy, dont les personnages sont des allégories, en fait un usage direct, non comme décor, mais plutôt comme introduction et comme sujet de sa *Recepte véritable*:

> J'ay commencé à tracasser d'un costé et d'autre, pour trouver quelque lieu montueux, propre et convenable pour édifier un jardin pour me retirer, et récréer mon esprit en temps de divorces, pestes, épidimies et autres tribulations, desquelles nous sommes à ce jourd'huy grandement troublez.
>
> (p. 21)

Il dira plus loin que son but est d'édifier un « refuge pour recevoir les Chrestiens exilez en temps de persécution » (22). L'exemple de Palissy est éloquent puisqu'il ne connaît pas les classiques et qu'il rattache son inspiration à la Bible, aux *Psaumes* pour être plus précis.[12]

Sur le plan du décor, le dialogue se nourrit donc d'influences variées, anciennes et modernes, étrangères et indigènes.[13] La vitalité de cette convention est un argument supplémentaire en faveur de la thèse de la persistance du genre dialogique antérieurement au renouveau néo-platonicien. La topographie est intellectualisée. Les qualités conceptuelles du décor importent plus que sa location. Sis dans la nature, *eterno in mutabilità*, il se débarrasse de la contingence du temps. L'importance de la chronologie s'atrophie en face du concept topographique investi de caractéristiques extra-temporelles. Le *locus amoenus* recrée des conditions paradisiaques favorables aux cogitations des élus de l'intellect. Chacun des trois dialogues de Brués se termine par un passage panégyrique où l'interlocuteur défait chante les joies de la possession intellectuelle [14] qui l'élève au-dessus des entraves corporelles et l'entraîne à la contemplation du principe vital, Dieu:

---

[12]   Oulmont, *Les débats du clerc*, 7. Voir aussi p. 43.
[13]   Je n'ai mentionné ni Lucien ni ceux qui s'inspirent de sa technique dramatique (Érasme et Des Périers) parce que souvent le décor n'existe pas en tant que convention. Il n'y a pas de description, seulement des indications scéniques servant à localiser l'échange verbal. On entre *in medias res* dans un dialogue de Lucien ou un colloque d'Érasme. On est en Olympe ou dans l'Hadès; on est avec Mercure du *Cymbalum* à l'auberge du Charbon Blanc, voilà tout ce qu'on sait, le reste est laissé à l'imagination du lecteur ou à celle du metteur en scène éventuel de ces dialogues dramatiques.
[14]   De même que dans le genre épique ou bucolique il est investi de qualités sexuelles idéalisées (grotte de Calypso dans l'*Odyssée*, jardin d'Armide chez le Tasse, plus tard l'*Arcadie* de Sannazare), le dialogue dans un tel décor est le symbole d'une inter-fertilisation intellectuelle. Cet aspect est visible dans les dialogues de Brués où Ronsard (comme Socrate) joue le rôle de prêtre inséminateur.

B. O grande et admirable excellence de l'homme! ô divine condition d'iceluy! ô plus grande encore et inestimable ta puissance et ta bonté Seigneur! qui l'as doüé d'une si divine celerité d'esperit, l'as créé immortel à ton image et ressemblance, et as soubzmis à sa subjection tout ce que tu avois créé soubz la concavité de tes hauts cieux, avec ce que tu luy as revellé tes plus grands et plus occultes secrés, et par les choses visibles, l'as amené à la cognoissance de toy Dieu tout puissant, pere de misericorde, eternel, infiny, seul moderateur de toutes choses visibles et invisibles.

(p. 177)

Le religieux Hieromnime, dans le *Premier Curieux*, se contente de nourritures spirituelles, préférant à l'heure des nourritures terrestres (arrivée de dames à l'heure du souper) « accommoder en ne point soupant, l'estat de [sa] santé au devoir de [sa] devotion » (126). Le Solitaire quitte sa Pasithée quand « l'evidence de [ses] passions » (*S.P.*, 75) alliée à la tombée de la nuit met en danger la nature spirituelle de leurs rapports. Pasithée, de même que la Claire, de Charondas, garde ainsi sa qualité de muse androgyne. Le dialogue philosophique du XVIe siècle désincarne la sexualité et quand il inclut la femme, c'est dans un contexte tout platonique. En ce sens, les dialogues satiriques de Tahureau n'entrent pas dans cette catégorie.

Si l'on pense, tant soit peu, que cette interprétation est un peu forcée, qu'on se rapporte au débat du deuxième dialogue de Guy de Brués, passage dans lequel la paire Aubert-Nicot, apercevant Ronsard qualifie Baïf de « Corydon qui marche après lui » (181). Ronsard-Baïf, Socrate-Alcibiade, la comparaison est soutenable. Le dialogue philosophique du XVIe siècle, dialogue des lumières de l'esprit, est placé sous le signe de Phoebus. Il rejoint le dialogue grec. C'est un dialogue masculin.

13. LES PERSONNAGES

À l'exclusion de quelques dialogues mineurs, tels les colloques d'amour ou les colloques érasmiens traitant du mariage, les dialogues philosophiques du XVIᵉ siècle comportent rarement des personnages féminins. Quand ils existent, leur rôle est secondaire ou incident. Les premiers exemples en date parmi les dialogues considérés sont ceux de l'hôtesse et de Célia dans le *Cymbalum mundi*. Le rôle de l'hôtesse, dans le premier dialogue, comprend trois répliques dont l'une sert à l'indentification de Byrphanes et Curtalius. Il aurait pu être tenu par un homme sans altération de scénario, n'était-ce le besoin de la part de l'auteur de souscrire au lieu commun de la belle hôtesse associé à celui du bon vin et de la ripaille. La justification par l'exégèse onomastique qui l'assimile à Marthe est trop ténue pour être acceptable. Dans le troisième dialogue, le rôle de Célia est subordonné à celui de Cupidon, lui-même accessoire. L'épisode Cupidon-Célia tient peu de place dans le déroulement dramatique du dialogue. C'est une pause qui se rattache au thème central par son caractère illustratif: sa seule réplique est un petit discours sur la puissance de l'amour et de la nature.

Des dialogues satiriques du genre de ceux de Tahureau auraient pu inclure des interlocutrices puisque la question des femmes est abordée; mais Tahureau les fait parler dans un style narratif anecdotique sans créer de rôles dans des dialogues conçus selon un schéma discursif plutôt que dramatique.

On s'attend à des présences féminines dans les dialogues néo-platoniciens influencés par la vie de société, elle-même sous l'influence de l'Italie. Les deux *Claire* de Le Caron et les deux *Solitaire* de Pontus de Tyard entrent dans cette catégorie. Dans *La Claire, ou de la Prudence de Droit*, Le Caron, tout en s'inspirant du dialogue socratique à deux voix, compose un dialogue discursif de type scolaire. Il n'y a vraiment ni débat ni dispute malgré l'emploi de ces termes, mais plutôt un « petit exercice » (f. 2) dans un cadre mondain:

Car le propos de ce Solon qui est la contremoitié de Claire, expliquera nostre sentence de la prudence de droit: non en captieuse, sophistique & prédicamentale dispute, ains en facile, amiable, & populaire devis.

(f. 7)

Les rapports sentimentaux entre les deux interlocuteurs servent de digressions et sont extérieurs au thème du dialogue. Le nom de Claire semble découler de la devise même de l'auteur, *En clarté l'œil s'éblouit*. Sa présence s'explique par la dédicace: « A très Excellente, et très vertueuse demoiselle cousine de sa Claire S. » Son rôle est celui de l'élève, Solon étant le maître. C'est le premier et le seul dialogue dans lequel Le Caron ait usé de pseudonymes. Il semble artificiel et nullement inspiré d'une vraie conversation. Le rôle de la Claire aurait pu échoir à un homme. Cela aurait entraîné l'élimination de l'appendice poétique, autre exercice littéraire, que Le Caron tenait à adjoindre à son dialogue: « La Clarté amoureuse ».

Le *Solitaire Premier* semble suivre le même schéma, à la seule différence que Pasithée a beaucoup plus de stature que Claire. Le sujet des muses et de la fureur poétique justifie plus que les Pandectes la présence d'une interlocutrice. Pasithée prend une valeur emblématique que Claire ne possède pas. Bien que Pasithée joue le rôle du disciple et le Solitaire celui du savant, par ses connaissances du sujet débattu, elle s'élève au-dessus du rôle d'oreille. Pasithée tient salon et quand Pontus, alias le Solitaire, se rend chez elle, il la trouve « tenant un leut ses mains, accordant au son des cordes, que divinement elle touchoit, sa voix douce et facile: avec laquelle tant gracieusement elle mesuroit une Ode française » (5). Ces rapports d'égalité entre les deux interlocuteurs prennent du relief à la fin du dialogue où les rôles sont inversés: c'est lui qui accommode une ode au luth. Contrairement à « la Clarté amoureuse », le passage de poésie amoureuse fait partie intégrante du dialogue. L'influence de la vie de société italienne via *Le Courtisan* est beaucoup plus sensible dans le *Solitaire Premier* qu'elle ne l'est dans *La Claire*. L'abus de l'érudition dans les réunions de gens du monde était proscrit par Castiglione; la femme ne devait pas être pédante. L'érudition juridique de Solon met Claire dans une position de pédante. Pasithée est cultivée mais retenue. Elle fait figure de dame et le Solitaire d'honnête homme. Pontus n'aura aucune peine, vingt-trois ans plus tard, à dédicacer ce même dialogue « A non moins Docte et prudente que genereuse et vertueuse Dame, Dame Catherine de Clermont, Contesse de Raiz » (p. xxvii) dont il fréquente le *salon vert* ou cabinet de Dictynne en 1568 et 1573.[1] La stature du personnage coïncide avec celle de la personnalité contemporaine.

L'emploi du Solitaire et de Pasithée comme personnages est un procédé de symbolisme poétique que Tyard abandonnera avec les *Curieux*. Cet abandon du personnage de Pasithée marque un changement d'orientation dans son entreprise philosophique, c'est-à-dire son passage des questions littéraires (poésie et musique) à des questions scientifiques. Le nom de Pasithée est plus du domaine de la poésie que des sciences. Son apparition comme muse du poète est antérieure au *Solitaire premier* : les diverses éditions des *Erreurs amoureuses* lui sont dédiées dès 1549. Pasithée, qui est une des Grâces dans l'*Iliade* (XIV), est considérée comme une Muse et une Grâce par Tyard.[2] Frances Yates y voit le symbole de toute l'encyclopédie conçue par le châtelain de Bissy et la compare à la lettre O du *Champfleury* de Geoffroy Tory, qui englobe les neuf Muses, les trois Grâces, les sept Arts Libéraux et les quatre Vertus Cardinales, avec Apollon au centre.[3] Pourquoi a-t-il alors omis ce personnage dans les dialogues postérieurs ? Pourquoi joue-t-elle le rôle d'élève dans les *Solitaire* ? Tout simplement parce que Tyard, comme Ronsard, suit l'usage académique des poètes.[4] C'est une égérie, une muse avec « m » minuscule dont le nom lui est suggéré par la mythologie via Gyraldi. Il est suprenant de noter que, dans un des dialogues des Dames Des Roches,[5] l'une des disputantes se nomme Pasithée et que son rôle n'a rien de « gracieux »; c'est Iris qui est l'érudite. Si Pasithée est le symbole des Muses, comment expliquer une telle question de sa part ?

Je prendrois bien plaisir (dit Pasithée) de sçavoir que signifient les noms des Muses.

(*S.P.*, 54)

Le *Solitaire Premier* qui traite de *furor poeticus* sert de véhicule aux idées poétiques de Tyard; il dit lui-même écrire pour faciliter la compréhension de la poésie contemporaine. Comment expliquer Cassandre, Délie sinon en l'illustrant par l'emploi de Pasithée ? Quand le raisonnement remplace les fureurs, Pasithée n'est plus utile et, avec le Solitaire, elle s'efface de la scène des dialogues. Tyard se mettra toujours en scène, mais plus sous le nom de Solitaire.

[1] Voir Pontus de Tyard, *Oeuvres*, *S.P.*, éd. Baridon, xxvii-xxviii, n. 1.
[2] Il dit à Catherine de Retz dans la dédicace de 1575 « Je vous consacre donc, Madame, ce discours des Muses et des Graces vos compagnes... » *S.P.*, éd. Baridon, xxix.
[3] Yates, *Academies*, 133-34. Cf. note 4.
[4] Voir l'article de H. Vaganay, « Quatre noms propres de la littérature: Délie, Philothée, Ophélie, Pasithée », *Revue de Littérature Comparée*, 15 (1935), 279-288.
[5] Voir mon chapitre sur les salons et les académies.

Malgré le symbolisme du nom, c'est Tyard qui parle sous le pseudo-nyme du Solitaire. Ce procédé de poète allait de pair avec sa devise: *Solitudo mihi provincia est*. Ses amis de la Pléiade, notamment Baïf, font allusion à Tyard dans leurs poèmes sous ce pseudonyme. Le sens du pseudonyme dépend souvent du thème du dialogue. Traitant du droit, Le Caron choisit Solon comme porte-parole. Ses raisons sont explicites:

> J'ai fait parler non Minos; ou Rhadamante (comme aucuns) affin que nostre deviz ne feut destitué d'autorité, comme fable: mais Solon le gislateur, affin que nostre discours eust plus grand autorité.
>
> *(La Claire*, f. 7)

Traitant de la beauté, Narcisse est tout trouvé pour représenter la beauté physique, Claire la beauté spirituelle *(Claire)*.

Cette pratique des pseudonymes n'était pas nouvelle. Dans les aca-démies italiennes, les membres en portaient: Borromeo avait choisi Caos et Sperone Speroni (à qui la Pléiade doit beaucoup) Nestore. Tyard continue cette habitude même quand son point de départ est une person-nalité contemporaine; Mantice cache, à l'aveu de Tyard, « un amy mien excellent ... le nom duquel je cele sous cestuy ... qui exauçait d'infinies loüanges son party de Divination ».[6] Silvio Baridon y a cru voir Scève:

> E consuetudine di Pontus de Tyard di porre un nome di simbolica persona a titolo dei suoi scritti filisofico-scientifici, così Solitaire, Curieux, e personi in chiaro, si è visto, quello di un amico, Scève.[7]

Quoique le mot παντεία, désignant un savoir qui n'a rien de logique, se rencontre dans l'*Alcibiade* (I), il ne semble pas que Tyard l'ait tiré de là, puisque le personnage qui correspondra à une telle attitude dans *Mantice* est plutôt Hieromnime. Une source plus plausible est le livre de Mélanchthon, *Praefatio in Johannis Schoneri libros de judiciis nativi-tatum*. Certains, comme Clements,[8] ont cru y voir le portrait de Mellin de Saint-Gelays dont l'*Advertissement sur les jugements d'astrologie* est antérieur de douze ans à Mantice. La question n'est pas là. Plus qu'une personne réelle, le pseudonyme représente une attitude. Le Curieux dont le sens était celui de Soigneux,[9] représente un aspect de Tyard, de même que le Solitaire, Mantice et Hieromnime. Après les *Solitaire*, Tyard s'efface pour leur laisser la parole. Cette technique permet la distanciation nécessaire au développement objectif des idées dans le dialogue:

---

[6] Baridon, *Pontus de Tyard*, 207.
[7] *Ibid.*
[8] Clements, *Critical Theory and Practice of the Pléiade*, 222.
[9] Graham Castor, *Pléiade Poetics*, 77, n. 2.

La forma di esposizione delle proprie idee in terza persona, frequente in Pontus, gli torna assai comoda, poichè gli permette di esporre le due tesi contrastanti con il distacco voluto e sopratutto di dare alle sue conclusioni un rilievo particolare, ponendosi sin dall'inizio in una posizione di giudice dal quale si attende, necessariamente, oltre il tumulto delle passioni di parte, la parola illumina definitiva.[10]

Cela explique pourquoi Tyard, contrairement à Le Caron, se sert toujours de ce procédé: plus il se place sur le plan rationaliste et plus il en a besoin pour dominer son sujet.

Le choix du personnage et du pseudonyme de Hieromnime qui représente le défenseur de la connaissance basée sur la certitude de la foi, semble lui avoir été dicté par la réputation dont ce père de l'Église, ami des sciences et des poètes, jouissait au XVIe siècle. Des tableaux de l'époque le représentent dans le désert, entouré de livres.[11] Chanoine de l'église cathédrale de Mâcon, puis protonotaire du Saint-Siège apostolique, et enfin évêque de Châlon-sur-Saône,[12] ce poète savant est aussi, par sa famille et sa formation, homme d'église. Hieromnime représente ce côté de la personnalité de Tyard. C'est le symbole du mouvement syncrétiste qui essaie d'harmoniser Platon et Moïse.[13] Hieromnime-Le Curieux c'est l'antithèse foi-raison.

L'usage de pseudonymes de signification antithétique n'est pas l'exclusivité de Tyard ni ne prend toujours ses sources dans la littérature sérieuse. Le Démocritic, sévère censeur des mœurs de son temps, s'oppose au mondain Cosmophile chez Tahureau. L'opposition des points de vues est évidente dans la terminologie des pseudonymes des *Dialogues du français italianizé* d'Henri Estienne: Celtophile soutient le point de vue français contre Philausone, l'ami des Italiens. Parfois, comme dans *Le Philosophe* de Le Caron, l'onomastique se confine aux noms communs: le Philosophe essaie de convaincre le Courtisan. Le nom se confond au rôle.

La tradition de ce symbolisme onomastique doit plus à Lucien qu'à Platon. Érasme s'en sert dans ses colloques.[14] C'est une arme de la satire. Pamphilus, Pamphagus, Midas, la galerie est inépuisable. Qu'un borgne soit nommé Cyclops, le comique saute aux yeux. C'est le jeu de mots facile que ne dédaignera pas Rabelais: Épistémon, Panurge,

---

10 Baridon, *Pontus*, 208.
11 Yates, *Academies*, 152.
12 Voir Jeandet, *Pontus de Tyard seigneur de Bissy*, 57-58.
13 Voir à propos de l'école platonique de Chartres: R. Klibansky, *The Continuity of the Platonic Tradition* (London: The Wartburg Institute, 1939).
14 Voir Preserved Smith, *Colloquies of Erasmus*, 4 à 6.

Eusthènes, Carpalim, etc. La création verbale exerce ses droits dans ce domaine. Lucien emploie un total de 234 personnages. Sur ce nombre soixante sont anonymes et quatorze des personnifications.[15] Dans l'ensemble ses noms sont descriptifs: Gnathonides le parasite, Lexiphanes le pédant, Cyniscus, Megapenta etc. Beaucoup étaient connus du public de l'époque, et doivent leurs origines à la comédie.

Ces noms fabriqués représentent des personnages fictifs, des types ou des caricatures plutôt que des personnes réelles, même quand celles-ci servent de points de départ; aussi se retrouvent-ils plus fréquemment dans le dialogue satirique que dans le dialogue dit rapporté. La philosophie et l'esprit humaniste font bon ménage avec la satire comme en témoignent les exemples de Lucien, More, Érasme et Rabelais. Ainsi la bonne satire, et conséquemment les dialogues satiriques, enseignent sans didactisme, traitent de philosophie sans tomber dans le discours. Les procédés sont déguisés, le décor sans importance, le lieu nulle part (l'Utopie). Hythloday de Thomas More est le non-sens fait personnage. L'expressivité de l'onomastique est un moyen détourné destiné à créer, sans expliquer, l'ambiance satirique. Le thème de la satire dicte l'orientation de l'onomastique. Dans l'*Utopie* de More, Hythloday visite les pays des Polyleretes, des Achoriens et des Macariens.[16] Le voyage de Pantagruel de Rabelais offre un exemple parallèle: Dipsodie, îles des Papefigues, des Papimanes, Tapinois, Engastrimythes, Gastrolatres, et j'en passe.

Le dialogue français qui continue cette tradition lucianique est le *Cymbalum mundi*. Trigabus (triple gabeur), Byrphanes (le tisonneur selon l'étymologie de πυρ = feu, de Peter Nurse, ou le roux = πυρρός). Curtalius (le bossu, κυρτάλιος), Pamphagus (mange-tout), Ardelio (boute-feu) [17] sont des noms fantaisistes. Des Périers se sert aussi de l'anagramme, moins opaque que le nom fantaisiste: Rhétulus, Cubercus, Drarig. À Ovide, il emprunte les noms de Pamphagus et Hylactor, les chiens qui dévorèrent Actéon. La mythologie lui fournit le cheval Phlégon (un des quatre coursiers du char solaire) et peut-être les *Nuits Attiques* d'Aulu-Gelle le nom de Statius (le valet d'un chevalier romain).

---

[15] A. R. Bellinger, *Lucian's Dramatic Technique* (Yale: Classical Studies, 1928), série b, t. 1, p. 8.
[16] A. R. Heiserman, « Satire in The *Utopia* », *PMLA*, 78 (June 1963) 163-164, étudie avec plus de détails les emprunts de More aux dialogues platonique et lucianique et le développement du thème satirique de l'utopie.
[17] W. Spitzer, « The Meaning of *Cymbalum mundi* », 801, n. 5: « Ardalio is attested in Martial (*Epigr.* II, 7) in the meaning 'busybody, meddler': a name that corresponds exactly to the rôle of the figure in the *Cymbalum*... ».

Le procédé de l'anagramme correspond bien au procédé thématique du monde reversé qui est l'expression d'une technique satirique par excellence: l'inversion. Dans un monde où les bêtes parlent et les hommes jasent ou aboyent (rappelons-nous que les philosophes sont souvent appelés jappeurs), un Luther s'appellera Rhétulus, un Bucer Cubercus et un Girard Drarig. La ligne directrice de l'invention onomastique suit une étymologie grecque ou une pseudo-étymologie latine qui correspond bien à la fiction du vieux manuscrit latin trouvé dans un couvent et traduit, qui est le prétexte initial du *Cymbalum mundi*.

Le symbolisme onomastique est un arme à double tranchant: sérieux et évocateur dans le dialogue encyclopédique néo-platonicien ou caustique et vengeur dans le dialogue satirique lucianique. Dans le dialogue de vulgarisation, il devient utilitaire: les interlocuteurs de Bernard Palissy, Théorique et Pratique, Demande et Response, sont des personnifications et non des allégories. Le procédé est commode pour la communication des idées; il ne marque aucun hermétisme poétique. La convention sert la simplicité, le didactisme ou la propagande en évitant, sur le plan des personnages, d'attribuer des caractéristiques déterminées inutiles au développement des points de vues en présence. La logique prime la dramaturgie. Palissy, par ses théories, ses anecdotes, ses croyances religieuses, parle par le truchement de Pratique. Théorique est l'objecteur imaginaire, le personnage du mais, que Palissy invente pour prévoir les objections éventuelles. Théorique et Pratique sont les deux facettes de la pensée dédoublée de l'artisan saintongeais. Le dialogue est réduit à sa plus simple expression.

Le symbolisme et l'expressivité onomastique ne dépendent pas toujours de la fantaisie verbale. Le nom d'un personnage réel peut aussi bien faire l'affaire. La fiction se voulant sérieuse peut se draper des attributs de la réalité. Que Tyard ait connu Scève, que Brués ait fréquenté l'entourage de Ronsard, Baïf, Aubert et Nicot, que Peletier ait discuté avec Théodore de Bèze ou Denis Sauvage, les recoupements nous permettent de le vérifier. Mais qu'ils aient discouru réplique par réplique, tels qu'on nous les présente dans les dialogues en question, le fait est peu probable. Le XVIe siècle n'est ni celui de la sténographie, ni du reportage. Des rencontres ou des conversations sur des sujets donnés fournissent l'idée, le canevas, et les *dramatis personae*; le dialogue reste toujours à faire. C'est le travail de l'artiste.

En choisissant dans son entourage les personnages de son dialogue, l'artiste atteint plusieurs objectifs: il se sert du renom de ses amis pour dorer le blason de ses interlocuteurs; il met le débat sur le plan du sérieux et de la crédibilité, fait une économie au niveau de la présentation, puisque son public les connaît, et honore en même temps les célébrités en espérant la pareille. Cette pratique prend ses sources dans le dialogue antique. Eschine introduit Xénophon dans un de ses dialogues. Platon fait assister Eschine à la mort de Socrate, politesse qui lui est rendue.[18] Cicéron, qui imite Xénophon et Platon dans beaucoup de ses dialogues, emploie aussi des personnalités historiques du présent et du passé. Son exemple servira d'excuse à Peletier du Mans dans le *Dialogue de l'Ortografe*.[19] Brués suit les conventions cicéroniennes tant sur le plan du décor que sur celui des personnages. Le Caron se sert de la stature de Rabelais pour développer la thèse d'un épicurisme bien compris *(Valton)*, de Ronsard pour écrire de poésie et souscrire aux idées de la Pléiade. Il prévoyait d'inclure Pasquier dans le dialogue *De l'Orateur*. Dans le *Ronsard*, il imagine un débat entre des personnalités contemporaines choisies pour leurs professions respectives: deux poètes, Ronsard et Jodelle, contre deux orateurs, Pasquier et Faulchet. Le lieu est une indication supplémentaire de la nature antithétique du débat poésie-rhétorique: la grande salle du Palais Royal. Les *Dialogues* de Brués, contemporains de ceux de Le Caron, font usage du même procédé des personnages antithétiques: deux-poètes-philosophes et deux juristes contemporains.

Les personnages réels n'apparaissent pas toujours sous leur vrai nom. Bien que le personnage caché par un pseudonyme approprié soit du domaine du dialogue satirique, il existe également dans le dialogue philosophique sérieux. Tyard en donne un exemple et du Vair un autre; sous les pseudonymes littéraires de Musée, Orphée et Linus, il fait dialoguer Henri de Monantheuil, professeur au Collège Royal, Jacques Houillier, conseiller à la Cour des Aides et son ami personnel Nicolas Le Fèvre, éditeur de Sénèque.[20]

L'emploi de personnages réels dans les dialogues semble être la coutume et ne se limite pas aux œuvres d'expression française. Ortensio Lando met Dolet et Nicolas Le Breton, tous deux étudiants à Padoue, dans son *Philaletha* (1536). Antonio Bruicioli, dans le dialogue XXIII du second livre de ses *Dialogi*, fait figurer deux Français qui se trouvaient alors en Italie: Pierre Danès et Georges d'Armagnac.[21] Giordano Bruno,

---

[18] Dupréel, *La légende socratique*, 311, n. 1.
[19] Voir Peletier, *Ortografe*, 110.
[20] Du Vair, *De la Constance*, éd. Flach et F. Brentano, 18.
[21] Picot, *Les Français italianisants*, II, 20.: « C'était un usage général chez les auteurs qui composaient des dialogues au XVIe siècle de mettre en scène des personnages réels, le plus souvent des contemporains ».

dans ses dialogues philosophiques écrits et situés en Angleterre, met en scène des personnalités en vue telles que Sir Philip Sidney et Sir Fulke Greville. L'exemple du *Courtisan* est encore plus illustre et à même d'encourager la pratique parmi les néo-platoniciens puisque, en plus des Gonzague et des Fregoso, le célèbre Pietro Bembo fait partie des interlocuteurs.

Par l'usage de personnages réels comme interlocuteurs, le dialogue encyclopédique, plus que tout autre, parvient à exposer de nombreuses et diverses idées. L'auteur étale son érudition par personnes interposées en évitant le reproche du pédantisme. La compilation est rendue plus digeste par ce procédé.

Ce procédé est également commode pour la distribution de rôles. Par sa profession, son rang social, la personnalité contemporaine mise à contribution a un rôle sur mesure. Il est naturel que Ronsard défende la poésie et soit au courant de la philosophie néo-platonicienne, qu'Aubert et Nicot exposent des points de vues juridiques. Ainsi, certains rôles reflètent les préoccupations littéraires, sociales, philosophiques de l'époque. Certains types de personnages sont plus fréquents que d'autres.

Le type le plus usuel est celui du philosophe. Le Caron est l'auteur qui s'en sert le plus fréquemment. C'est même le titre d'un de ses dialogues. Le personnage réapparaît sous ce nom générique dans ses deux *Courtisan* où il est question de philosophie. C'est à ce titre aussi que Le Caron se met en scène et qu'il se sert de Rabelais. Ronsard, chez Brués, met en avant ses connaissances de la philosophie. Tahureau se sert d'un personnage dont le nom évoque celui du philosophe d'Abdère. Rhétulus, Cubercus et Drarig sont décriés en tant que philosophes et non et tant que théologiens.

Le terme de philosophe est d'une acception assez large. Il est souvent synonyme de savant, d'érudit. Tels sont les personnages de Peletier du Mans : c'est l'érudit qu'il fait parler en de Bèze et non le protestant. C'est sous cet aspect qu'il faut considérer les rôles du Curieux, du Solitaire et de Mantice dans les dialogues de Tyard. Même son théologien Hieromnime se double d'un érudit versé en la philosophie grecque. La différence est plus dans leur orientation que dans leur qualité de philosophes; alors que le Curieux est partisan de la raison et de la méthode expérimentale, Hieromnime préfère les certitudes de la foi.

À ce type de personnage échoit le rôle majeur dans le dialogue. Que ce soit une perpétuation de la tradition socratique ou un vestige de la dispute médiévale, le fait est que ce type joue le rôle de maître. Les noms des dialogues de Tyard et de Le Caron sont révélateurs à ce sujet. Le rôle suppose celui de disciple. Quel que soit le nombre des personnages, on constate que cette dualité reste un élément de base du dialogue. Le Cosmophile écoute les leçons du Démocritic; Théorique est l'élève de Pratique, Claire, de Solon; Pasithée celle du Solitaire. Ronsard est le maître qui dirige et tranche chez Brués; Baïf et les autres, des savants qui en savent moins et acceptent la suprématie du premier. Les préoccupations pédagogiques du XVIᵉ siècle, telles qu'en témoignent les colloques scolaires, l'intérêt de Rabelais, de Ramus, de Montaigne, se manifestent indirectement à travers le dialogue. Par l'intermédiaire du personnage-disciple, le lecteur est partie du dialogue. L'auteur y répond à ses questions et à ses objections. Tyard fournit les réponses aux questions qu'un amateur de poésie était en droit de se poser à propos des poèmes de l'époque et de leur contenu mythologique (les *Solitaire*). Le Caron commente en français les œuvres de Platon au profit du lecteur moderne non initié. Cette tendance didactique explique les compilations, les amas de lieux communs dont le dialogue philosophique du XVIᵉ se trouve rempli.

Quand la dualité maître-élève est remplacée par une autre moins simpliste, maître-maître, le dialogue prend la forme du débat. Si la défaite de Théorique est inscrite dans la première réplique de Pratique, la décision est plus difficile à emporter entre Amour et Folie (Labé) ou De Bèze et Dauron (Peletier). Le besoin d'un troisième rôle se fait sentir; celui du juge ou de l'arbitre: Jupiter dans le *Débat de Folie et d'Amour*, Denis Sauvage et Martin dans le *Dialogue de l'Ortografe*. Cette variation peut survenir à l'intérieur même d'un dialogue. Quand Baïf s'entête à ne pas être convaincu, il refuse le rôle de disciple et parle d'égal à égal à Ronsard; les témoins Aubert et Nicot s'érigent alors en arbitres. Le Solitaire intervient aussi pour éviter l'impasse entre le Curieux et Hieromnime. Le dialogue maître-disciple se passe de juge. C'est essentiellement un dialogue à deux voix.

En utilisant Ronsard et Baïf comme interlocuteurs principaux du premier de ses dialogues, Brués devait résoudre la question des rôles entre les deux poètes. Sa solution fut de donner à Baïf un rôle dans un rôle: il jouera consciemment et consciencieusement celui d'objecteur; il fera l'opiniâtre non par conviction mais pour forcer l'issue de la discussion. Baïf est le contradicteur à mauvaise conscience qui fait s'emporter Ronsard. Au Curieux « qui avec une naïve liberté ... se permet tousjours de desdire tout ce qui par raison ne luy est vivement demonstré »[22] est dévolu le même rôle dans *Mantice*, rôle moins ingrat puisque

[22] Baridon, *Pontus*, 207.

la raison remplace la mauvaise conscience. Chez Brués, les inconvénients
du mauvais rôle sont effacés par l'attitude objective du vaincu qui s'élève
par la défaite au niveau du vainqueur. Un exemple typique de l'objecteur
irréductible se trouve dans le deuxième *Courtisan* de Le Caron. Le Courtisan prend ouvertement le contrepied de Philarète et, se servant des
mêmes sources (Platon), soutient que la philosophie n'est pas royale.
Il rejette ouvertement la méthode même du dialogue platonicien:

> Je te prie de me declarer en un mot la conception sans user de si long circuit.
>
> (f. 45)

Il lui préfère celle, médiévale, du *pro et contra*. Il prononce une longue
oraison dans un style rhétorique et se soucie peu que Le Caron, présent
en tant qu'arbitre, décide de l'issue; il les invite tous deux à manger,
semblant préférer les nourritures terrestres à celles de l'esprit. Son
mauvais rôle est rendu plus évident par le fait que son discours a été
précédé, dans *Le Courtisan Premier*, par la discussion entre l'auteur et
Philarète, durant laquelle ils ont convenu de la royauté de la philosophie.
Le Caron fait ainsi adroitement, en faussant le va-et-vient du dialogue,
une satire des courtisans.

En dehors de ces types, il n'existe pas dans le dialogue, de personnages
que l'on retrouve d'un auteur à un autre comme on en trouve dans les
autres genres de tendance satirique. L'exception se trouve dans des
dialogues mineurs comme ceux de Pierre Viret où Toblie est le « type
du personnage caustique et amusant qui joue ... le rôle du vilain dans
la farce et le fabliau»,[23] un rôle analogue à celui de Sancho Pança ou
de Panurge. Dans l'ensemble le dialogue philosophique comporte plus

Après le philosophe, un type de personnage fréquent est celui du
courtisan. Le Philausone d'Estienne en est un. Le Caron s'en sert à
plusieurs reprises. Le terme est synonyme de mondain. Tahureau
voit un mondain en son Cosmophile. Cela justifie les attaques du Démocritic contre les mœurs de Cour. Le rôle n'est pas toujours péjoratif.
La bonhomie du Cosmophile tend à contrebalancer la causticité du
Démocritic; c'est ce dernier qui est accusé d'avoir un esprit de critique.
Le Solitaire de Tyard est une sorte de mondain studieux, habitué de
salons, une esquisse de « l'honnête homme » du XVIIe siècle.

---

[23] Lénient, *La satire au XVIe siècle*, 201. Il n'y a pas non plus d'emprunts aux
mystères. Les interlocuteurs de Palissy n'ont rien à voir avec les abstractions person-
nifiés des moralités. Voir à ce sujet Raymond Lebègue, « La survivance des personnages des mystères français », *Bibliotèca di Studi Francesi. Studi in onore di Carlo
Pelligrini* (Torino: Società Editricia Internazionale, 1963), II, 205-216.

de rôles que de types de personnages. Les types sont plus fréquents dans le dialogue satirique: les colloques érasmiens en donnent un exemple. Le dialogue philosophique ne s'adresse pas au grand public.

Notons aussi, qu'en dehors du dialogue satirique d'affinité dramatique, il n'existe pas d'ἑταῖρος, ou personnage anonyme, dont seuls l'âge et la condition sociale sont révélés. L'hôtesse du *Cymbalum* en est un exemple et, chez les Anciens, les fantômes de la diatribe.[24] Par sa nature propre qui demande une progression et le développement d'une idée, le dialogue philosophique sérieux se prête mal à l'usage de personnages épisodiques. Ceux-ci se conçoivent mal dans un développement non événementiel. Ils sont présents même quand ils sont accessoires. Un *deus ex machina* introduit l'incident, le hasard ou l'accidentel, qui n'ont pas leur place dans la logique du raisonnement. De tels types vont de pair avec un nombre élevé de personnages. Or le dialogue, tel qu'on vient de le voir, dépasse rarement quatre personnages. Ceux que nous avons étudiés, à l'exception du *Cymbalum*, illustrent cette tendance: deux chez Tahureau, Palissy, Tyard, Le Caron. Quand il y en a trois ou quatre, comme chez Brués, Tyard et Le Caron dans certains cas, la discussion se déroule toujours selon cette unité de base. L'étude des personnages, comme celle du décor, montre l'autonomie du dialogue vis-à-vis des genres dramatiques.

---

[24]   Voir Bompaire, *Lucien écrivain*, 306.

14. LES PROCÉDÉS ET LA MÉTHODE D'ARGUMENTATION

À l'époque où paraissent la plupart des dialogues passés en revue, il n'existe pas, en dehors de quelques remarques succintes faites en passant (Peletier du Mans est le seul qui s'étende là-dessus), de règles explicitement exprimées ou codifiées concernant la technique de ce genre. Autant que les genres poétiques et plus que les genres dramatiques, le genre dialogique est soumis au culte des maîtres de l'Antiquité. Le traité en latin de Carlo Sigonio, *De Dialogo*, ne paraît qu'en 1562 et traite exclusivement des Anciens. Plus que des règles, l'admission tacite de la suprématie de Platon, de Cicéron et de Lucien en ce domaine hante les auteurs de dialogues. L'exemple de la perfection du dialogue antique sert de dénominateur commun. On accommode une vieille recette à des sujets contemporains. Par sa forme et son contenu le dialogue se propose aussi bien d'instruire que de plaire. Beaucoup de procédés accessoires répondent à ce besoin. Les autres, nécessaires parce que caractéristiques du dialogue, correspondent à un emploi mécanique d'une recette incontestée. La nature des ingrédients est quantitativement et qualitativement conditionnée par la conception du dialogue envisagé.

L'emploi du vocatif pour l'introduction des interlocuteurs se rencontre plus fréquemment dans les dialogues satiriques – généralement de nature dramatique – que dans les dialogues philosophiques de conception didactique. Dans ces derniers la présentation des *locutores* est faite par l'intermédiaire d'une introduction marginale au corps du dialogue, dans un style narratif. Peletier du Mans, Pontus de Tyard, Le Caron usent de cette technique. Érasme et Des Périers, par contre, illustrent la méthode lucianique d'entrée en matière directe. Brués est à cheval sur les deux tendances; il suit Platon et Lucien, qui incluent l'exposition du décor, des personnages et du sujet dans le corps même du dialogue. Il n'y a ni pauses, ni insérendes explicatives de style narratif telles qu'on les trouve chez les trois autres. La technique dont se servent Peletier, Pontus et

Charondas n'est pas pour autant originale ni étrangère aux dialogues antiques. L'essentiel du dialogue de *Phèdre* est constitué de trois discours, les parties dialoguées n'étant que le cadre. Le dialogue d'encadrement tel que le pratique Peletier ne constitue ainsi que le prologue et l'épilogue aux exposés doctrinaux de T. de Bèze et de Dauron. Les deux *Courtisan* de Le Caron sont bâtis à partir du même schéma. La dynamique dialectique est dissociée de la matière traitée; le dialogue d'introduction devient un ornement, la caution des Anciens, la dorure que l'auteur emploie pour sa pilule polémique ou encyclopédique. Il n'est que naturel que de tels dialogues soient qualifiés de rhétoriques. En ne tenant pas compte de la sobriété que demande le dialogue, Peletier et Le Caron évitent la difficulté et lui préfèrent la prolixité du style narratif. Les longueurs de l'introduction, par l'accumulation de détails réels ou pseudo-historiques, font dater l'œuvre. Le lecteur moderne éprouve plus de plaisir et d'aisance à lire l'*Hermotime* ou le *Ion* que les *Dialogues* de Le Caron, où l'auteur gêne par sa présence et son rôle de maître de cérémonie. En évitant cet écueil, Tahureau, Brués et Palissy restent digestes. Ils sont classiques par la distanciation qu'ils établissent entre leurs œuvres et leur rôle d'auteur. Les interventions (d'ordre stylistique ou à caractère autobiographique) d'un auteur ne lui garantissent pas nécessairement la célébrité. L'auteur de dialogue n'échappe pas à cette règle.

L'emploi du vocatif peut présenter des dangers. Pontus de Tyard en offre un exemple dans le *Solitaire premier*. Ce dialogue de caractère diégétique présente une matière non dialectique dans le contexte didactique maître-élève. Sa méthode est une méthode scolaire simplifiée visant à l'enseignement – exposé théorique si l'on veut – d'une doctrine (la fureur poétique). L'alternance binaire question-réponse étant l'unité de progression, les vocatifs « Pasithée », « Solitaire » sont inutiles. Des remarques analogues peuvent être faites à propos de la première *Claire* de Le Caron. Les vocatifs ne sont même pas pourvus, excepté à l'issue du dialogue, de valeur affective. La même remarque s'applique aux insérendes « dis-je » et « dit-elle ». Le contexte suffit. Le procédé ne devient naturel que par l'addition d'autres interlocuteurs. C'est ce qui arrive avec les *Curieux* et les dialogues qui lui sont postérieurs. Ce défaut aurait pu être pallié par le sigle ou l'indication marginale. Brués se révèle meilleur technicien que Tyard : il se sert de sigles et emploie le vocatif avec modération pour identifier le destinataire d'une réplique. Sa manière est justifiée par le nombre de ses interlocuteurs : quatre.

Le procédé du miroir verbal présente des analogies avec celui du vocatif. Comme la présentation et l'identification des personnages, la notation de leurs réactions au cours de l'argumentation découle de la conception même du genre (en tant qu'entretien réel, rapporté ou pseudo-réel entre des personnalités d'opinions divergentes). Le geste se conçoit donc comme un langage mettant en lumière l'attitude mentale de l'interlocuteur. Un bon dialogue dialectique peut s'en passer, la position des participants étant visible dans leurs répliques. Mais une telle conception idéale oublierait les hommes au profit des idées, alors que des hommes naissent les idées. Le miroir verbal, en ajoutant les touches humaines, empêche le dialogue de se désincarner. L'étude des personnages a confirmé l'existence de types, de rôles distincts et diversifiés plutôt que d'abstractions. Même Palissy, qui conçoit sa *Recepte véritable* dans une optique utilitaire visant la communication pure et simple, et qui, à cet effet, se sert d'entités symboliques, n'échappe pas à cette nécessité d'attribuer une réalité humaine à Demande et Responce. Il les fait sourire, s'impatienter et se mouvoir comme n'importe quels mortels. Un sourire ironique peut révéler une dérobade, annoncer une contre-attaque, prévenir le lecteur de la gratuité ou de la légèreté d'un argument. Ce peut être aussi un clin d'œil complice de l'auteur indiquant ses préférences. L'ironie de Socrate prédispose le lecteur à être plus réceptif à ses vues. L'impatience de Ronsard fait ressortir l'entêtement de Baïf et rend sa conversion plus admirable.

Ce procédé se rencontre plus fréquemment dans les dialogues de Des Périers, de Tahureau, et de Brués.[1] Cette fréquence peut être liée à la conception dramatique du dialogue: le discours n'est pas dissocié de la forme; il n'y a pas de dialogues d'encadrement. Les parties descriptives, qu'elles aient trait au décor ou au comportement des personnages, sont intégrées au développement dialogique. Dans le *Cymbalum*, le miroir verbal joue le rôle d'indication scénique; son usage est donc naturel et nécessaire puisqu'il y a des changements de scènes et une multiplicité de personnages. Chez Tahureau et Brués, où la scène ne change pas à l'intérieur d'un même dialogue, le procédé est accessoire. Comme le vocatif, il fournit des indications émotives servant à marquer le degré d'engagement des interlocuteurs. Une œillade de Solon dans *La Claire* (f. 120) fait ressortir le conflit entre ses idées hautement platoniques et ses intentions amoureuses. Cette interruption du discours sert de pause. En l'absence d'événements, l'usage du vocatif et du miroir

---

[1] Bompaire, *Lucien écrivain*, 320, considère que « cet artifice scénique consacré » est un apport de la comédie. Dans le cas du *Cymbalum* cette opinion est très soutenable, les quatre dialogues de Des Périers pouvant très bien être assimilés à de petites comédies. L'affinité de Des Périers avec Lucien en est un argument supplémentaire.

verbal confère un caractère dramatique au dialogue en l'allégeant d'insérendes narratives.

Les conclusions de dialogues, contrairement aux introductions, offrent moins de variété. L'essentiel dans la fin d'un dialogue est l'aboutissement de son développement idéologique: résolution d'un problème, conviction d'un contradicteur, fin d'un exposé polémique ou didactique. Une fois ce but atteint, la conclusion technique n'est qu'une formalité. Tous les auteurs considérés ont recours à un procédé mécanique de conclusion puisé à même la tradition du dialogue. Les formules toutes faites du type « il se fait tard », « l'heure du dîner approche » se retrouvent chez tous nos auteurs, excepté Des Périers. Le dialogue satirique, qui fait une peinture, n'en a pas besoin. Le mécanisme du prétexte temporel sert parfois à masquer, comme dans le *Courtisan Second* de Le Caron, l'absence de résolution de la question posée. *La Claire* se termine par une remise *sine die* de l'exposé sur le droit car Claire allègue la tombée de la nuit. Les formules temporelles servent de conclusions temporaires dans les séries de dialogues. La tombée du jour, l'approche du souper servent de transition d'un dialogue à l'autre (Tyard). Si une discussion philosophique a besoin d'un prétexte pour démarrer, elle n'a pas, par contre, théoriquement de point final fixé d'avance. La plupart des dialogues de Platon n'ont pas de résolution; il faut recourir à une ficelle. Les auteurs du XVIe siècle traitent de sujets circoncis; ils exposent plus qu'ils ne recherchent. Une fois développée la question de la fureur poétique, Tyard n'a qu'à tirer le rideau sur le *Solitaire premier*. Il est beaucoup plus aisé à Brués, Tyard, Peletier et Palissy de faire coïncider la fin de leurs exposés avec celle de la journée. Leurs dialogues, même quand ils font usage de la dialectique, ne sont pas d'essence dialectique. La conclusion telle qu'ils l'utilisent n'est qu'une convention d'ordre ornemental, une règle de bienséance.

Pour les dialogues qui ne suivent pas une progression inductive ou déductive, se pose la question des transitions à l'intérieur d'un même dialogue. Le dialogue à deux volets, comme celui de l'*Ortografe*, résout la question en l'éliminant. Les points de vues n'étant pas opposés un à un mais en bloc, on épuise tous les aspects de la question à l'intérieur d'un exposé, la logique interne suffisant. L'absence d'interruptions entraîne celle des transitions. Le résultat est un effet accumulatif qui caractérise beaucoup de dialogues. *La Claire* en est un exemple. Solon se propose de traiter de la prudence de droit en partant de la définition puis en examinant un à un tous les sujets qui s'y ramènent. C'est la méthode scolaire. Claire qui joue le rôle de disciple assure les transitions par les questions qui sont des demandes d'explications:

Venons maintenant (je vous prie) à la définition de droit car je désire l'entendre.

(f. 37)

D'où vient que...

(f. 38)

Le ressort des démandes et réponses n'est pas suffisant; Le Caron se sert d'excuses banales: il écourte un sujet en alléguant le cadre temporellement limité du genre, ou bien se fait tirer la patte:

Je reservois ce discours à autre tens: mais ne désirant estriver contre votre affection...

(f. 108)

Quand l'auteur se rend compte que son exposé s'allonge, il fournit lui-même des transitions, sans prétexte:

C'est assez parlé des plebiscitez ... Je vien maintenant aux déliberations du Senat.

(f. 108)

Il me semble superflu de despendre tout nostre tens en plus ample recit de toutes les inventions.

(f. 91)

Les termes « discours » et « récit », qui reviennent fréquemment sous la plume de Le Caron, révèlent le caractère expositif des répliques de Solon. Pour pallier l'absence d'argumentation, Le Caron crée un air faussement déductif par l'emploi de conjonctions de type dialectique. On relève au folio 37: ains, ainsi, car, aussi, ou, mais, toutefois, car, donc, aussi, ains. Il se sert de la même technique dans *Le Philosophe* et les *Courtisan* pour accumuler les références tirées de Platon. L'intention didactique ou vulgarisatrice n'est pas toutefois masquée par cette fausse dialectique.

Bâti sur la même méthode, le *Solitaire premier* de Tyard souffre des mêmes défauts. C'est encore un dialogue en demandes et réponses. Les transitions sont fournies par les questions de Pasithée:

Aussi que vous me feriez tort, ayant ouvert le propos d'une matiere qui m'est obscure et incogneüe, de ne satisfaire à l'envie, que j'ay de la me veoir esclaircie.

(p. 11)

Suivent les « dites-moi, je vous prie », « je desire sçavoir », etc. qu'on retrouve dans n'importe quelle page. Les exposés demeurent néanmoins longs, structurés et peu caractéristiques de la langue parlée:

La philosophie (poursuivy-je) premiere discipline se divise en trois...
La Rhetorique, seconde discipline ... reçoit mesme division...
Reste maintenant la troisiesme discipline à diviser, c'est la Mathematique.

(pp. 36-37)

Le professeur fait son cours; le Solitaire, comme Solon, a réponse à tout. Dans ces deux cas le dialogue est employé comme procédé plutôt que genre. La conversation de bonne société introduite par le biais de l'interlocutrice est un moyen de masquer le caractère unilatéral de l'exposé didactique. Le dialogue est désincarné.

Le Caron ne se libérera pas complètement de cette méthode rhétorique malgré quelques tentatives de maïeutique socratique éparses dans le *Courtisan premier* ou dans *Claire ou de la beauté*. Les raisons de son tarissement se trouvent peut-être dans son incapacité de renouvellement. Par contre Tyard connaît une meilleure fortune à partir du moment où il abandonne le dualisme demande-réponse en faveur du procédé triadique thèse, antithèse et tentative de synthèse. Le *Premier Curieux* marque ce tournant décisif dans la technique de Pontus par l'inclusion permanente d'un tiers personnage, le Curieux. L'auteur, sous le pseudonyme du Solitaire, prend du recul vis-à-vis de son sujet et assure lui-même le rôle de transition. L'engrenage par propositions et objections est déclenché et ne nécessite pas d'interventions externes. L'antithèse est un ingrédient dominant du dialogue philosophique du XVIe siècle.

Des dialogues en diptyque, comme l'*Ortografe* ou les *Courtisan*, illustrent la technique antithétique au niveau de la composition. Au niveau des rôles, l'opposition Demande-Responce et Théorique et Pratique chez Palissy confirme cette tendance que l'étude onomastique a déjà révélée. Le caractère antithétique de l'argumentation est d'origine rhétorique. On retrouve ce type de discussion dans le dialogue aristotélicien comparable à « un défilé ordonné de personnages pâles traitant chacun une question ».[2] Lucien se sert également de la composition en diptyque. La rhétorique et la logique médiévales ont perpétué la méthode du *pour* et du *contre*.[3] L'abondance des genres littéraires de type délibératif en est une preuve. La terminologie que le XVIe siècle applique au dialogue (dispute, débat, joute) fait ressortir la continuité de la tradition médiévale. Alors que le but du dialogue platonicien est la recherche de la sagesse, celui du dialogue du XVIe siècle est de parvenir à des conclusions. Ce dernier est dogmatique ou doctrinaire. Même les dialogues de Brués,

---

[2] Bompaire, *Lucien écrivain*, 303.
[3] « L'art des ἀντιλογίαι, du 'pour' et du 'contre' est l'essence même de la rhétorique » (Bompaire, *Lucien écrivain*, 291).

les plus dialectiques jusqu'ici par leur progression, se terminent pas des affirmations. Le procédé triadique complète plutôt qu'il n'exclut le dualisme de l'argumentation dialogique: il lui permet une possibilité de résolution. Il est plus typique du dialogue polémique que du dialogue dialectique.

En faisant usage du rôle d'arbitre dans leurs dialogues, Peletier, Tyard et Brués éliminent les impasses et les incertitudes. Ils remplacent la transition traditionnelle qui ponctue l'exposé didactique par l'artifice de l'objection. Le dialogue du XVIe siècle n'est donc qu'un dialogue didactique complexe camouflé, destiné à un public adulte imbu du renouveau néo-platonicien mais ignorant de la méthode dialogique de Platon.

La présence, et souvent l'excès, de procédés accessoires d'ordre formel s'explique par le souci de plaire à un public engoué de Platon. L'imitation, tantôt artificielle, tantôt mécanique, se révèle par le caractère accumulatif des procédés. Le plus fréquent d'entre eux est la citation.

Une classification des citations est aussi compliquée que discutable, et n'est valide qu'en fonction de l'auteur considéré.[4] Elles peuvent être ornementales ou utilitaires, contemporaines ou anciennes, poétiques ou érudites, textuelles ou paraphrasées. Seules les catégories dominantes dans les dialogues étudiés retiendront mon attention.

La tradition de ce procédé stylistique est aussi ancienne que le dialogue lui-même. Platon en fait un usage modéré sous forme d'un vers ou deux tirés de la poésie épique. Ses citations directes sont des parures et non des arguments. À côté de ces emprunts textuels, on devine beaucoup de références camouflées. Ces citations intégrées constituent des arguments retournés contre des auteurs combattus par Platon (les Sophistes par exemple). La dynamique de la progression dialectique, de même que la concision du dialogue satirique laissent peu de place à un usage de la citation. Lucien s'en sert très peu à l'exception des *Dialogi mortuorum* où il en a besoin pour faire revivre ses personnages défunts.[5]

Parmi les auteurs du XVIe siècle, Des Périers est le seul qui ne fasse pas de citations proprement dites; ce serait contraire au thème de la vaine parole qu'il illustre: il tomberait dans le défaut qu'il satirise. Le caractère dramatique et parlé du *Cymbalum mundi* ne s'y accommode pas, non

---

[4] F. W. Householder, *Literary Quotation And allusion in Lucian*, distingue sept catégories.
[5] Householder, *Literary Quotation*, 67: « The dialogue collections have very little quotation except in the more satirical *Dialogi mortuorum*. The brevity and speed of these dialogues is naturally opposed to the use of quotation ».

plus. L'occasion ne manquait pas puisque les références à la mythologie grecque y sont nombreuses (Dialogue III, par exemple); mais Des Périers, comme Lucien, considère ces connaissances comme acquises par son public. Il veut ridiculiser, non impressionner par un étalage de connaissances livresques. Il y a une seule référence textuelle et c'est le titre d'un chapitre des *Nuits Attiques* (chap. XV, Livre I); « Qui sunt leves et importuni loquutores ».[6] Un autre passage du troisième dialogue contient quelques vers qui pourraient passer pour une citation. C'est, imité de Marot, un air amoureux à la mode que chante Cupido à Célia.[7] Cet intermède est donc fonctionnel dans cet épisode. Il ne ressemble en rien au mélange de prose et de vers, qui constitue « l'essence de la Ménippée »[8] dont Lucien se sert parfois.

Si l'originalité est en raison inverse du nombre de citations, la *Recepte véritable* a autant de droit à l'originalité que le *Cymbalum*. Le caractère pratique de l'œuvre – communication de connaissances artisanales – et la formation non livresque de Palissy expliquent cet aspect. Les citations existent mais ne sont ni ornementales ni textuelles et encore moins pédantes. Comme je l'ai déjà signalé, elles sont en majeure partie tirées de la Bible. Elles sont faites pour l'esprit et non la lettre, dans une intention apologétique. La *Recepte* étant une apologie déguisée du protestantisme, les citations prennent une valeur utilitaire d'abord et poétique ensuite. Quand Palissy invoque saint Paul il se soucie peu de références exactes,[9] l'allégation suffit; quand il cite un livre de la Bible en donnant la référence du chapitre, il reformule, en résumant, l'essentiel du chapitre; c'est une citation de mémoire utilisée comme argument d'autorité.[10] Les citations sont d'ordre artistique quand elles sont utili-

---

[6]   Des Périers, *Cymbalum*, éd. Jacob, 342.
[7]   « Pour tant que je suis jeunette
Amy n'en prenez esmoy:
Je feroys mieulx la chosette,
Qu'une plus vieille que moy ».
   C'est donc une adaptation libre et comique: de la 36e chanson de Cl. Marot:
« Pourtant si je suis brunette
Amy, n'en prenez esmoy
Autant suis ferme et jeunette
Qu'une plus blanche que moy ».
(Des Périers, *Cymbalum*, éd. Jacob, 333).
[8]   Bompaire, *Lucien écrivain*, 558. Voir, sur la question de la Ménippée et de Lucien, 560.
[9]   Palissy, *Oeuvres*, éd. France, 106: « Tu sais bien que saint Paul dit qu'il n'y a rien de plus mëchant que l'avaricieux ».
[10]   La citation du chap. 34 d'Ézéchiel, par son esprit et son vocabulaire, constitue un résumé des versets 2, 3 et 6. Palissy la modernise en omettant des termes comme « Israël » (Palissy, *Oeuvres*, éd. France, 107).

sées, hors du contexte, comme devises dans les cabinets verts. Malgré leur nombre, elles n'alourdissent pas le texte car elles n'en sont pas détachées, ni ne font partie d'un système d'argumentation, puisque les deux personnages sont convaincus de leur caractère sacré. Si l'on se base sur une définition large de l'*exemplum*,[11] on pourra dire que les citations de Palissy sont des *exempla* choisis, de caractère illustratif tels qu'en contiennent les sermons de l'époque.

D'autres dialogues dépourvus de citations sont ceux de Jacques Tahureau. S'appuyant, « sur le fondement de la raison, & non point d'authorité humaine simplement forgée de quelque pauvre cerveau renversé » (p. xv), Tahureau n'allait pas faire l'honneur de la citation textuelle aux autorités livresques qu'il prend pour cibles. Il se moque du style érudit, de « l'art d'argumenter » (75) qui fait un usage si excessif de la citation:

LE DEMOCRITIC: Pour avoir parfaittement la cognoissance de quelque matière que ce soit, il faut premièrement commencer par la définition, à celle fin que l'on cognoisse par cela quelle est la chose que l'on entreprend de traiter: & pour ce ie te veus bien définir que c'est pratique. Pratique donques n'est autre chose qu'un subtil moien de ioindre le bien d'autruy avecques le sien.

(p. 74)

Par sa satire parodique, Tahureau fait de la méthode scolastique ce que fait parfois Lucien de la méthode des dialogues de Platon (dans *Le Parasite*): il l'applique à tort. Son ironie n'épargne pas les adeptes de Platon qu'il nomme « divins Platoniciens » (10). Il prend à partie ceux qui se recommandent du philosophe grec et qui se mêlent de « parler socratiquement » (111).

Avec Des Périers, Tahureau est le seul auteur de dialogues qui fasse à la façon lucianique, des portraits vivants de types génériques comme celui du philosophe. Bonaventure les met en scène, Tahureau les insère par l'intermédiaire du dialogue indirect narré. Le portrait est présenté sous forme d'anecdote personnelle racontée par Le Démocritic. Ce dernier parle dans le style indirect, tandis que le personnage visé le fait dans le style direct.[12] C'est donc le rappel d'un propos, une chrie.[13]

[11] « These anecdotes and illustrations [the *exempla*] occupy a leading part in the sermons, and vary from traditional to topical, from scabrous to hagiological » (A. J. Krailsheimer, *Rabelais and the Franciscans* [Oxford: Clarendon Press, 1963], 69). Les passages apologétiques de Palissy ressemblent à des sermons.

[12] Voir le portrait du philosophe, Tahureau, *Dialogues*, éd. Conscience, 111.

[13] Bompaire, *Lucien écrivain*, 297, la définit comme « le rappel d'un propos, d'un acte ou de deux caractérisé par sa concision ». C'est souvent l'esquisse d'un dialogue. L'exemple classique qu'il cite est celui-ci: « Diogène interrogé par un tel sur tel sujet répondit ainsi … » Ainsi, comme dans le cas du *Charon*, « le dialogue secondaire

Il y a autant de chries que de portraits. Ces chries sont investies des qualités satiriques par l'emploi d'un langage caractéristique du personnage. Choisi et exagéré, le langage typique donne une valeur caricaturale à ces portraits. Cette technique l'apparente au maître du genre, Lucien. Cette parenté se confirme sur le plan des thèmes: Tahureau se sert de la « plaisanterie resservie sans fin par la littérature cynique, par ses épigrammes surtout [qui identifie le] philosophe au chien »,[14] et dont Lucien a abondamment usé. Tahureau laisse filtrer sa connaissance de Lucien par des références générales flatteuses et non des citations.

Les nombreuses sources auxquelles il s'attaque sont soumises au même régime de l'allégation. Pythagore, Aristote, et autres philosophes antiques sont cités sans références textuelles. Les seules références textuelles, très approximatives d'ailleurs, sont données à propos des auteurs modernes: Cornelius Agrippa et Jérôme Cardan (« en son livre xviii des merveilles », 158). À côté de Lucien, saint Paul, « ce grand vaisseau d'élection » (151), est la seule autorité ancienne citée avec révérence, précision et sans accumulation. Parmi les modernes, le « Poëte Angevin » lui fournit l'occasion de citer quelques vers à titre illustratif et ornemental (92). Cette citation poétique textuelle, telle qu'on la retrouve chez Brués à propos de Ronsard, diffère du coup de chapeau littéraire puisqu'elle ne s'accompagne d'aucune flatterie, d'aucune mention d'ouvrage. Elle est faite à propos et sans façons.

On ne peut pas en dire autant de Le Caron. Il cite à n'en plus finir. Répertorier les citations de *La Claire* reviendrait à citer ce dialogue dans la totalité. « Cicéron écrit », « Ascone Pedian dit », « comme dit Aristote », « ainsi qu'enseigne Quintilien » etc., ces formules se retrouvent au détour de chaque page. Les références sont insérées et en abréviations marginales. Les sources changent avec le sujet: Platon remplace Cicéron dans *Le Philosophe* ou les *Courtisan* mais sans le chasser. Les autorités s'accumulent, se surimposent. Cette technique rappelle les aide-mémoires doxographiques. Que Le Caron ait nourri le désir d'être le Ficin français est une hypothèse à ne pas écarter. Des auteurs comme lui ont fait écrire des remarques comme celle-ci:

Pour quelques-uns, il n'y a là qu'une affaire de mode, le désir d'étaler son érudition en faisant de nombreuses citations; une autorité nouvelle s'ajoute

---

inséré ... entre Solon et Crésus est d'un type différent: c'est une chrie, très développée » (n. 1, p. 311).
[14]   Bompaire, *Lucien écrivain*, 431-432.

à l'ancienne, mais la méthode reste la même. L'effort rationnel est presque nul.[15]

Les citations sont des arguments qui s'ajoutent sans faire partie d'une dialectique réfutative comme chez Brués. Leur accumulation sans sélection révèle également l'intention de plaire. L'excuse est d'instruire mais Le Caron veut épater son lecteur par la variété de ses connaissances. La poésie vient à la rescousse des jurisconsultes (*La Claire*, f. 20). Il y a même tout un sonnet, modestement attribué « aux poètes », qui est inséré entre les *Pandectes* et les *Digestes* (f. 62). Le nombre de ces citations baisse un peu après *La Claire*, mais reste toujours imposant malgré l'argumentation affirmation-objection. Le schéma de l'argumentation reste basé sur l'argument d'autorité malgré les passages d'alternance socratique. Sous l'apparence d'une dialectique platonicienne, le principe d'analogie régit l'échange des arguments. Dans le *Courtisan Premier*, Le Caron convainc Philarète de la royauté de la philosophie non par une constante maïeutique, mais à coups de citations. Les courts passages de maïeutique montrent que Le Caron en use comme un procédé parmi d'autres. Quand Platon ne lui suffit pas pour les citations, il met d'autres auteurs à contribution: Pindare, Euripide, Homère, Hésiode et même « Ronsard nostre Poëte François » (f. 17). L'abus de ce procédé rend les autres superflus.

Le proverbe et l'anecdote sont très rares chez Le Caron.[16] Quand il est occasionnellement employé, le proverbe est considéré comme vulgaire, donc indigne de voisiner avec les références livresques. L'anecdote, quand elle existe, n'est ni personnelle, ni moderne. Comme les citations, ce sont des histoires tirées des Anciens et rapportées à titre d'illustrations et d'arguments, non pour le plaisir du bon mot. Il n'y a que Tahureau et Palissy qui fassent fréquemment usage de l'anecdote. Chaque fois qu'il critique un type social (le médecin, le soldat, le philosophe etc.), Le Démocritic l'accompagne d'une anecdote personnelle destinée à faire rire Le Cosmophile. Pour cela il fait parler ses types et ajoute ses commentaires dans une langue parlée bourrée d'expressions populaires: « singes mal appris » (95), « embourreurs de santé » (93), « tirer les vers du nés » (111). L'invective voisine avec l'ironie. Le détail révélateur, la pointe assassine, un langage imagé, tout est bon pour démolir les idoles livresques. Parlant de Pythagore, Le Démocritic

---

[15]   Villey, *Sources*, I, 14.
[16]   Bompaire la définit comme « toute historiette, ou bon mot que son origine soit proprement historique, qu'elle soit géographique, fantastique, légendaire même » (*Lucien écrivain*, 443).

demande d'un air faussement innocent: « Est-ce pas luy-mesme qui accoloit, embrassoit & mignotoit les coqs blancs, comme s'ils eussent esté ses frères » (121)? La mythologie est également abordée avec ce même ton railleur, si typique de Lucien: Ganymède est appelé « mignon de couchette de ce grand Dieu haut-tonnant » (125). Quand Tahureau se sert d'anecdotes historiques, il les puise chez Lucien (134); mais elles sont moins fréquentes que les anecdotes personnelles.

Les anecdotes de Bernard Palissy visent à convaincre plutôt qu'à faire rire. Ce sont des souvenirs anecdotiques utilisés pour étayer la théorie. Ils sont d'ordre géographique et contemporain. Quand Responce fait l'apologie de l'Église Réformée, les renseignements sont d'ordre historique. Le but de Palissy est documentaire. La seule historiette, narrée comme un tout, à titre ornemental, est l'apologue des « outils de la Géométrie » (118). L'intention est édificatrice. Palissy tient trop à instruire pour se permettre de faire rire. Son apologue est le seul exemple que j'aie trouvé jusqu'ici dans les dialogues étudiés. La rareté de ce procédé de la littérature morale est à noter puisqu'il jouit par ailleurs d'une faveur assez grande.[17] La littérature narrative semble se l'être approprié. Les dialogues en sont dépourvus. Il en est de même des maximes qui trouvent une place dans les recueils mais non dans les dialogues philosophiques.

Sur le plan de ces procédés secondaires, le dialogue du XVIe siècle s'écarte de ses devanciers. L'*Hermotimos* de Lucien montre un emploi fréquent du proverbe. Il existait des dialogues entiers de proverbes. Les proverbes sont rares, même chez Tahureau. Rare aussi est l'éloge para-doxal dans lequel excelle Lucien (le *Parasite*, l'*Éloge de la Mouche*), et qu'illustrent Rabelais et Érasme. La « *syncrisis* » ou composition double par éloge et par blâme,[18] n'existe pas non plus. Des ornements stylistiques proches du proverbe telles que l'image, la métaphore et la comparaison sont moins fréquents que dans les dialogues antiques. Alors que « Platon poursuit pendant tout un dialogue une même métaphore, ainsi celle de la marche dans le *Lysis* »,[19] et que leur nombre et leur variété a entraîné des inventaires, nos auteurs n'ont ni la richesse ni la diversité du maître. Peletier hasarde quelques-unes: celle de l'habit et du tailleur (164), reprise assez souvent ou bien celle du malade et du médecin. Chez Brués, elles restent au niveau de la comparaison: la cire

---

[17]   Voir Villey, *Sources*, I, 19-21.
[18]   Bompaire, *Lucien écrivain*, 274.
[19]   Bompaire, *Lucien écrivain*, 435.

et le sceau, le miroir (104), le potier (en parlant des corps), l'édifice (122); mais au moins elles sont nombreuses.

En dehors de Brués, il n'y a pas d'auteur qui use de phrases *leitmotiv* comme l'« Au rebours » de Panurge (*Tiers Livre*, 450) ou le « comme vous aultres, messieurs » de Bridoye (*T.L.*, 568). Le procédé de l'écho, du type « *ne mihi dona donata, ne voces referas feras* », si goûté à l'époque, est également absent du dialogue. Dans l'ensemble le sérieux domine; on enseigne, vulgarise, polémise, mais on ne fait rire qu'occasion-nellement. Même chez Tahureau, le rire de la satire n'est pas un rire franc; il voisine avec des exposés longs et sérieux et des attaques acerbes où la hargne domine. L'ironie de Des Périers ou de Brués prouve que si le dialogue philosophique ne dédaigne pas la comédie sérieuse, il ne tombe jamais dans la farce.

De l'étude des procédés du dialogue ressortent quelques conclusions qui permettent d'évaluer la dette du XVIe siècle envers les Anciens, l'originalité des divers auteurs et leur rôle dans la continuité de la tradition.

L'imitation de Platon et de Cicéron est surtout nominale, se révélant surtout sur le plan de quelques procédés secondaires et non sur celui de la méthode. Cicéron donne l'exemple du décor et des personnages réels, Platon fournit les arguments. Quoiqu'il ne soit pas mentionné, Aristote est encore présent sous la forme de l'argument d'autorité. La réputation de Platon en tant que philosophe a relégué à l'arrière-plan son art de la dialectique: les passages de dialectique socratique ne domi-nent aucun dialogue, pas même ceux de Tahureau ou de Brués que l'on considère comme rationalistes. La citation d'autorités fait office d'argu-mentation. Les plus sérieux, Le Caron, Tyard et Brués sont ceux qui en abusent. Des préoccupations autres que dialectiques (étalage de connais-sances livresques, ambitions littéraires, souci de vulgarisation) dominent et expliquent le mélange des méthodes d'argumentation dans un même dialogue. La distribution des rôles révèle la prédominance de l'argumen-tation *pro et contra* au détriment de la méthode platonicienne de la question-réponse de type maïeutique. L'absence ou la rareté de procédés stylistiques caractéristiques de genres oraux fait ressortir l'orientation diégétique des dialogues du XVIe siècle. Si la « culture naît sous forme de jeu », si « la culture, à l'origine est jouée »,[20] la rareté des éléments ludiques montrent la distance qui sépare le dialogue antique de celui du XVIe siècle. Sur le plan des idées débattues, ce dernier fait figure de culture de seconde main, d'une copie non conforme.

[20]   Huizinga, *Homo Ludens*, trad. Cécile Seresia (Paris, 1951), 84.

Bien qu'ils usent de procédés puisés aux mêmes sources, les auteurs dits « encyclopédiques » n'en font pas un usage identique. De Pontus de Tyard, Le Caron et Brués, ce dernier remporte la palme à bien des égards. À l'économie des moyens il ajoute la variété des procédés. Les citations existent nombreuses, mais elles ne se limitent pas à un auteur. Brués est vraiment encyclopédique : ses sources sont anciennes et modernes, directes et indirectes, et présentées en alternances. Ses interlocuteurs soumettent toutes ces sources au crible du raisonnement. À côté de préoccupations philosophiques, il nourrit des prétentions littéraires : ses citations poétiques et la personnalité de ses personnages en sont des indications. La brièveté des répliques retient l'attention du lecteur. L'ironie et le caractère ludique du rôle de Baïf sont des qualités supplémentaires. La monotonie que crée l'automatisme de la même méthode d'argumentation y est évitée par un mélange de passages maïeutiques, expositifs, ou à *pro et contra*. L'absence de l'auteur comme interlocuteur ajoute à la légèreté de ses dialogues qui se lisent encore avec un certain plaisir.

À côté de Brués, Palissy mérite une mention à propos d'originalité. Avantagé par une formation non platonicienne, c'est celui qui utilise le dialogue dans sa forme primitive. Il renouvelle la tradition médiévale de la demande et de la réponse par la substitution de l'expérience pratique à l'argument d'autorité. La simplicité de ses moyens, alliée au bon sens, lui font atteindre le maximum avec le minimum.

CONCLUSION

L'absence d'une esthétique explicite du dialogue au XVIᵉ siècle n'est pas une raison de nier l'autonomie du genre. Son ancienneté et la faveur dont il jouit auprès de la plupart des auteurs sont des facteurs de garantie qui rendent superflue une éventuelle codification. Le *De Dialogo liber* de Carlo Sigonio, comme, plus tard, *L'Art poétique* de Boileau pour la période classique, est plutôt un point d'aboutissement qu'un point de départ. La vitalité du genre est attestée par la multiplicité des œuvres et par la stature littéraire de ceux qui s'y sont essayés. L'absence d'une codification est plutôt synonyme de liberté et témoigne de la vigueur du genre. Il ne faut pas, non plus, perdre de vue que l'idée des genres et de leur séparation ne s'imposera qu'au siècle suivant. Il y a une vogue des dialogues au XVIᵉ siècle et ce fait, en lui-même, justifie une étude littéraire de cette façon d'écrire.

La tendance générale de la plupart des dialogues passés en revue est de communiquer un message. Que le contenu soit religieux, philosophique, littéraire ou scientifique, et que le traitement en soit satirique, polémique ou didactique, le fait demeure que le dialogue procède de l'échange d'idées, donc du mode déclaratif. C'est le genre intellectuel par excellence. Distinguer le dialogue purement imaginaire du dialogue recréé à partir d'une conversation réelle devient une considération secondaire en ce qui concerne sa nature; c'est une différence de forme et non de fond. Le traitement des procédés secondaires du genre détermine le degré artistique; les arguments et la méthode de les présenter constituent le noyau dialectique. Le dialogue peut être défini comme un genre dynamique de mode indicatif recréant la marche de deux pensées ou la démarche de la pensée dédoublée confrontant un problème dialectiquement, dans une tentative de résolution.

Trouver les causes de la vogue du dialogue au XVIᵉ siècle, est une tâche assez ardue. Les salons, les cénacles et les académies sont plus des phénomènes parallèles que des causes proprement dites. Parallèle aussi est la vogue du genre dans les autres pays d'Europe, notamment l'Italie. Est-il le dernier sursaut de la culture orale telle que le Moyen Age l'a connue? La prédominance des aspects visuels dans le dialogue semble le démentir. Plus que tout autre genre, le dialogue profite des avantages de l'ère typographique à ses débuts (étendre le débat, le communiquer au plus grand nombre possible de lecteurs). Des facteurs plus immédiats et plus pratiques semblent des explications plausibles de la vogue du genre. Parmi eux est la diffusion de la langue française. Ce n'est pas une coïncidence si la plupart des dialogues paraissent après 1549, date de parution de la *Défense et Illustration de la Langue Française*. Ce n'est pas non plus une coïncidence, si la plupart des auteurs de dialogues en question sont en rapport direct ou indirect avec les membres de la Pléiade. Puisqu'ils veulent donner ses lettres de créance à la langue vernaculaire, pourquoi ne se serviraient-ils pas du genre qui fait parler, le dialogue? Un tel argument est longuement développé dans le *Dialogue de l'Ortografe*. Les dialogues de Tahureau et d'Estienne ont pour raison majeure la réaction contre les parlers étrangers. Si Palissy écrit naturellement, c'est qu'il ne connaît pas de langues savantes pour écrire un traité savant conventionnel; le dialogue lui offre une porte de salut. Les érudits comme Tyard et Le Caron se glorifient de traiter les premiers en français de questions fermées jusqu'ici au vulgaire.

Le dialogue se révèle donc comme un instrument commode de vulgarisation. La renaissance néo-platonicienne, elle aussi, est un mouvement de vulgarisation. Les deux tendances coïncident et ne sont pas nécessairement les résultantes l'une de l'autre. Comme on l'a vu, Platon offre l'excuse et le prétexte plus que la méthode d'argumentation. Dans l'ensemble la méthode qui prédomine est celle de la demande et de la réponse ou de l'affirmation et de l'objection; la démarche socratique par question et réponse est moins fréquente. Le XVIe siècle n'a pas son Socrate. Derrière la façade de Platon, la férule scolastique dirige encore le jeu du débat. Si l'on excepte quelques passages de Brués, on pourra dire que l'ironie socratique est absente des dialogues de l'époque.

Une autre cause plus immédiate de la vogue du dialogue est la tendance didactique. Le dialogue, tout en n'étant pas entièrement dégagé de l'emprise scolastique, illustre la tentative de libération telle que l'avait entrevue Pierre de La Ramée. Les dialogues de Tahureau, Tyard et Brués sont les contributions notoires à ce mouvement émancipateur. Aristote et les refus qu'il suscite dominent autant le dialogue que l'admiration de Platon. Ces hantises sous-jacentes expliquent l'abondance des sources livresques au détriment d'éléments oraux dans un genre qui, né sous le Portique, se veut l'expression écrite d'une discussion orale. Le dialogue du XVIe siècle dans son ensemble est dominé par le sérieux. Le sérieux et le didactisme sont également manifestes dans les réunions des salons et de la Cour où l'on s'instruit plus qu'on ne s'amuse. Néo-platonisme, salons, dialogues apparaissent donc comme des manifesta-tions conjointes d'une diffusion de la connaissance rendue possible par l'édition. La soif de la connaissance et la frénésie de la publication alliées à une mise en question de la pédagogie traditionnelle contribuent à la floraison des dialogues. En instaurant un débat entre des autorités diver-ses et contradictoires, en dehors de la salle de classe, le dialogue brise le monopole des maîtres. Le dialogue est un signe d'émancipation. Dès qu'une autorité établie est battue en brèche, on prononce le mot de dia-logue. Les événements sociaux et estudiantins récents tendent à confirmer ce point de vue. On peut dire en ce sens, et aussi paradoxal que cela puisse paraître, qu'au XVIe siècle le dialogue va nuire à la continuité de la tradition platonicienne parce qu'il l'utilise improprement: Platon est remis en honneur comme philosophe et non comme écrivain.

En dehors de quelques propagandistes religieux tel Pierre Viret et du « scientifique » Palissy, ce sont surtout des littéraires qui remettent le dialogue à l'ordre du jour. On ne peut imputer un choix de facilité à des auteurs comme Des Périers, Peletier du Mans ou Tyard, qui ont fait leurs preuves dans d'autres genres. Érasme est l'exemple par excel-lence de ces auteurs qui choisissent le cadre commode du dialogue pour habiller leurs idées, tout en évitant la sécheresse du traité ou du manifeste. Comme l'illustre l'exemple des Anciens, le dialogue est un genre de maîtres. Son contenu idéologique n'exclut pas un traitement littéraire. Bien entendu, son cadre stéréophonique le rend plus apte à la confrontation philosophique; cela n'exclut pas pour autant le traite-ment de sujets très peu apparentés à la philosophie (celle-ci englobe beaucoup de choses, d'ailleurs). Ce sont ceux qui ont exclusivement associé le dialogue à la philosophie qui ont laissé entendre qu'il appa-raissait surtout à des époques troubles (L. Febvre par exemple). Selon cette optique, l'histoire de l'humanité ne serait qu'une succession d'épo-ques troubles, puisque le dialogue est présent au XVIIe siècle – le siècle de la stabilité par excellence – et aux siècles suivants, jusqu'à nos jours. Platon est autant un écrivain qu'un philosophe. La même remarque peut être faite à propos de Tyard, Brués, Fontenelle et Fénélon, de Diderot et, plus près de nous, de Claudel ou de Sartre. Le dialogue n'a pas l'exclu-sivité de la philosophie pas plus que la philosophie celle du dialogue. Les exemples de Palissy et de Montaigne nous le prouvent. Plus que tout autre genre, il permet l'heureux mariage de ces deux phénomènes de la pensée: littérature et philosophie. Voilà pourquoi il est difficile d'établir des distinctions sans bavures en ce qui concerne les dialogues du XVIe siècle.

Malgré la similitude des intentions, des sources et de certains procédés, des auteurs comme Tyard, Le Caron et Brués sont loin de se ressembler au niveau de la maîtrise du genre. L'amplitude et la variété des structures permettent un usage polyphonique du dialogue. Comme pour tout autre genre littéraire, l'application des règles à elle seule n'est pas une garantie de succès. On peut être original à l'intérieur du cadre; il y a autant de styles de dialogues que d'auteurs. Le moule peut paraître plus étroit que ceux des genres dramatiques et romanesques, mais il est beaucoup moins rigide que certains cadres poétiques en faveur parmi les membres de la Pléiade.

L'existence de similitudes sur le plan secondaire du décor, des personnages et des procédés a conduit, dans le passé, à des évaluations sommaires et superficielles tendant à considérér les dialogues du XVIe siècle comme des œuvres mineures sans originalité formelle, sans individualité. La nature des thèmes traités, dès qu'ils avaient des idées platoniciennes pour point de départ, les a fait automatiquement ranger dans la catégorie des dialogues néo-platoniciens; si le ton satirique prévalait, on leur a appliqué l'étiquette de lucianique. L'étude des méthodes d'argumentation infirme des jugements aussi hâtifs. L'étude des divers dialogues montre que tous les auteurs qui se réclament de Platon n'ont point sa maîtrise. Ce sont les sérieux, les didactiques. Ils n'ont pas compris qu'on pouvait instruire, polémiser et vulgariser par le rire et que le dialogue est un genre propre à cela. Ceux, qui comme Érasme, Rabelais et Des Périers, l'ont compris sont beaucoup plus présents à notre mémoire qu'un Le Caron ou un Pontus de Tyard. Connaître les théories de Platon n'entraîne nullement la maîtrise dans l'art du dialogue; c'est une leçon que beaucoup n'ont pas assimilée. Les lucianiques, par contre, ont réussi parce qu'ils ont retenu la technique et non les idées de Lucien. Le dialogue néo-platonicien va mourir dès que Platon passera de mode. Il laissera la place aux traités et aux discours; le dialogue lucianique sera responsable de la continuité de la tradition dialogique dans la littérature française, à travers des maîtres comme Des Périers, Fénelon et Diderot, qui emploient une vieille recette pour traiter de problèmes nouveaux.

Le dialogue dépasse le cadre du mouvement néo-platonicien. Il se révèle comme un instrument commode de propagation des idées. Sa vogue est l'expression de la richesse et de la multitude des idées de la

Renaissance. Chaque dialogue étudié est une contribution originale à cette fermentation. Certaines de ces contributions sont similaires sur le plan des problèmes débattus. Peletier du Mans, Henri Estienne et, partiellement, Tahureau partagent les préoccupations linguistiques de leur époque. Le Caron, Tyard et Brués éclaircissent et vulgarisent les apports du renouveau néo-platonicien. Tyard, Tahureau et Brués amorcent, chacun à sa manière, le mouvement rationaliste qui débouchera sur Descartes. Des Périers, Palissy et Brués, en plus des idées, contribuent au dialogue sur le plan de la technique. Seule l'analyse détaillée des structures internes du dialogue et de leurs rapports avec les sources antiques permet de distinguer les similitudes et les différences qui existent en profondeur entre des œuvres apparemment analogues.

Le rôle de la topographie et de la chronologie se révèle accessoire. Le dialogue ne souffre pas de l'absence de ces prétextes. Leur présence fait office d'embellissements, surtout dans les dialogues de cénacles et de salons comme ceux de Peletier du Mans, de Tyard et certains de Le Caron. Chez Palissy et Brués, le dialogue étant aussi une promenade, l'usage de la topographie ajoute une note classique: le prétexte trouve sa justification dans l'association de la démarche dialectique à la marche à deux. À l'exception de ces deux auteurs, les autres, et notamment Tahureau et Le Caron, répètent des conventions.

Au niveau des personnages, il n'existe pas de types épisodiques comme dans certains genres dramatiques. Il y a des types qui varient d'un dialogue à un autre, mais qui jouent des rôles plus ou moins constants: celui du questionneur et celui du répondant. Dauron, Responce, Le Démocritic, Solon, Solitaire et Ronsard jouent tous le rôle du savant qui informe, non en posant des questions judicieuses comme Socrate, mais en répondant aux demandes d'élucidation de l'ami qui joue le rôle du disciple. Demande, Le Cosmophile, Claire et Pasithée sont ces disciples éclairés. Il n'y a que Brués qui élève son questionneur au rang d'objecteur. Les préoccupations didactiques et vulgarisatrices de l'époque se confirment au vu de cette distinction. Le type du savant est synonyme de philosophe dans le dialogue encyclopédique, mais il ne jouit pas de la faveur générale; les dialogues de Des Périers et de Tahureau introduisent ce type comme cible. À côté du type du savant-philosophe, un autre type se retrouve fréquemment: celui du courtisan. Philausone, Le Cosmophile, Le Courtisan (de Le Caron) et, dans un sens, Solitaire, sont des mondains à qui les réunions de Cour et de salons ne sont pas inconnues. Notons en passant la rareté des personnages féminins, phénomène qui n'appartient pas au XVIe siècle seulement.

Au chapitre des procédés, on constate qu'aucun des auteurs étudiés, en dehors de Des Périers, ne fait preuve de création verbale dans le domaine de l'onomastique. Quand ce ne sont pas des noms de personnages réels, les noms de personnages sont d'un symbolisme des plus simples et des plus sérieux. Des auteurs comme Le Caron et Tyard cumulent l'emploi du vocatif et de l'insérende dans un contexte qui ne les requiert pas simultanément. Il s'ensuit un mélange de styles direct et indirect qui n'est pas des plus légers. L'usage du miroir verbal distingue les bons auteurs de dialogues des mauvais. Le geste se fait langage pour illustrer des attitudes mentales et sentimentales comme l'ironie, l'impatience ou l'énervement, le plaisir ou la déconfiture. Tahureau, Palissy et Brués ajoutent une atmosphère humaine, par ce procédé, à des discussions qui, sans cela, auraient pu être tout académiques.

Sur le plan de la méthode d'argumentation, il faut constater la persistence des habitudes scolastiques du pour et du contre et de la demande et de la réponse; et cela, malgré le vernis platonicien. Contrairement au dialogue platonicien qui a pour objet la sagesse, le dialogue du XVIe siècle tend vers le dogmatisme.

De toute façon, la possibilité d'isoler les structures internes du dialogue existe. Les conclusions qu'elles nous ont permis de tirer et les différences que nous avons pu établir démontrent la validité d'études littéraires d'un genre qu'on n'a, jusqu'ici, considéré que pour son contenu idéologique.

Tout dialogue, qu'il soit du XVIe siècle ou d'une période postérieure, peut être abordé à la lumière d'une pareille analyse technique. Beaucoup d'auteurs du XVIe siècle, et principalement ceux que l'étroitesse du cadre nous a contraint d'éliminer, gagneraient à être envisagés sous cette perspective. C'est ainsi que la question d'imitation ou de plagiat entre Le Caron et Tyard peut trouver une réponse que l'étude des thèmes n'a pas permis d'obtenir. Parmi les auteurs que j'ai étudiés, nombreux sont ceux qui attendent encore une édition moderne. Les éditions de Palissy, Tahureau et Henri Estienne datent du siècle dernier; en dehors de quelques fragments reproduits à l'occasion d'études ne le concernant pas principalement, Le Caron attend toujours une édition complète de ses *Dialogues*. Entreprises sous l'angle de l'analyse interne, de telles éditions qui tiendraient compte des récents progrès de la critique littéraires seraient les bienvenues.

APPENDICE

Abréviations: Al. = allemand; Angl. = anglais; F = français; I = italien; E = espagnol; G = grec; L = latin.

INDEX CHRONOLOGIQUE DES DIALOGUES AU XVIᵉ SIÈCLE

Dates	Langue	Originaux	Langue	Éditions et Traductions
1502	F	*Dialogue des Abusez,* Roger Collerye		
1505	I	*Asolani,* Bembo.		
1512	F	*Dialogue III pour en-fans,* R. Collerye		
1516	F	*Dialogue apologétique excusant le sexe fé-minin*		
1517	L	*De Voluptate et vero bono,* L. Valla		Lucien, *Querela Pacis,* tr Érasme, cf. Abel More Lefranc, p. IV
1518	L	*Colloquia familiaria,* Érasme.	L	Platon, *Oeuvres,* tr. Ficin
1520	I	*Il libro del Peregrino,* Caviceo	L L	Tr.: *Timée,* Chalcidius. « *Axioque* »
1521	I	*Dell'Arte della guerra,* N. Machiavel		
1522	F	*Dialogue en forme de visionn octurne* M. de Navarre	L	Platon, *Oeuvres,* tr. Ficin
1522	F	*Dyalogue...d'ung abbé curtisan et du Dyable*		
1524			G	Lucien, *Oeuvres*
1526	Al.	*Barbeli,* Pamphilus Gegenbach		
1527	E	*Lactancio,* Alfonso de Valdès	G F	Éd: *Cratyle* *Dialogue très élégant intitulé le Peregrin,* tr. François Dassy

INDEX CHRONOLOGIQUE DES DIALOGUES AU XVIe SIÈCLE (Suite)

Dates	Langue	Originaux	Langue	Éditions et Traductions
1528	L	Dialogus, cui titulus Ciceronianus, Érasme	F	Le Pérégrin, F. Dassy
	I	Della Vita Civile, Palmieri		
	Angl.	Rede me and be nott wrothe, W. Roy et J. Barlow		
1529	E	Diálogo de la doctrina cristiana, Juan de Valdès	F	La Table de Cébès, avec trente dialogues moraux de Lucien, trad. du latin par Geoffroy Tory
	E	Diálogo de Mercurio y Carón, Alfonso de Valdès		
1530	Angl.	Proper Dyalogue betwene a Gentillman and a Husbandman		
1531	L	Dialogorum de trinitatis erroribus, libri septem, Michel Servet		
1532	L	Dialogorum de trinitate libro duo, Michel Servet	G	Éd.: Timée, Charmides
1533	F	Dialogue en forme de vision nocturne, M. de Navarre	L	Platon, Oeuvres, tr. Ficin
	F	Petit Dialogue de M. de De la et de M. de Deça	L	Platon, Charmides, tr. Politien
	E	Dialogo de la lengua, Juan de Valdés		
1534			Angl.	The dyaloge called Funus (Érasme), tr. anonyme
1534			E	El Cortesano, tr. Juan Boscán
1535	L	Dialogus de Imitatione Ciceroniana, Étienne Dolet	L	Lucien, Dialogorum, éd. L. A. Giunta
	I	Dialoghi di Amore, Léon Hébreu		
1536	L	Philaletha, Ortensio Lando	G	Timée.
			L	Timée; Phédon, tr. Ficin

INDEX CHRONOLOGIQUE DES DIALOGUES AU XVIe SIÈCLE (Suite)

Dates	Langue	Originaux	Langue	Éditions et Traductions
1536	I	*Dialogo nel quale la Nanna insegna a la Pippa sua figliola a esser puttana,* Pietro Aretino		
1537	F	*Cymbalum mundi,* Des Périers	F	Cicéron, *De Amicitia,* tr. Jehan Collin
	F	*Philologue d'Honneur,* Claude de Cuzzi	F	*Le Courtisan,* tr. Jean Chaperon
			F	*Le Courtisan,* tr. Jacques Colin
			F	*Le Courtisan,* tr. Jacques Colin, rééd.
1538	F	*Dialogue du bien de paix et de calamité de guerre,* Guy Breslay	L	Platon, *Les Lois*
			F	Rééd. du *Courtisan* (Lyon) de J. Colin avec Mellin de St.-Gelais
1539			G	Pl., *Apologie*
1540			G	*Timée*
1541	F	*Dialogue Nouveau fort joyeulx,* Cl. Marot	G	Pl., *Apologie*; « *Lettres* »
1542	I	*Dialogo della lingue della retorica,* Sperone Speroni	F	*Criton,* tr. Simon Vallambert
	I	*Dialogo d'Amore,* S. Speroni		
	I	*Dialogo dove si ragiona delle Bellezze,* Nicolo Franco		
1543	L	*Dialogi Sacri,* Sébastien Castellion	G	*Le Banquet*
	F	*Exposition familière... sur le symbole des Apostres,* P. Viret		
1543	F	*Dialogue de la teste et du bonnet,* Pandolph Colenuccio		
	I	*Il Petrarchista,* N. Franco		
1544	F	*Disputations Chrestiennes par dialogues,* P. Viret	F	*Axioque, Hipparque,* tr. E. Dolet
			G	Éd. « *Axioque* », *République* (livres I et II avec version

INDEX CHRONOLOGIQUE DES DIALOGUES AU XVIᵉ SIÈCLE (Suite)

Dates	Langue	Originaux	Langue	Éditions et Traductions
1544	E	*Dialogo de Mugeres,* S. de Spinosa		latine); « *Lettres* » avec version latine
1545	I	*Il Raverta,* Giuseppe Betussi	F	*Les Azolains,* tr. Jehan Martin
	I	*Dialogi piacevoli,* N. Franco	Angl.	*A very pleasant & fruitful Dialoge called*
	I	*Dialogo del gioco,* P. Aretino		*The Epicure* (Érasme) tr. Philip Gerrard.
1546	F	*Discours de la queste d'Amytie dict Lysis de Platon,* Des Périers	I	*L'Art de la Guerre* (Machiavel), tr. Jean Charrier
			F	*Ion,* tr. Richard Le Blanc.
	E	*Alphabeto Christiano,* J. de Valdès	L	Pl. *Oeuvres,* tr. Ficin (Grynaeus)
			F	*Hypnérotomachie* ou *Discours du Songe de Poliphile* (1496), trad. Jehan Martin
1547	I	*Dialogi maritimi,* Giovanni J. Bottazzo	F	Réed. *Les Azolains,* J. Martin
			G	Éd. « *Axioque* », Lois
	E	*Diálogos,* Pero Mexía	F	*Phédon,* tr. Jean de Luxembourg
			F	*Criton,* tr. Philibert du Val
			G	*Lois*
			F	« *Axioque* », tr. Guillaume de Postel
1548	F	*Colloques chrétiens de 3 personnes,* P. Viret	G	*Lois, Le Politique,* « *Axioque* »
	F	*La physique papale,* P. Viret	F	*Lucien, Le Menteur,* tr. Louis Meigret
	I	*Dialogo di pittura,* Paola Pino		*Lucien, Oeuvres,* tr. R. Estienne
1549	I	*Circé,* G. B. Gelli	G	*Hipparque, Théagès*
			F	*Apologie,* tr. François Hotman
			F	Rééd, *Le Courtisan,* tr. J. Colin
			F	« *Lettres* », tr. Pierre de La Ramée

INDEX CHRONOLOGIQUE DES DIALOGUES AU XVIᵉ SIÈCLE (Suite)

Dates	Langue	Originaux	Langue	Éditions et Traductions
1550	F	*Dialogue de l'Orto-grafe...* Peletier du Mans	L	Pl. *Oeuvres*, tr. Ficin (J de Tournes)
			G	Xénophon, *Le Tyran-nique (Hiéron)*, tr. Miffant
1551	F	*Solitaire premier*, P. de Tyard	F	*De l'Amour* Léon. Hébreu), tr. P. de Tyard
	L	*Dialogorum sacrorum libri quatuor,* Sébastien Châteillon	F	*Philosophie d'Amour* (L. Hébreu), tr. Denys Sauvage
			F	*Dialogue de Vénus et de Cupidon* (Lucien) tr. Etienne Forcadel
			F	*Dialogue de l'office d'un capitaine et chef d'armes* (Ant. Ruccioli, 1415), tr. Trajan Paradin
			F	*Dialogue de la dignité des femmes* (S. Speroni), tr. Claude Gruget
			F	*Timée*, tr. Loys Le Roy.
			F	Rééd, *Les Azolains*, J. Martin
1552	F	*Solitaire second*, Tyard		
	L	*Duarum Virginium Colloquium de vita aulica et privata,* Luisa Sigea Toletana		
1553	F	*Dialogue de l'Ame et de l'Amant*, Claude de Taillemont	F	*Phédon, Phèdre, République (X), Gorgias,* tr. Loys Le Roy
	E	*Ane Dialogue betuix Experience and ane Courteour*, Sir David Lyndsay *Coloquios satiricos*, A. de Torquemada		
1554	F	*La Claire, ou de la prudence de droit,* Louis Le Caron		
1555	L	*Dialogorum de linguae gallicae origine, libri...*	F	*République* (I, II, X), tr. Loys Le Roy

INDEX CHRONOLOGIQUE DES DIALOGUES AU XVIᵉ SIÈCLE (Suite)

Dates	Langue	Originaux	Langue	Éditions et Traductions
	L	Joachim Périon *De poetica dialogus*, Girolama Fracastoro	F	Rééd. *Les Azolains*, J. Martin
	F	*La Philosophie*, Le Caron		
1556	F	*Dialogues contre les Nouveaux Académiciens*, Guy de Brués	F	*Le Banquet*, tr. Mathurin Heret
	F	*Dialogues*, Le Caron	F	*Dialogues sur certains points de la philosophie naturelle et choses météorologiques* (Ant. Ruccioli, 1414)
	F	*Débat de la Folie et de l'Amour*, Louise Labé		
	F	*Discours du Temps...*, Tyard		
	F	*Passevent Parisien* (pamphlet)		
	L	*Dialogi de rei publicae dignitate*, Marc F. Vida		
1557	F	*L'Univers*, Tyard	F	*Dialogue de la Vie et de la Mort* (Innocent Ringhieri), tr. Jehan Louveau
	I	*Ragionamento ... sopra alcuni luoghi del Cento Novelle del Boccaccio*, Claude de Herberay		
1558	F	*Mantice*, Tyard	F	Rééd. *Les Azolains*, J. Martin
			F	*Altercation en forme de dialogue de l'Empereur Adrien et du philosophe Épictète* (Épictète apocryphe), tr. Jean de Coras
1559			F	*Le Banquet*, tr. Loys Le Roy
			F	*Dialogue sur le Purgatoire* (Bernardino Ochino)
1560	Angl.	*The booke in Meter of Robin Conscience*	L	Louis Vivès, *Dialogues*, tr. anonyme
	I	*Dialogo pio e speculatiro*, Gabriel Siméoni	I	Rééd. *Ragionamento* (C. de Herberay)
	F	*Deux dialogues de l'invention poétique*, Daniel d'Auge		

INDEX CHRONOLOGIQUE DES DIALOGUES AU XVIᵉ SIÈCLE (Suite)

Dates	Langue	Originaux	Langue	Éditions et Traductions
1561			F	*Dialogue des devises d'armes et d'amour* (Paul Jove), tr. Vasquin Philieul
1562	I	*Aretefila Dialogo*, Ant. Ridolfi	I	Éd. *Il Cortegiano*
	I	*Dialogo Nel quale si ragiona del modo di accrescere e conservar la memoria*, L. Dolce		
	L	*De Dialogo liber*, Carlo Sigonio		
1563	F	*La Recepte véritable*, B. Palissy		
1564	I	*Dialogi d'Amicizia*, L. Salviati	L	*Dialoghi di Amore* (Hébreti), tr. J. C. Sarasin
	Angl.	*A Dialogue...against... Pesulence*, W. Bullein		
1565	F	*Dialogues*, J. Tahureau		
	F	*L'Intérim*, P. Viret		
1567			F	Tr. *Songe de Poliphile*
1572			F	Lucien, *Devis des Dieux*, tr. J.-A. de Baïf
			F	*Circé* (J.-B. Gelli) tr. Du Parc
1574	F	*Les Sorciers. Dialogue très utile et nécessaire pour ce temps*, L. Daneau		
	F	*Le réveille-matin des François et de leurs voisins*, Eusèbe Philadelphe, alias François Hotman		
	I	*Dialogo dell'Impresse militari et amorose*, Giovo Vescovo di Nocera		
	I	*Dialogo della bella creanza della donne*, A. Piccolomini		
	I	*La Civil Conversatione*, Stefano Guazzo		

INDEX CHRONOLOGIQUE DES DIALOGUES AU XVIᵉ SIÈCLE (Suite)

Dates	Langue	Originaux	Langue	Éditions et Traductions
1577	F	Les Académies; La Primaudaye	I	Notables Discours ... sur l'Amitié, A. Piccoluomini
1578	F	Dialogues du Nouveau Langage François Italianizè, H. Estienne	F	Dialogue de la beauté des femmes (Angnolo Firenzola), tr. J. Pallet
1579	F	Dialogue sur la cacographie françoise, Laurent Joubert (appendice au Traité du Ris, du même auteur	F	Héxaméron, six dialogues moraux et satiriques (Torquemada), tr. J. Chappuys
	I	Dialogo ... Della Providenza di Dio, S. Catherine de Sienne	F	Trois dialogues de l'Amitié: Le Lysis de Platon, le Loelius de Cicéron et le Toxaris de Lucien, tr.
	I	Dialoghi della belleza e dell'Amore secondo la mente di Platone, N. Vitto de Gozze de Raguse	F	Blaise de Vigenère Civile Conversation (S. Guazzo), tr. Gabriel Chappuys
			F	id., tr. Belleforest
			F	Dix plaisans Dialogues (Nicolo Franco), tr. G. Chappuys
			F	Le Parfait Courtisan, tr. G. Chappuys
1580	I	La Imagini de i Dei de gli Antichi..., Cartari Vincenzo	F	Dialogues des Courtisanes (Pierre Arétin)
	F	Discours Admirables, B. Palissy	E	Rééd, Dialogo en laude de las mujeres (Spinosa)
	Angl.	A dialoge...between two travellers..., W. Spelman		
1581	I	Della musica antica et della moderna, Vincentio Galilei	F	Dialogue contre les folles amours (Platona), tr. Thomas Sibilet
1582	F	Le Miroir des Français, attribué à Nicolas Montand	F	Jardin de fieurs curieuses (Torquemada), tr. G. Chappuys
1583	F	Dialogue de la Vertu, B. de Verville	F	Lucien, Oeuvres, tr. Philbert Brétin

INDEX CHRONOLOGIQUE DES DIALOGUES AU XVIᵉ SIÈCLE (Suite)

Dates	Langue	Originaux	Langue	Éditions et Traductions
			F	*Dialogue philosophique touchant la vie civile* (G. B. Giraldi Cinthio), tr. G. Chappuys
1585			F	*Le Misaule ou Haineux de Court* publié avec un dialogue de U. Hutten, *Aula Sive Misaulus*, tr. G. Chappuys
1587			F	*Dialogues de la philosophie phantastique* (Pierre Messie), tr. de l'espagnol par G. Chappuys
1593	F	*Dialogue du Français et du Savoysien*, R. de Lucinge		
	L	*Heptaplomérès*, J. Bodin (fini mais non publié à cette date-là)		
1594	F	*De la Constance*, G. du Vair		
1595	F	*Discours de l'art général de bien parler*, Masparrault	I	*Dialogues des Courtisanes* (Pierre Arétin)
1596	F	*Le cabinet de Minerve*, B. de Verville		
1598	I	*La Fonte del diporto*, G. Borgogni		
1599	F	*Dialogue du Maheustre et du Manant*		
	F	*Le dialogue de Gabrielle d'Estrée revenue de l'Enfer*, attribué à A. d'Aubigné		

BIBLIOGRAPHIE MÉTHODIQUE

1. AUTEURS DU XVIᵉ SIÈCLE

Brués, Guy de, *Dialogues Contre les Nouveaux Académiciens, Que tout ne consiste point en opinion* (Paris: Guillaume Cavellat, 1557).

Des Périers, Bonaventure, *Oeuvres françoises*, 2 tomes, éd. Louis Lacour (Paris: P. Jannet, 1856).

——, *Contes ou Nouvelles Récréations et Joyeux Devis* suivis *du Cymbalum mundi*, éd. P. L. Jacob (Paris: Garnier, 1872).

——, *Cymbalum Mundi*, éd. Peter Nurse (Manchester: Manchester University Press, 1958).

Du Vair, Guillaume, *Traité de la Constance et Consolation ès calamitez publiques*, éd. J. Flach et F. Funck-Brentano (Paris: Recueil de Sirey, 1915).

Érasme, *Colloques*, éd. J. et R. Wittmann (Paris: s.é., 1946).

Estienne, Henri, *Deux Dialogues du Nouveau Langage François Italianizé*, 2 tomes, éd. P. Ristelhuber (Paris: Lemerre, 1885).

Guazzo, Stefano, *La civil conversatione* (Venise: Gratioso Parchacino, 1581).

Labé, Louise, *Oeuvres*, éd. Prosper Blanchemain (Paris: Librairie des Bibliophiles, 1875).

——, *Élégies, Sonnets, Débat de la Folie et d'Amour*, éd. Bernard Jourdan (Paris: Delmas, 1953).

La Ramée, Pierre de, *Dialectique*, éd. Michel Dassonville (= *Travaux d'Humanisme et Renaissance*, 67) (1964).

Le Caron, Lois, *La Claire, ou De la Prudence de Droit. Dialogue premier, Plus la Clarté amoureuse* (Paris: Guillaume Cavellat, 1554) (Microfilm à l'Université d'Illinois).

——, *La Philosophie de Loys Le Caron Parisien* (Paris: Vincent Sertenas, 1555) (Copie du British Museum, cat. 521-i-25. Microfilm à l'Université du Tennessee, Knoxville).

——, *Les Dialogues de Louis Le Caron Parisien* (Paris: Vincent Sertenas, 1556) (Copie du British Museum, cat. 8409-e-1. Microfilm à l'Université du Tennessee, Knoxville).

Montaigne, Michel Eyquem de, *Essais*, 3 tomes, éd. Maurice Rat (Paris: Garnier, 1958).

Palissy, Bernard, *Oeuvres*, éd. Anatole France (Paris: Charavay, 1880).

Pasquier, Estienne, *Oeuvres*, 2 tomes (Amsterdam: Libraires Associez, 1723).

Peletier du Mans, Jacques, *Dialogue de l'Ortografe e Prononciation Françoese, departi an deus libres par Jacques Peletier du Mans* (Poitiers: Ian e Enguilbert de Marnef, 1550; reproduction Genève: Slatkine, 1964).

Rabelais, François, *Oeuvres complètes*, 2 tomes, éd. Pierre Jourda (Paris: Garnier, 1962).

Roches, Mesdames des, *Les œuvres de Mesdames des Roches de Poetiers mère et fille* (Paris: L'Angelier, 1579).

——, *Les Secondes Oeuvres de Mes-dames des Roches de Poictiers Mère et Fille* (Poictiers: Courtoys, 1583).

Sainte-Marthe, Scévole, *Eloge des Hommes illustres, mis en français par Guillaume Colletet* (Paris: Sommaville, Courbé, Langlois, 1644).

Sigonio, Carlo, *Caroli Sigonii, De Dialogo liber* (Venetiis: Jordanun Ziletum, M.D. LXII) (Copie à l'Université d'Illinois).

Tahureau, Jacques, *Les Dialogues de feu Jacques Tahureau gentilhomme du Mans, Non moins profitables que facétieux. Où les vices d'un châcun sont repris fort âprement, pour nous animer davantage à les fuir et suivre la vertu* (Paris: Gabriel Buon, 1565). Éd. F. Conscience (Paris: Lemerre, 1870).

Tasso, Torquato, *Dialoghi*, éd. Alessandro Tostero (Milano: Biompani, 1947).

Tyard, Pontus de, *Oeuvres. Solitaire premier*, éd. Silvio Baridon (Genève: Droz, 1950).

——, *Solitaire second, ou prose de la musique* (Lyon: Jean de Tournes, 1555) (Microfilm, Université d'Illinois).

——, *L'Univers*, éd. John C. Lapp (Ithaca, New York: Cornell University Press, 1950).

2. OUVRAGES SUR LES AUTEURS DU XVIe SIÈCLE

Augé-Chiquet, Mathieu, *La vie, les idées et l'œuvre de Jean-Antoine de Baïf* (Paris: Hachette, 1909).

Bailey, Norman, *The Colloquies of Erasmus*, 2 tomes (London: Reeves and Turner, 1878).

Baridon, Silvio, *Le 'Solitaire premier' de Pontus de Tyard, édition critique* (Genève: Droz, 1950).

——, *Pontus de Tyard (1521-1605)* (Milan: s.é., 1950).

——, *Inventaire de la Bibliothèque de Pontus de Tyard* (Genève: Droz, 1950).

Besch, Émile, « Un moraliste satirique et rationaliste: Jacques Tahureau (1527-1555) », *Revue du Seizième Siècle*, 6 (1919), 1-64, 154-200.

Bréjon, Jacques, *André Tiraqueau* (Paris: Recueil de Sirey, 1937).

Chesney, Kathleen, *Oeuvres poétiques de Guillaume Crétin* (Paris: F. Didot, 1932).

Dermenghem, Émile, *Thomas Morus et les utopistes de la Renaissance* (Paris: Plon, 1927).

Eskin, Stanley G., « Mythic Unity in Rabelais », *PMLA*, 79 (Déc. 1966), 548-553.

Febvre, Lucien, « Une histoire obscure: la publication du *Cymbalum mundi* », *Revue du Seizième Siècle*, 17 (1930), 1-41.

——, *Origène et Des Périers ou l'énigme du 'Cymbalum mundi'* (Paris: Droz, 1942).

Françon, Marcel, *Autour de la lettre de Gargantua à son fils (Pantagruel, 8)*, 2e éd. (Cambridge: Harvard University Press, 1964).

Greenwood, Thomas, « Guy de Brués », *Bibliothèque d'Humanisme et Renaissance*, 13 (1951), 70-82, 172-186, 266-269.

Hall, Kathleen M., *Pontus de Tyard and his 'Discours Philosophiques'* (Oxford: Oxford University Press, 1963).

Jeandet, J. P. – Abel, *Pontus de Tyard, Seigneur de Bissy, depuis évêque de Châlon* (Paris: A. Aubry, 1860).

Jourda, Pierre, « Marguerite de Navarre, Dialogue en forme de vision nocturne », *Revue du Seizième Siècle*, 13 (1926), 1-49.

——, « Marguerite de Navarre, *Épîtres et comédies inédites* », *Revue du Seizième Siècle*, 13 (1926), 177-204.

Lapp, John C., « Pontus de Tyard and the Science of his Age », *Romanic Review*, 38 (1947), 16-22.

——, « The Identity of Pontus de Tyard's 'Curieux' », *Modern Language Notes*, 62 (1947), 468-471.

——, *The Universe of Pontus de Tyard. A Critical Edition of 'L'Univers'* (Ithaca, New York: Cornell University Press, 1950).

Margolin, Jean Claude, *Érasme par lui-même* (Paris: Éd. du Seuil, 1965).

Merrill, Robert V., *The Platonism of Joachim du Bellay* (Chicago: University of Chicago Press, 1925).

Nurse, Peter, *Bonaventure Des Périers, Cymbalum mundi* (Manchester: Univ. Press, 1958).

——, « Érasme et Des Périers », *Bibliothèque d'Humanisme et Renaissance*, 30 (1968), 53-64.

Ong, W. J. *Ramus, Method and the Decay of Dialogue from the Art of Discourse to the Art of Reason* (Cambridge, Mass.: Harvard University Press, 1958).

Pinvert, Lucien, « Louis Le Caron, dit Charondas », *Revue de la Renaissance*, 2 (1902); reprod. Genève: Slatkine, 1968, 1-9, 69-76, 181-188.

——, « Un entretien philosophique de Rabelais, rapporté par Charondas (1556) », *Revue d'Études Rabelaisiennes*, 1 (1903), 193-201.

Porteau, Paul, *Montaigne et la vie pédagogique de son temps* (Paris: Droz, 1935).

Sainéan, Lazare, *L'influence et la réputation de Rabelais* (Paris: J. Gamber, 1930).

Saulnier, Verdun L., *Le prince de la Renaissance lyonnaise, initiateur de la Pléiade: Maurice Scève, italianisant, humaniste et poète*, 2 tomes (Paris: Klincksieck, 1948).

——, « Maurice Scève et Pontus de Tyard: Deux notes sur le Pétrarquisme de Pontus », *Revue de Littérature Comparée*, 22 (1968), 267-272.

Screech, Michael A., « The Meaning of the Title 'Cymbalum mundi' », *Bibliothèque d'Humanisme et Renaissance*, 31 (mai 69), 343-345.

Smith, Preserved, *A Key to the Colloquies of Erasmus* (= *Harvard Theological Studies*, 13) (Cambridge, Mass., 1927).

Spitzer, Wolfgang, « The Meaning of Bonaventure Des Périers' 'Cymbalum mundi' », *PMLA*, 66 (Sept. 1951), 795-819.

Tetel, Marcel, *Étude sur le comique de Rabelais* (Florence: L. Olschki, 1964).

Thickett, D., *Estienne Pasquier, Choix de Lettres sur la Littérature, la Langue et la Traduction* (Genève: Droz, 1956).

Thuasne, Louis, *Études sur Rabelais* (Paris: E. Bouillon, 1904).

Vaganay, H., « Quatre noms propres de la littérature: Délie, Philothée, Ophélie, Pasithée », *Revue de Littérature comparée*, 15 (1935), 279-288.

Villey, Pierre, *Les Sources et l'Évolution des 'Essais' de Montaigne*, 2 tomes (Paris: Hachette, 1908).

Will, Samuel F., « Camille Morel: A Prodigy of the Renaissance », *PMLA*, 51 (March 1936), 83-119.

3. ÉTUDES GÉNÉRALES SUR LE MOYEN AGE ET LE XVIᵉ SIÈCLE

Allen, P. S., *Age of Erasmus* (Oxford: Clarendon Press, 1914).

Baldwin, Charles S., *Renaissance Literary Theory and Practice. Classicism in the Rhetoric and Poetic of Italy, France and England (1400-1600)* (New York: Columbia Univ. Press, 1939).

Bédarida, Henri, *Pensée humaniste et tradition chrétienne aux XVᵉ et XVIᵉ siècles* (Paris: Éditions Contemporaines, 1950).

Bourciez, Édouard, *Les mœurs polies et la littérature sous Henri II* (Paris: Hachette, 1886).

Brault, Gerard J., *Celestine: A Critical Edition of the First Translation (1527) of the Spanish Classic 'La Celestina'* (Detroit: Wayne State University Press, 1963).

Burke, Peter, *The Sixteenth Century*, tome I of *French Literature and its Background*, éd. John Cruikshank (Oxford: Oxford University Press, 1968).

Busson, Henri, *Les sources et le développement du rationalisme dans la littérature française de la Renaissance* (Paris: Vrin, 1922).

——, *Le rationalisme dans la littérature française de la Renaissance (1533-1601)* (Paris: J. Vrin, 1957).

Castor, Graham, *Pléiade Poetics. A Study in Sixteenth Century Thought and Terminology* (Cambridge, Mass.: Harvard Univ. Press, 1964).

Clements, Robert J., *Critical Theory and Practice of the Pléiade* (Cambridge, Mass.: Harvard Univ. Press, 1942).

——, (voir sous Merrill).

Cochin, Henri, *Boccace. Études italiennes* (Paris: Plon, 1890).

Crane, Thomas F., *Italian Social Customs and their Influence on the Literature of Europe* (New Haven: Yale University Press, 1920).

Crane, W. G., *Wit and Rhetoric in the Renaissance (Columbia Univ. Studies in English and Comparative Literature)* (New York, 1964).

Diller, George E., *Les Dames des Roches: étude sur la vie littéraire à Poitiers dans la 2e moitié du XVIe siècle* (Paris: Droz, 1936).

Faral, Edmond, « Les Débats du Clerc et du Chevalier », *Romania*, 41 (1912), 473-517.

Febvre, Lucien, *Le problème de l'incroyance au XVIe siècle. La religion de Rabelais* (Paris: Albin Michel, 1942; 2e éd. revue, 1947).

Festugière, Jean, *La philosophie de l'amour de Marsile Ficin et son influence sur la littérature française au XVIe siècle* (Paris: Vrin, 1941).

Frémy, Édouard, *Origines de l'Académie Française. L'Académie des Derniers Valois: Académie de Poésie et de Musique, 1570-1576, Académie du Palais, 1576-1585* (Paris: É. Leroux, 1887).

Glorieux, P., *La littérature quodlibétique* (Paris: Vrin, 1935).

Hall, Vernon, *Renaissance Literary Criticism: A Study of Its Social Content* (Gloucester, Mass.: P. Smith, 1959).

Kaiser, Walter, *Praisers of Folly (= Harvard Studies in Comparative Literature, 25)* (Cambridge, Mass.: Harvard Univ. Press, 1965).

Keating, L. Clark, *Studies in the Literary Salon in France, 1550-1615* (Cambridge, Mass.: Harvard Univ. Press, 1941).

Krailsheimer, A. J., *Rabelais and the Franciscans* (Oxford: Clarendon Press, 1963).

Kristeller, Oskar, *Renaissance Philosophy and the Medieval Tradition (= Wimmer Lecture*, 15) (Latrobe, Pennsylvania: The Archabbey Press, 1963).

Lagarde & Michard, *Les grands auteurs français du programme*, tome I: *Le Moyen Age* (Paris: Bordas, 1964).

Lebègue, Raymond, « La survivance des personnages des mystères français », *Bibliotèca di Studi Francesi. Studi in onore di Carlo Pelligrini* (Turin: Società Editricia Internazionale, 1963).

Lénient, C., *La satire en France ou la littérature militante au XVIe siècle*, 2 tomes (Paris: Hachette, 1886).

Marcel, Raymond, *Marsile Ficin: Commentaire sur le Banquet de Platon* (Paris: Belles Lettres, 1956).

Massebieau, Louis, *Les colloques scolaires du XVIe siècle et leurs auteurs*, (1480-1570) (Paris: Bonhoure, 1878).

Merrill, Robert V. (en collaboration avec R. J. Clements), *Platonism in French Renaissance Poetry* (New York: New York Univ. Press, 1957).

Mönch, Walter, *Die italienische Platonrenaissance und ihre Bedeutung für Frankreichs Literatur und Geister geschichte (1450-1550) (= Romanische Studien*, 40) (Berlin, 1936).

Nolhac, Pierre de, « Le premier salon littéraire de Paris », *Revue universelle*, 5 (1921).

Nyrop, C., (voir Picot).

Oulmont, Charles, *Les débats du clerc et du chevalier* (Paris: H. Champion, 1911).

Pauphilet, A., *Poètes et romanciers du Moyen Age* (Paris: La Pléiade, 1952).

——, « Le monologue dramatique dans l'ancien français », *Romania*, 15 (1886), 386-422.

Picot, Émile, *Les Français italianisants au XVIe siècle*, 2 tomes (Paris: H. Champion, 1906).

——, (avec C. Nyrop), *Nouveau recueil de Farces françaises des XVe et XVIe siècles* (Paris: Morgand & Fatout, 1880).

Plattard, Jean, « Le système de Copernic dans la littérature française », *Revue du Seizième Siècle*, 1 (1913), 220-237.

Schmidt, Albert-Marie, *La poésie scientifique en France au XVIe siècle: Peletier, Ronsard, Scève, Baïf, Belleau, Du Bartas, les cosmologues, les hermétistes. De l'influence des sciences et des méthodes de pensée sur la création poétique (1555-1610)* (Paris: A. Michel, 1938).

Schreiber, W. I., « The Social Elements of the Humanistic School Dialogues of the 15th and the 15th Centuries », Thèse Univ. d'Illinois, Urbana, 1933.

Seznec, J., *La survivance des dieux antiques* (Londres: The Wartburg Institute, 1939).

Smith, Pauline M., *The Anti-Courtier Trend in Sixteenth Century French Literature* (= *Travaux d'Humanisme et Renaissance*, 84) (Genève: Droz, 1966).

Taylor, Henry Osborn, *Thought and Expression in the 16th Century*, 2 tomes (New York: Macmillan, 1920).

Thorndike, Lynn, *A History of Magic and Experimental Science*, tomes V et VI (New York: Columbia Univ. Press, 1941).

Walker, D. P., *Spiritual and Demonic Magic from Ficino to Campanella*, 2 tomes (Londres: The Wartburg Institute, 1958).

Watson, Foster, *Tudor School Boy Life. The Dialogues of Juan Luis Vivès* (Londres: s.é., 1908).

Weber, Henri, *La création poétique au seizième siècle en France* (Paris: Librairie Nizet, 1956).

Welter, J. Th., « L'Exemplum dans la littérature religieuse et didactique du Moyen Age », Thèse, Toulouse, 1927.

White, John S., *Renaissance Cavalier* (New York: Philosophical Library, 1959).

Woodward, W. H., *Studies in Education during the Age of the Renaissance* (Cambridge, 1906; réédition New York: Russel & Russel, 1965).

Yates, Frances, *The French Academies of the 16th Century* (Londres: The Wartburg Institute, 1947).

Zanta, Léontine, *La Renaissance du Stoïcisme au XVIe siècle* (Paris: H. Champion, 1914).

4. OUVRAGES SUR LE DIALOGUE ET DES ASPECTS DU DIALOGUE

Andrieu, J., *Le dialogue antique. Structure et présentation* (= *Collection d'Études Latines*, 29) (Paris: Belles Lettres, 1954).

Bellinger, A. R., *Lucian's Dramatic Technique* (= *Yale Classical Studies*, Série B, tome 1) (New Haven, Conn., 1928).

Berg, G., *Metaphor and Comparison in the Dialogues of Plato* (Berlin: s.é., 1904).

Bömer, A., *Die lateinischen Schulersgespräche der Humanisten* (Berlin, s.é., 1899).

Bompaire, J., *Lucien écrivain. Imitation et création* (Paris: E. de Boccard, 1958).

Branch, Beverly, « Diderot's 'Le Neveu de Rameau' and the Dialogue Tradition », Thèse, Urbana: Univ. d'Illinois, 1966.

Cooper, Lane, « Platonic Strife », dans: *Evolution and Repentance. Mixed Essays and Addresses on Aristotle, Plato and Dante with Papers on Matthew Arnold and Wordsworth* (New York: Cornell Univ. Press, 1935).

Cosentini, John W., *Fontenelle's Art of Dialogue* (New York: King's Crown Press, 1952).

Croiset, M., *Essai sur la vie et les œuvres de Lucien* (Paris: E. de Boccard, 1882).

Deakins, R. L., « The Tudor Dialogue as a Literary Form », Thèse, Cambridge: Harvard, 1964.

Dodd, C. H., « Dialogue Form in the Gospels », *Bulletin of the John Rylands Library*, 37 (Sept. 1954), 54-57.

Dupréel, Eugène, *La légende socratique et les sources de Platon* (Bruxelles: R. Sand, 1922).

Egilsrud, Johann S., *Le 'Dialogue des morts' dans les littératures française et anglaise 1644-1789* (Paris: L'Entente Linotypiste, 1934).

Frutiger, Percival, *Les mythes de Platon* (Paris: Belles Lettres, 1930).

Gassner, John, *Masters of the Drama* (New York: Dover Public., 1940).

Goldschmidt, Victor, *Les dialogues de Platon. Structure et méthode dialectique* (Paris: Presses Universitaires de France, 1947).

Hirzel, Rudolf, *Der Dialog, ein literarhistorischer Versuch*, 2 tomes (Leipzig: Verlag von S. Hirzel, 1895).

Householder, F. W., *Literary Quotation and Allusion in Lucian* (New York: Columbia Univ. Press, 1941).

Ireland, Norma, O., *An Index to Monologs and Dialogs* (Boston: F. W. Faxon Co., 1949).

Jowett, Benjamin, *Plato: Five Great Dialogues*, éd. Louise R. Loomis (Roslyn, New York: W. J. Black, 1942).

Klibansky, R., *The Continuity of the Platonic Tradition during the Middle Ages* (Londres: The Wartburg Institute, 1939).

Koyré, Alexandre, *Introduction à la lecture de Platon* (New York: Brentano's, 1945).

Louis, Pierre, *Les métaphores de Platon* (Paris: Belles Lettres, 1945).

Lucian, *Works*, éd. A. M. Harmon (Loeb Classical Library) (New York: G. P. Putnam's Sons, 1921-53).

Merrill, Elizabeth, *The Dialogue in English Literature* (New York: Holt & Co., 1911).

Montés, Juan A. Nuño, *La dialéctica platónica. Su desarrollo en relación con la teoría de las formas* (Caracas: Universidad Central de Venezuela, 1962).

Morgan, Charles, *Dialogue in Novels & Plays* (Hermon Ould Memorial Lecture) (Ashford, Kent: The Hand and Flower Press, 1953).

Niemann, G., *Die Dialogliteratur des Reformationzeit nach ihrer Entstehung und Entwicklung* (Leipzig: R. Voigtländer, 1905).

Pallavicino, Padre Sforza, *Trattato dello stile e del dialogo* (Modène: Co. Tipi della Società tipografica, 1819).

Platon, *Oeuvres. Ion, Lysis, Protagoras, Phèdre, Le Banquet,* éd. E. Chambry (Paris: Garnier, 1919).

Stenzel, Julius, *Plato's Method of Dialectic*, trad. et éd. D. J. Allan (New York: Russel & Russel, 1964).

Vanhoutte, Maurice, *La méthode ontologique de Platon* (Paris: Éditions Béatrice Nauwelaerts, 1956).

5. RÉFÉRENCES GÉNÉRALES

Bergerac, Cyrano de, *Voyage dans la lune et Histoire comique des États et Empires du Soleil,* éd. Willy de Spens (Paris: Union Générale d'Édition, 1963).

Champigny, Robert, *Le genre dramatique* (Monte Carlo: Regain, 1965).

Dauzat, Albert, *Nouveau dictionnaire étymologique* (Paris: Larousse, 1964).

Descartes, René, *Discours de la Méthode* suivi des *Méditations* (Paris: Union Générale d'Édition, 1965).

Evett, David, « 'Paradice's Only Map': The *Topos* of the *Locus Amoenus* and the Structure of Marvell's *Upon Appleton House* », *PMLA*, 85 (mai 1970), 504-513.

Heisermann, A. R., « Satire in Utopia », *PMLA*, 78 (June 1963), 163-174.

Huizinga, Johan, *Homo Ludens. A Study of the Play Element in Culture*, trad. Cécile Seresia (Paris: s.é., 1951).

Lanson, Gustave, *L'art de la prose* (Paris: Librairie des Annales, 1909).

Simon, Pierre-Henri, « De l'information comme culture », *Le Monde*, Sélection Hebdomadaire, 12 (31 oct. 1968), 12.

Thompson, Alan Reynolds, *The Dry Mock. A Study of Irony in Drama* (Berkeley: Univ. of California Press, 1948).

Worcester, David, *The Art of Satire* (New York: Russell & Russell, 1960).

INDEX